BERLIM,
AGORA

Tradução de Ryta Vinagre

Peter Schneider

BERLIM, AGORA

A cidade depois do muro

Título original
BERLIN NOW
The city after the Wall

Copyright © 2014 by Peter Schneider

Todos os direitos reservados

Fragmentos desta obra foram originalmente publicados, com pequenas alterações entre uma publicação e outra, em *Der Tagesspiegel*, *Der Hauptstadtbried* e *The New York Times Magazine*.

Edição brasileira publicada mediante acordo com a Farrar, Straus and Giroux, LLC, Nova York.

Direitos para a língua portuguesa reservados com exclusividade para o Brasil à
EDITORA ROCCO LTDA.
Av. Presidente Wilson, 231 – 8º andar
20030-021 – Rio de Janeiro, RJ
Tel.: (21) 3525-2000 – Fax: (21) 3525-2001
rocco@rocco.com.br
www.rocco.com.br

Printed in Brazil/Impresso no Brasil

Revisão técnica
BRUNO GARCIA

Preparação de originais
VILMA HOMERO

CIP-Brasil. Catalogação na fonte.
Sindicato Nacional dos Editores de Livros, RJ.

S386b   Schneider, Peter
         Berlim, agora: a cidade depois do muro / Peter Schneider; tradução Ryta Vinagre. - 1ª ed. – Rio de Janeiro: Rocco, 2015.

         Tradução de: Berlin now
         ISBN 978-85-325-2967-1

         1. Guerra Fria. 2. Política internacional – 1945-1989.
         3. Capitalismo. 4. Comunismo. I. Título.

14-17726   CDD-909.825
                         CDU 94(100)'1945/1989'

Sumário

Berlim-Cinderela   7

O grande despertar   16

O embate dos arquitetos   24

A Potsdamer Platz   28

O Schloss de Berlim e o Palácio da República   54

Berlim ocidental   72

Um "Wessi" tenta descobrir a alma de Berlim   94

Berlim: a emergência de uma nova metrópole   100

Oeste da cidade contra cidade capital (leste) e vice-versa   108

O amor (e o sexo) em Berlim   113

O amor na Berlim dividida   129

O amor depois da queda do Muro   135

As casas noturnas   143

A propósito, o que aconteceu com o Muro?   169

O setor americano abandona você   181

O fantasma do aeroporto internacional BER   189

O legado da Stasi   196

Um "inimigo do Estado" vira chefe   212

O novo racismo   224

Vietnamitas em Berlim   232

Anetta Kahane e a fundação Amadeu Antonio   235

A nova barbárie   247

Turcos em Berlim   255

Um prefeito despreza o politicamente correto   269

Sim, você pode: a escola Rütli   279

Socorro, os suábios estão chegando!   289

Uma visita tardia ao cemitério   301

O homem que entregou Nefertiti   306

A vida judaica em Berlim   318

Primavera em Berlim   335

Notas   343

Agradecimentos   349

BERLIM-CINDERELA

Não é de todo fácil explicar por que, já há algum tempo, Berlim vem sendo uma das cidades mais populares do mundo. Não se deve à sua beleza, posto que Berlim não é bonita; Berlim é a Cinderela das capitais europeias.

Olhando de um deque de terraço na cidade, não se vê nada parecido com as cúpulas de Roma, os telhados de zinco de Paris ou os cânions arquitetônicos de Nova York. Não há nada na paisagem que seja espetacular e de alguma maneira empolgante – ou até mesmo abominável. Nenhuma piscina no 72º andar, nenhum cassino de cobertura assomando sobre os telhados e prometendo um mergulho revigorante do terraço ao jogador que acabou de sofrer uma perda insuportável. O que se desdobra diante do espectador é uma cena urbana homogênea de prédios com quatro a seis andares, cujos telhados avermelhados não foram originalmente equipados com coberturas ou deques suntuosos. Somente trinta anos atrás, pouco antes da queda do Muro, os berlinenses ocidentais descobriram que a vida acima das castanheiras e tílias da cidade era significativamente melhor do que à sua sombra. Hesitantes, começaram a abrir janelas e terraços nos telhados. É ali que moram agora, a uma altura modesta, entre o ocasional arranha-céu de um hotel ou de um prédio de escritórios, cuja arquitetura, em sua totalidade, parece ter sido inspirada em uma caixa de sapatos colocada em pé.

A oeste, a irmã mais nova da Torre Eiffel, conhecida como Funkturm (a Torre de Rádio), ergue-se acima do mar de edifícios; a leste, com seus 368 metros de altura, a Fernsehturm (a Torre de Televisão) cintila no horizonte, o sol da tarde gravando uma cruz reluzente em sua esfera de aço – para ira dos construtores comunistas, que erigiram a torre pretendendo provar a "vitória do socialismo". Berlinenses argutos batizaram a cruz luminosa de "a vingança do papa". A aparição mostrou-se tão obstinada quanto inexplicável – nada pôde ser feito para nos livrarmos dela. Era um presságio do futuro: o fim da República Democrática Alemã.

Quem mora no novo centro da cidade, Mitte, teve que esperar pela reunificação das duas metades de Berlim para converter seus sótãos. É bem verdade que eles têm a melhor vista. Vislumbram vários ícones metropolitanos: a cúpula dourada da sinagoga reconstruída perto da Hackescher Markt e, para além dali, o Reichstag, seu peso histórico iluminado pelo acréscimo de um domo de vidro por Sir Norman Foster, e a quadriga restaurada do Portão de Brandemburgo, sem a poeira da era da Alemanha Oriental. Até mais ao longe, a lona de circo de Helmut Jahn e as torres de Renzo Piano e Hans Kollhoff erguem-se do que antes era o terreno baldio mais ilustre de Berlim, a Potsdamer Platz.

Todavia, até a data da escrita desta obra, nenhum alpinista urbano considerou digno de escalada qualquer um desses novos edifícios. Nenhum Philippe Petit pensou em estender um cabo entre as torres de escritórios da Potsdamer Platz e se equilibrar de um lado a outro dele. Uma cidade em que um novo hotel de 119 metros (o Waldorf Astoria) estabelece um recorde de altura não é lá um ímã para os atletas de esportes radicais. Comparado às silhuetas de Manhattan, Chicago ou até Frankfurt, o horizonte recém-povoado de Berlim ainda se comporta como o perfil de uma capital provinciana. Também de outras formas, vista de cima, Berlim carece de tudo o que faz uma cidade grande. Não tem distrito financeiro, como Manhattan ou Londres, não tem veneráveis e centenárias catedrais com séculos de idade, como Colônia ou Paris; nem um famoso bairro de vida noturna, como Hamburgo. Até a "Torre Eiffel" de Berlim – a mencionada Torre de Rádio – é apenas uma cópia modesta da original parisiense.

Um amigo de Roma, o escritor Edoardo Albinati, contou-me de sua primeira vez em Berlim. Na década de 1990, ele saiu de um trem na estação Zoo na antiga Berlim Ocidental e olhou em volta. O que viu foi a desolada praça da estação com seus escritórios de câmbio e lanchonetes, o campanário da Gedächtniskirche (a Igreja Memorial do Kaiser Guilherme), danificado pela guerra, a loja de departamentos Bilka, com sua fachada decorativa – antes considerada ousada – de linhas paralelas entrecruzadas na diagonal; a sala de cinema Zoo Palast, enfeitada com o cartaz pintado de um filme de ação americano. Todavia, para onde quer que se virasse, nenhum consolo de arco, cúpula, campanário ou fachada se apresentava para o repouso de seus olhos italianos mimados. Só o que lhe pareceu digno de nota foi como a praça voltava o olhar para si mesma. Uma curta caminhada pela cidade moderou um pouco sua opinião, mas nunca deu lugar a uma sensação de bem-estar. Berlim, confessou-me o amigo com um sorriso educado, era de longe a capital mais feia que ele já vira.

Agora, porém, milhares de italianos chegam aos bandos a Berlim todo ano, enchendo as ruas da metrópole setentrional com o som melodioso de sua língua. Na véspera do Ano-novo, quando a temperatura nas ruas é baixa e os moradores preferem ficar em casa diante da TV, hordas de turistas italianos tomam o Portão de Brandemburgo para anunciar o novo ano com a famosa queima de fogos de Berlim – proibida em Roma! E quando os nativos de Nova York, Tel Aviv ou Roma me perguntam de onde sou e aludo a Berlim, seus olhos de imediato se iluminam de curiosidade, para não dizer entusiasmo. Sem hesitação, passam a me falar de sua mais recente ou iminente viagem a Berlim – mas não conseguem me dizer por que se apaixonaram justo por esta cidade. Podem levantar a palavra ritual "bonita", embora ela não apreenda de fato o que os atraiu a Berlim. Fale em qualquer outra cidade europeia muito mais bela e você não terá a mesma reação.

Se a questão não é a beleza, o que é, então? Quando pergunto a qualquer um de vinte e poucos anos, independentemente da nacionalidade, a resposta é óbvia. Berlim é a única cidade grande sem horário de fechamento obrigatório, onde se pode comer e/ou embriagar-se por dez a vinte euros e onde o trem urbano S-Bahn o levará a qualquer boate, mesmo às quatro da manhã. Será por isso? Não inteiramente. Parte do apelo de Berlim também parece ser sua história – a boa e a atroz. Berlim, "a metrópole mundial dos anos 1920", lar de uma turma boêmia internacional; Berlim, a "capital do Terceiro Reich", onde foram planejados os mais graves crimes do século passado; Berlim, "a cidade do Muro", dividida por 28 anos, antes de enfim ser reunificada. Creio que nenhuma outra cidade viveu transformação tão radical nos últimos cem anos.

É de um descuido verdadeiramente impressionante que as autoridades municipais não tenham conseguido garantir a preservação para a posteridade de um pedaço de trinta metros de área da fronteira – com as torres de vigia, ronda com cães e a "faixa da morte", tomada por minas, protegidas do lado de Berlim Oriental por um muro traseiro conhecido como Hinterlandmauer. Afinal, o turista mediano não vem ouvir a Filarmônica de Berlim ou visitar o Museu Pergamon – ele quer ver o Muro. O Muro é simplesmente o monumento mais famoso de Berlim – a contraparte alemã da Estátua da Liberdade!

Por outro lado, para fazer justiça às autoridades, teria sido impossível proteger mesmo a menor seção do Muro nos dias turbulentos que se seguiram a 9 de novembro de 1989. Por semanas, milhares de berlinenses e visitantes de todo o mundo espancaram a monstruosidade com martelos e cinzéis. O que eles teriam dito se a polícia cercasse parte do Muro, com ordens de protegê-lo como um marco histórico? Com que imagens e manchetes a mídia internacional teria recebido uma tentativa dessas? Algo no gênero: TROPAS DE FRONTEIRA DA ALEMANHA ORIENTAL DESISTEM – MURO AGORA TEM PROTEÇÃO POLICIAL DE BERLIM OCIDENTAL!

Àquela altura, as autoridades de turismo de Berlim perceberam que os monumentos rememorativos de crimes não são atrações menores na cidade. Ano após ano, o Memorial do Holocausto registra bem mais de um milhão de visitantes; em 2011, 650 mil pessoas ficaram boquiabertas com o recém-concluído Memorial do Muro de Berlim na Bernauer Strasse; naquele mesmo ano, 340 mil turistas decidiram visitar o Memorial Berlin-Hohenschönhausen (o complexo carcerário especial do serviço secreto da Alemanha Oriental), onde ouviram ex-detentos descreverem o que foram obrigados a suportar nas celas e salas de interrogatório da Stasi. Hoje, metade dos turistas de Berlim vem do exterior, e seu número aumenta continuamente a cada ano. Dizem as previsões que a cidade, hoje contando com 25 milhões de visitantes de pernoite, logo alcançará Paris (37 milhões de visitantes de pernoite), perdendo apenas para Londres. Gostem ou não os profissionais de turismo de Berlim, os episódios sombrios do passado da cidade fazem parte de seu apelo. Devemos nos considerar sortudos porque o Führerbunker não é mais acessível, porque, se fosse, teria tranquilamente se unido às fileiras das "atrações turísticas" de Berlim – certamente logo em seguida ao lançamento do filme *A queda*, sobre os últimos dias de Hitler. Felizmente, construíram por cima das entradas do complexo de 2.690 metros quadrados que o Exército Vermelho tentou em vão demolir. Hoje, o local é identificado por uma placa de informação discreta, instalada pela associação Berliner Unterwelten (Submundo de Berlim) em 8 de junho de 2006, na véspera da Copa do Mundo de Futebol.

Até os dias de hoje, a destruição da antiga paisagem urbana na esteira de duas ditaduras ainda marca a arquitetura berlinense – apesar e devido a tantos recomeços. Todavia, esse defeito não abate em nada a curiosidade de visitantes do mundo todo. O que os atrai a Berlim parece ser exatamente o que sentem faltar em cidades mais belas: a estranheza, a perpétua incompletude e seu caráter raro – e a vitalidade inerente a essas características. Berlim foi "condenada para sempre a se tornar e jamais ser", segundo o escritor Karl Scheffler, em seu polêmico livro de 1910, *Berlin, ein Stadtschicksal* (Berlim: O destino de uma cidade). Scheffler a descreveu como uma cena urbana, "definida pela ausência fundamental de uma estrutura organicamente desenvolvida".

Embora possa ter identificado o código genético de Berlim, Scheffler subestimou muito suas vantagens. A imperfeição, a incompletude – para não dizer a feiura – propiciam um senso de liberdade que a concentração de beleza jamais pode ter. Os jovens visitantes de uma cidade bonita, cara e restaurada à perfeição sentem-se excluídos. Olhando à volta, fica claro para eles: cada espaço aqui já foi ocupado. A Berlim-Cinderela tem uma vantagem inestimável sobre essas cidades-princesas: dá a todos os recém-chegados a sensação de que ainda há espaço para eles, que ainda podem fazer algo de si mesmos aqui. É esta peculiaridade que torna Berlim a capital da gente criativa de todo o mundo atual.

Há vinte anos, logo depois da queda do Muro, escrevi, para o semanário alemão *Der Spiegel*, uma pequena série de artigos sobre Berlim e sua reconstrução iminente. Queria descobrir o que urbanistas e arquitetos tinham em mente para a "minha cidade". Uma de minhas fontes mais importantes na época foi o maior especialista em Berlim: o editor e jornalista Wolf Jobst Siedler. Lembro-me de uma caminhada que demos juntos pela Kurfürstendamm, na antiga Berlim Ocidental. Na Lehniner Platz, entramos na Cicerostrasse, uma rua secundária tranquila e afastada da Kurfürstendamm. O complexo habitacional ali, com suas fachadas curvas como ondas, foi construído pelo grande arquiteto Erich Mendelsohn nos anos 1920. "Não há dúvida", observou Siedler, "de que este é um dos mais belos complexos habitacionais de Berlim. Porém, olhe mais atentamente. Todo o complexo está morto, um paraíso para aposentados, e não importa quantos jovens morem aqui. Não há lojas, bares nem lugar para a vida fora dos apartamentos. Só as quadras de tênis do complexo proporcionam algum espaço para respirar."

Por acaso, eu sabia exatamente do que falava Siedler. Passei boa parte da vida em Berlim naquelas nove quadras de tênis, cercadas de álamos altos, a cinco minutos de caminhada do meu apartamento. No extremamente tranquilo condomínio Mendelsohn, os saques dos tenistas soam como tiros disparados em uma guerra civil, provocando queixas constantes dos moradores. Para não falar das discussões estridentes dos jogadores se a bola foi fora ou se chegou a tocar a linha.

"Em Berlim, você sempre se verá tendo que escolher entre a beleza de um lugar e sua vitalidade", observou Siedler, cujos livros evocam, com uma eloquência quase sem paralelos, os tesouros esquecidos e maltratados de Berlim.

Provavelmente se deve a Berlim o fato de que esta declaração tenha se fixado em mim mais do que qualquer outra que ouvi durante minha pesquisa. A beleza e a vitalidade raras vezes andam de mãos dadas na cidade.

Basta, porém, de especulações e reminiscências. Em vez disso, contarei uma história que ouvi há pouco. Meu filho e dois amigos recentemente se mudaram para um apartamento barato no último andar de um edifício no distrito Neukölln. Há pouco tempo, com a maior taxa de desemprego de Berlim (17%) e população predominantemente muçulmana, Neukölln era considerado um bairro condenado. Mas meu filho e seus amigos investiram dinheiro em Neukölln – porque, nesse meio-tempo, os jovens de distritos vizinhos, que involuntariamente se viram no centro da cidade depois da queda do Muro e não podiam mais pagar os aluguéis, mudaram-se para lá e abriram *start-ups* de Internet, novas galerias e até alguns restaurantes gourmet.

O tio de um dos amigos de meu filho lhes deu um sofá de couro de três lugares para o novo apartamento. Eles estavam decididos a transportar a coisa imensa para casa no mesmo dia. Mas a noite já caía, e todas as locadoras de furgões para frete estavam fechadas. Assim, os três jovens tiraram o sofá do apartamento do tio e o levaram para a rua, carregando-o na cabeça por três quadras até a estação mais próxima do S-Bahn. No caminho, pararam perto da fonte de uma praça, baixaram o sofá no chão, retribuíram os cumprimentos de quem passava e deliciaram-se com alguns goles de *schnapps* da garrafa que levavam. Ninguém os parou enquanto carregavam o sofá escada acima até os trilhos da estação sem catraca do S-Bahn. Quando o trem chegou e as portas automáticas se abriram, eles meteram o sofá para dentro do vagão. Por milagre, coube perfeitamente. Os três jovens sentaram-se em seus confortáveis assentos para desfrutar da viagem. Vários passageiros riram, outros se ofereceram para trocar de lugar com eles, por fim todo o vagão irrompeu em aplausos: *"Das ist Berlin!"* – "Essa é Berlim!" – gritou um deles, e todos o imitaram. *"Das ist Berlin!"* ressoou pelo vagão.

A parte mais complicada da operação veio depois do percurso pelo S-Bahn: os três amigos tiveram que carregar o sofá por várias quadras e subir cinco lances de escada até o apartamento. Conseguiram porque *tinham que* conseguir. Quase sucumbiram tentando passar o sofá gigantesco pelos patamares estreitos, mas nem uma vez duvidaram de que seu esforço terminaria em sucesso. Quando enfim chegaram ao último andar, baixaram o mamute no apartamento, serviram-se de seu bar bem abastecido, brindando primeiro a eles mesmos, depois a Berlim, antes de adormecerem no sofá.

O GRANDE DESPERTAR

As imagens da noite de 9 a 10 de novembro de 1989 entraram para os anais da história. Pela primeira vez, o mundo via os alemães relaxados, comemorando e dançando, e celebrou com eles. Por algum tempo, o alemão louro e hollywoodiano, batendo os calcanhares e gritando "Às suas ordens, *Obersturmbannfürer!*", desapareceu nos arquivos. Um tema menos conhecido, fotografado e escrito do que a queda do Muro, porém, foi o que se seguiu nos meses e anos depois dessa data histórica: a gradual aglutinação da cidade em uma só.

A abertura do Muro foi como o despertar depois de um longo sono – em particular, para a metade oriental da cidade dividida. Como que tocado por uma varinha de condão, o corpo entorpecido e gigantesco começou a se mexer e, respirando longamente, arrombou os grilhões de concreto reforçado, arame farpado e barras de ferro que o regime comunista lhe colocara. As veias e os membros cortados da cidade dividida voltaram a se fundir numa velocidade impressionante. Ruas em Berlim Ocidental de repente se estendiam de novo a leste, embora, no início, tivessem de coexistir com os nomes desconhecidos de suas metades recuperadas no lado oriental. Na fronteira, estações fechadas do S- e do U-Bahn, pelas quais os trens estrondaram sem parar por 28 anos, foram recolocadas em serviço. Pontes, praças e terrenos procuraram e foram procurados por suas metades. As cercas de tela nos canais, instaladas pela polícia da fronteira alemã oriental depois do Muro e erigidas para garantir o bloqueio de todas as rotas de fuga subterrâneas, foram removidas. Até as águas do rio Spree e dos canais e lagos de Berlim de repente pareciam fluir mais livremente com o sumiço das balizas e da polícia armada de fronteira. O céu, sim, até o céu sobre Berlim subitamente parecia mais azul e menos cinzento quando chovia. Depois de 10 de novembro, parecia mais fácil respirar o outrora famoso ar de Berlim – que um empresário despachado vendia em latas na década de 1920. Era uma ilusão, naturalmente. Entretanto, a realidade e a ilusão convergiram com uma rapidez surpreendente nos anos que se seguiram. Na década de 1980, o ar em Berlim quase tinha de fato alcançado os níveis chineses de poluição, como consequência das fábricas sem filtro da Alemanha Oriental e dos fogões de Berlim Oriental, predominantemente abastecidos com carvão. Depois da reunificação, os maiores poluidores da Alemanha Oriental foram fechados ou equipados com sistemas de filtragem. De súbito, havia uma sugestão de cocaína no ar de Berlim.

Os reflexos dos moradores não conseguiram acompanhar o ritmo daquelas mudanças abruptas. Lembro-me de que eu, mesmo anos depois da queda do Muro, ainda tinha dificuldades em tomar as novas rotas diretas a Berlim Oriental. A bússola interna que desenvolvi enquanto a cidade era dividida guiava automaticamente a mim e a meu carro pelos desvios no trânsito que costumava usar nos anos do Muro. Repetidas vezes, para minha frustração, via-me pegando os velhos caminhos. Nada me parecia mais difícil do que dirigir diretamente de oeste a leste.

No que toca ao caráter obtuso de meus reflexos, só me senti compreendido quando finalmente vi por acaso um filme para televisão na rede de TV bávara. O filme apreendia o comportamento desconcertante do cervo na fronteira bávaro-tcheca.

Mostrava que, nos anos 1990, ainda paravam e se voltavam por instinto ao chegarem à fronteira, embora há muito ela já estivesse livre do arame farpado. O mais estranho, segundo o narrador do filme, era que até os animais jovens, que nunca haviam encontrado tal cerca, exibiam o mesmo comportamento dos pais. Ele se perguntava se esses reflexos aprendidos são transmitidos de uma geração a outra. Seria possível que a experiência dos pais na fronteira continuasse a afetar a geração seguinte e talvez até aquela geração depois dessa?

Em geral, Berlim era comparada a Nova York – os berlinenses apreciam a comparação; os nova-iorquinos a consideram um tanto presunçosa. É evidente que ela só pode se referir à energia das duas cidades, e não à sua aparência externa. E, no que diz respeito a Berlim, lembra mais a Manhattan de vinte anos atrás – antes do aparecimento de Rudolph Giuliani.

Há outra cidade americana que tem muito em comum com Berlim, embora a comparação não seja tão lisonjeira quanto a feita com Nova York. Isso ficou muito evidente para os visitantes da exposição fotográfica *As Ruínas de Detroit*, promovida em Berlim na primavera de 2012. Imensas ampliações fotográficas, obra dos artistas franceses Romain Meffre e Yves Marchand, mostravam os ícones dilapidados da cidade de Detroit: o principal salão de espera largado da Michigan Central Station; o suntuoso auditório do United Artists Theatre, cofundado por Charlie Chaplin; a área de produção abandonada de uma empresa que antes fabricava carrocerias para os fabricantes de automóveis de Detroit; o interior magnífico do National Theatre, onde ainda eram exibidos apenas filmes adultos quando finalmente foi fechado para sempre nos anos 1970. Na poeira e no entulho desses espaços em ruínas, pode-se perceber e sentir os sonhos e a força de vontade dos construtores de Detroit, mas também o suor e os desejos dos milhares e milhares de pessoas que trabalharam ali. Só os magníficos, com seus arabescos de cores vivas, desafiaram a decadência. As fotografias mostravam uma cidade – gerada pela era industrial e antes representativa do esplendor e do poder dos Estados Unidos – em vias de se mumificar. As cidades, anunciavam as imagens, são muito mais vulneráveis e efêmeras do que as pessoas. No espaço de uma única vida humana, podem se transformar e se tornar irreconhecíveis – e, além disso, não apenas uma vez. Na realidade, no curso de meus anos em Berlim, testemunhei duas ou três versões da cidade, e é um problema me lembrar da Berlim "original", de quando, meio século atrás, cheguei de trem da metade ocidental.

Mas foi o espaço usado para a exposição que verdadeiramente salientou a poesia nessas imagens de Detroit. A exposição foi realizada dentro de um prédio de tijolos aparentes no Gleisdreieck (literalmente, o "triângulo da ferrovia", a junção entre três linhas elevadas de trem), na primeira Kühlhaus, ou depósito refrigerado, de Berlim, onde por mais de cem anos eram armazenados carne e produtos agrícolas. As empresas que guardavam ali seus produtos mudaram-se no século passado, anos 1970, abandonando o prédio à própria sorte. Os novos administradores, um produtor cultural de nome Jochen Hahn e a gerente geral Cornelia Albrecht, encontraram investidores em apoio a seu plano de transformar Kühlhaus numa espécie de ponto de encontro inicial para a cena nascente de Berlim: um lounge no térreo, galeria e pista de dança no meio, e um teatro no último andar. Para tanto, demoliram vários armazéns do enorme prédio – antes subdividido em numerosas unidades de resfriamento do tamanho de uma sala –, destruíram paredes e tetos até a vitória da luz, do ar, da altura e da largura. No vasto salão criado por essas reformas, estão agora pendurados os fotográficos cantos de cisne da antiga Detroit. Era um local apropriado para a exposição: no meio da cidade de Berlim, recém-redespertada de um profundo congelamento, estavam à mostra as ruínas de uma pioneira cidade americana. Um número cada vez maior de jovens se amontoou na Kühlhaus, da qual, até pouco tempo antes, ninguém ouvira falar. Assumiu um DJ, bombardeando de som o público e as imagens. Não demorou muito para que as pessoas começassem a dançar, demonstrando sua vontade de viver em meio àquelas imagens melancólicas da gêmea urbana de Berlim, Detroit.

No térreo, na rua mais uma vez, lá estava ela novamente: a cidade de que eu me lembrava. Do outro lado da Kühlhaus, a reluzente placa de néon de um novo hotel, chamado Mercure, cortava a escuridão. Sua face ocidental era uma parede corta-fogo sem janelas, em que cada centímetro fora coberto por tinta spray. Podíamos ver temas típicos do grafite mural dos anos 1980: uma "naturista" de seios nus nas profundezas de uma selva, com a silhueta de uma grande cidade ao fundo e, reinando sobre todo o resto, um enorme retrato de Karl Marx. Um estacionamento desleixado espalhava-se pela base da parede corta-fogo, limitado na outra extremidade por outra dessas paredes. Nos trilhos elevados à esquerda, deslizava um S-Bahn. No triângulo estreitamente definido acima de mim – entre a ferrovia elevada, o Mercure Hotel e a Kühlhaus –, eu distinguia duas estrelas pálidas e infinitamente distantes no céu noturno de janeiro. Sempre me pareceu que as estrelas sobre Berlim ficavam bilhões de quilômetros mais distantes do que em qualquer outra cidade. Ainda mais em janeiro.

A Kühlhaus é um daqueles novos ícones que atraem jovens de todo o mundo a Berlim. Não segue os passos das atrações turísticas incluídas nos guias de viagens – a Ilha dos Museus, a Filarmônica de Berlim, o Portão de Brandemburgo. Nem toma como guia as luzes das novamente ofuscantes Friedrichstrasse e Potsdamer Platz. Quando se trata de bulevares magníficos, cada grande cidade da Europa tem a oferecer algo similar – ou melhor. O que distingue Berlim são os armazéns e as ruínas industriais a partir das quais a cidade se recria. Não há dúvida: nos últimos cinquenta anos, alguns dos melhores arquitetos do mundo construíram em Berlim e, de vez em quando – mas nem sempre –, fizeram algo ótimo. Mas esses prédios não trazem nenhuma relação real com a nova dinâmica da cidade, com sua alma partida. Os patrimônios de Berlim são antigos gasômetros e torres de água, hospitais desertos, aeroportos sem uso, docas do passado, estações ferroviárias vazias, instalações de vigilância da CIA e prisões da Stasi abandonadas, mofados bunkers e complexos de túneis de duas ditaduras e toda a sorte de armazéns. É ali que cria raiz a nova vida. E agora, como sempre, as marcas-d'água à prova de falsários da cidade são paredes corta-fogo de 30 metros de altura, calçadas tortas de pedras de cantaria, trilhos tomados de mato, chaminés elevadas e sem uso, com aeroplanos vermelhos piscando luzes de alerta no alto, à noite, pátios estreitos com uma única castanheira. Não, Berlim não quer ser, nem será por ora, uma capital rematada. E talvez por isso seja tão popular.

Mas por quanto tempo mais? Investidores internacionais, que tomam decisões com base em sobrevoos de helicóptero ou Google Maps e Street View, há muito descobriram os novos palácios e tocas da turma criativa e os acrescentaram a seus portfólios do que é imprescindível. É inevitável: daqui a dez a 15 anos, Berlim será tão cara quanto Nova York ou Londres. Banqueiros e gerentes de fundos de hedge irão se mudar para os gasômetros, torres de água e resfriamento, e para os armazéns que os pioneiros da nova Berlim tornaram habitáveis com a ajuda de tábuas e vigas roubadas, conexões hidráulicas e maçanetas usadas, radiadores recuperados e relógios de luz clandestinos. Os novos proprietários reformarão os lofts abandonados com banheiras de mármore, cofres, cozinhas controladas eletronicamente, academias particulares e piscinas, e instalarão helipontos no telhado.

Berlim se tornará tão grandiosa, cara e tediosa quanto a maioria das capitais do mundo ocidental de hoje. Os prefeitos da cidade não estorvarão este desenvolvimento, porque, como seus colegas em Manhattan ou Londres, estarão cegos pela promessa de uma alta receita nos impostos. Por ora, Berlim ainda é considerada um segredo de iniciados para artistas de todo o planeta. Vêm para cá de Manhattan, San Francisco e Los Angeles, de Hong Kong, Tóquio e Seul. Mas quando apenas banqueiros, corretores de ações e o jet set internacional podem pagar por apartamentos e lofts numa cidade, os tipos criativos se mudam. Minha aposta para um êxodo em massa de Berlim daqui a dez ou 15 anos? Sarajevo e Bucareste.

Segundo o único jornal berlinense importante, *Der Tagesspiegel*, há atualmente cerca de 21 mil artistas cabriolando pela cidade – um número subestimado, em minha opinião. Metade deles admite ser "artistas profissionais". Entretanto, o que significa exatamente o adjetivo "profissional" neste caso? Significa que os artistas pesquisados se dedicam principalmente a sua atividade artística. Mas podem eles realmente viver da renda que auferem? Qualquer berlinense com alguma curiosidade conhece alguns artistas, mas não conhece muitos que consigam ganhar a vida com seu trabalho. Mesmo assim, o influxo continua. Em sua esteira, galerias e colecionadores também afluem para a cidade. Já há algum tempo, não se fixam mais no Scheunenviertel (literalmente, "distrito do celeiro"), perto da Hackescher Markt ou no Prenzlauer Berg, onde brotaram as primeiras galerias depois da queda do Muro. Agora eles procriam, transformando rapidamente os bairros da cidade: perto do Checkpoint Charlie, em torno da ponte Jannowitz, recentemente até no antigo distrito de entretenimento de Berlim Ocidental, a Potsdamer Strasse. Com quatrocentos endereços de galerias, Berlim agora as ostenta mais do que qualquer outra cidade europeia. Mas, com uma receita estimada de cerca de 200 milhões de euros (em 2010), a cidade não pode competir com nenhum grande centro de arte da Europa. Enquanto isso, os aluguéis aumentam acentuadamente; nos últimos cinco anos, houve um acréscimo de 100 mil moradias, e a cidade continuará a crescer. Assim como a população turca que se fixou há muito tempo em Kreuzberg, muitos artistas recém-chegados já são obrigados a se mudar para áreas periféricas.

O EMBATE DOS ARQUITETOS

Dirigindo pela Potsdamer Platz nos anos 1990, quem fosse familiarizado com a Berlim anterior à queda do Muro e ainda levasse na mente a antiga imagem da cidade não poderia deixar de sentir certa vertigem. Era como se os efeitos do abalo sísmico que a sacudiu em novembro de 1989 só agora se tornassem visíveis. Em questão de semanas – em questão de dias, até – novos prédios brotaram no terro baldio antes dominado pelo Muro. Uma nova cidade surgia dos andaimes no meio da antiga e só se podia imaginar que sons e reflexos estariam reservados, que vida um dia acabaria por existir contra esse pano de fundo. Mas essa não foi sempre a marca registrada de Berlim? Não foi sempre um lugar de trânsito, uma cidade com mais passado e futuro do que presente?

Os berlinenses viram a reconstrução radical que começou de imediato com um sangue-frio que podia tranquilamente ser confundido com embotamento. Não se sentia muito entusiasmo, mas o típico enfado do torcedor de futebol depois da derrota de seu time. Os debates sobre o futuro da cidade costumavam assumir a forma de exorcismos políticos. Falta-lhes curiosidade, jovialidade, um senso de aventura. As decisões de consequências amplas, de que podíamos discordar elegantemente, foram, em vez disso, tomadas pelos meios refinados da suspeita pessoal e da difamação política. Entre os intelectuais alemães, não se pode debater nem mesmo uma receita sem que algum gourmet exaltado detecte nela ingredientes fascistas.

E, assim, o debate arquitetônico de Berlim atolou também no pântano do fascismo suspeito antes mesmo de realmente começar. A questão sobre se poderia ou se deveria construir no centro da cidade usando materiais leves ou pesados, vidro ou pedra, *Zeilenbau* (um conceito Bauhaus de blocos lineares, em geral orientados num eixo norte-sul) ou quadras de perímetro tornou-se tão oprimida pelo lastro ideológico que a questão da qualidade dos verdadeiros projetos foi ignorada. Logo depois que o arquiteto berlinense Hans Kollhoff expôs publicamente suas dúvidas sobre as bênçãos do modernismo e deu seu voto em favor de uma "cidade de pedra", o ex-diretor do Museu de Arquitetura Alemã em Frankfurt, Heinrich Klotz, detectou "ecos da arquitetura fascista" nos planos de Kollhoff.[1] O arquiteto americano Daniel Libeskind começara a construir seu espetacular Museu Judaico em Berlim. Mas, quando viu os projetos vencedores do concorrente Kollhoff para a Alexanderplatz, ficou educadamente alarmado e escreveu: "Rejeito a ideia de que o planejamento totalitário ainda possa ser empregado no final do século XX."[2] Como consequência de declarações semelhantes, brotou um embate entre os arquitetos em Berlim nas seções de cultura dos jornais internacionais. Esboços de projetos, plantas e maquetes de repente tornaram-se tão dignos dos noticiários quanto os ataques incendiários neonazistas. Cristalizaram-se dicotomias absurdamente simplistas: janelas de vidro, aço e alumínio representavam a pluralidade e a democracia, enquanto pedra, quadras de perímetro e frisos de madeira falavam de uma atitude reacionária e estruturas sociais monolíticas. Como se estruturas leves não pudessem também ser feitas de pedra; como se vidro e aço, pela própria natureza do material, fossem imunes à grandiosidade e aos projetos sem imaginação. Quando se tratava dos arquitetos, ninguém parecia se lembrar da regra de que os políticos devem ser julgados não pelas promessas de campanha, mas por seus feitos. As pessoas pareciam confundir as declarações dos arquitetos com suas construções. Irrompia uma guerra de opiniões, contrapondo "o novo historicismo" ao "segundo modernismo", com os protagonistas de ambos os lados golpeando-se com canudos de projetos como se fossem lanças.

Em nenhum outro lugar, a batalha pela alma da cidade foi tão feroz quanto no novo centro de Berlim. E este centro estava vazio. Era uma situação singular. Uma faixa de cerca de 45 quilômetros de extensão e entre 30 e 550 metros de largura – cujo lado ocidental, até 1989, foi exclusivamente lar de camundongos e toupeiras – cortava a capital. Este descampado, marcando até pouco tempo antes o lugar onde terminavam as duas metades de Berlim, agora devia se tornar, da noite para o dia, o novo coração de uma cidade cosmopolita.

Guindastes para a construção de arranha-céus e fossos sem fundo tornaram-se os novos emblemas de Berlim. Foi apenas ao ver esses fossos que muitos berlinenses perceberam que o centro da cidade fora construído sobre areia e charco – nada além de uma fina camada de terra arenosa separava a superfície dos lençóis freáticos. Quem perfurasse alguns metros de terra encontraria água. Na realidade, as fundações de casas e prédios comerciais de altura média já eram construídas sobre a água séculos antes. Na tentativa de reformar os amplos edifícios remanescentes ou reconstruir os que desapareceram – durante as reformas da Deutsche Oper e a reconstrução do Schloss de Berlim, por exemplo – repetidas vezes os operários desenterraram pilhas de madeira de 20 metros de extensão, colocadas na terra abaixo do nível do lençol freático. Ao que parecia, o centro da cidade fora construído sobre estacas – como Veneza, só que em Berlim não se podia ver a água na superfície. Não, sem dúvida, esse não era o terreno ideal para acomodar os arranha-céus que muitos esperavam ver no centro recuperado da cidade. Os berlinenses mais velhos do Leste eram lembrados de algo que supostamente disse o arquiteto da Alemanha Oriental Hermann Henselmann. Henselmann projetou, mas não construiu, a Torre de Televisão de Berlim. Dizem ter admitido que jamais foi até o topo porque não estava convencido de que a torre – no exato momento em que ele estivesse lá no alto – não tombaria de lado.

Os muitos lagos que cercam a cidade agora estavam unidos pelos imensos fossos de construção, cheios de água. Os mergulhadores eram os heróis dessas novas obras. Seu trabalho era instalar placas de base e muros submersos para que as águas subterrâneas em constante infiltração pudessem ser bombeadas para fora e para que fossem deitadas as fundações dos novos edifícios. Guindastes flutuantes manobravam acima dos mergulhadores debruçados, fornecendo-lhes as peças necessárias.

Junto com Manfred Gentz, encarregado da administração do projeto Daimler na Potsdamer Platz, Volker Hassemer, senador para o desenvolvimento urbano na época, teve a ideia de maximizar o potencial de entretenimento desses enormes e novos fossos. Junto à margem daqueles mais impressionantes, surgiram quiosques e boxes de informações de três ou quatro andares, dos quais os moradores e turistas podiam ver a obra em andamento. A ideia foi um sucesso impressionante. Visitar canteiros de obra em Berlim logo se tornou mais popular do que ir ao teatro, a um museu ou a um concerto.

A POTSDAMER PLATZ

O canteiro de obra mais contestado foi a Potsdamer Platz. A praça, que foi o cruzamento mais movimentado da Europa nos anos 1920, transformou-se no maior descampado urbano de Berlim durante a Guerra Fria. Qualquer prédio que tenha conseguido sobreviver razoavelmente intacto aos bombardeios da Segunda Guerra Mundial foi derrubado subsequentemente. Em 21 de agosto de 1961, junto à linha pintada no asfalto para marcar o limite entre os três setores ocidentais e o setor soviético desde agosto de 1948, o Muro subiu. Sob o pretexto de precisar proteger a fronteira ocidental contra a suposta ameaça diária de invasão por "forças imperialistas", as autoridades da Alemanha Oriental demoliram quase todas as construções remanescentes localizadas em seu território; destruíram casas na Ebertstrasse e na Stresemanntrasse, bem como o que restava da loja de departamentos Wertheim. A Columbushaus (Casa de Colombo) de Erich Mendelsohn e a Haus Vaterland (Casa da Pátria), ambas ainda em uso na era da Alemanha Oriental, já haviam sido totalmente queimadas em um incêndio durante a revolta dos trabalhadores em 17 de junho de 1953.

As autoridades de Berlim Ocidental, porém, não fizeram melhor; com seus sonhos de pós-guerra de criar uma "cidade propícia aos carros", demoliram as ruínas da Vox-Haus, do Palácio do Príncipe Alberto, do Museu Etnológico e da estação ferroviária

Anhalter. Por conseguinte, a Potsdamer Platz tornou-se uma espécie de cemitério de prédios, sem as lápides. Só os berlinenses mais velhos ainda conseguiam evocar, em seu olho mental, os fantasmas daqueles antigos edifícios.

Até o início da década de 1990, a praça era dominada pela única estrutura que substituiu os prédios desaparecidos: o Muro de Berlim. No lado ocidental do deserto de quase 500 metros de largura do centro da cidade, ergueu-se uma plataforma cercada por lanchonetes e barracas de suvenires, de onde curiosos espectadores podiam observar o Muro. Ali ficavam, olhando diretamente os binóculos da polícia de fronteira, em seus postos de guarda, que, por sua vez, olhavam os dos turistas.

Só um prédio sobreviveu à mania de demolição: a Weinhaus Huth, a "casa do vinho", construída no início do século XX pelo negociante de vinhos Willy Huth em um terreno comprado por seu avô. Para suportar a carga de seu estoque de vinhos, Willy Huth o erigiu com uma armação de aço, técnica nova na época. Graças a essa precaução, assim como por mera sorte, o prédio sobreviveu com danos mínimos aos bombardeios e à artilharia da Segunda Guerra; entretanto, nem a moderna construção de estrutura de aço pôde proteger o estoque do prédio contra a sede das tropas soviéticas invasoras. Por décadas, a Weinhaus – junto com os restos do bombardeado Hotel Esplanade – colocava-se como uma rocha pré-histórica na desolada Potsdamer Platz.

Sempre que eu ia de carro de Charlottenburg a Kreuzberg e via o prédio ali, inevitavelmente meneava a cabeça, sem acreditar. A imagem podia ter saído de uma cena de western rodada no Arizona: um único prédio no meio de um deserto, erguendo-se como uma miragem aos olhos de um caubói sedento depois de uma longa cavalgada. E o nome, pelo menos, fornecia o que parecia prometer: uma boa bebida. A diferença é que o prédio abandonado por acaso localizava-se no centro de uma cidade grande. Era uma estrela fixa em um descampado árido, um farol ilógico. Quem morava por trás daquelas janelas reluzentes, quem guardava o forte naquele posto avançado e vasto no antigo centro da cidade, a oeste do Muro, cuja construção relegou o edifício à margem do mundo?

Livros e artigos sobre a Weinhaus nos contam que Willy Huth manteve um bar ali por um bom tempo depois que o Muro foi erguido. Não tinha coragem de vender o legado da família, embora, àquela altura, suas vigas mestras de ferro tivessem oxidado e os depósitos de vinho se enchido de entulho. Ele montou seu escritório no canto de um salão revestido em madeira, que nos anos 1920 abrigara bailes bem frequentados. Ali, uma vez por mês, recebia os aluguéis dos inquilinos. De vez em quando, também era visto no terraço do prédio, olhando a praça vazia, onde os primeiros sinais de trânsito do mundo já haviam controlado o fluxo do tráfego. Talvez visse os prédios desaparecidos em cujo meio fora criado: as cervejarias, a estação de trem da Potsdamer Platz, a Haus Vaterland e a Rheingold vizinha; os jornaleiros, engraxates e floristas; talvez ouvisse os bondes, os táxis motorizados, o aperto das multidões que costumavam encher o salão de baile da Weinhaus Huth. Mas eram panoramas e sons que só ele podia ver e ouvir.

Nos anos imediatamente seguintes à construção do Muro, dizia-se que um único trombonista às vezes tocava uma melodia melancólica, ouvida apenas pela polícia da fronteira e pelos inquilinos da Weinhaus Huth. Ninguém sabia quem era o estranho trombonista, mas sua falta foi sentida quando os solos cessaram.

Um dos antigos mestres enólogos de Huth meteu-se em problemas devido a um negociante de vinhos associado à Weinhaus. Ao que parecia, esse negociante era espião da CIA na Alemanha Oriental, e o mestre de Huth o auxiliara em suas atividades.

O homem foi sentenciado a cinco anos de prisão, mas obteve perdão e só precisou cumprir cinco meses.

Willy Huth morreu logo depois da festa de seu nonagésimo aniversário na Weinhaus Huth. Foi o vinho, alegava o obituário, que manteve Huth e sua esposa tão jovens.

As autoridades de Berlim Ocidental não sabiam o que fazer com o prédio. Em 1967, a viúva de Willy Huth o vendeu por uma ninharia, junto com a propriedade anexa, ao distrito Tierdarten, de Berlim Ocidental. Os burocratas do Partido Social-Democrata decidiram usar o prédio como moradia subsidiada. Mas em vez das famílias com vários filhos que haviam previsto, mudaram-se para lá principalmente solitários, mestres da arte de viver, pintores e párias, com sua preferência por sistemas de vida heterodoxos. E, afinal, o que uma família ia fazer em um apartamento situado no meio de um terreno enorme e descampado, dividido por um muro? Não havia padarias por perto, que dirá supermercados; não havia escolas nem jardins de infância; o ponto de ônibus mais próximo ficava a uma distância de dez minutos a pé. A cada poucos minutos, os trens U-Bahn troavam no subterrâneo pela estação fantasma fechada de Potsdamer Platz com um barulho tectônico. Em novembro de 1979, o gabinete do distrito de Tiergarten designou a Weinhaus Huth patrimônio público, "um dos últimos exemplos de arquitetura comercial moderna da era do kaiser".[1]

Os inquilinos que moravam no prédio nos anos 1980 eram regalados com novos panoramas e sons várias vezes por ano. A Potsdamer Platz tornou-se o local preferido por políticos e presidentes de todo o mundo para visitas e aparecimentos públicos. Vendo de suas sacadas ou pelas janelas abertas, os inquilinos da Weinhaus Huth desfrutavam dos melhores lugares na casa.

A escritora Inka Bach foi criada em Berlim Oriental e fugiu da Alemanha Oriental com a família em 1972. No verão de 1989, depois de várias longas estadas em Nova York e Paris, mudou-se para a Haus Huth com o filho recém-nascido. E, assim, a menina da Alemanha Oriental inesperadamente se viu na junção entre Berlim Oriental e Ocidental.

O pai de seu filho, um arquiteto de Berlim Ocidental, morava em um apartamento no terceiro andar da Haus Huth. O apartamento de 75 metros quadrados, com um quarto pequeno, não era o ideal para uma jovem família, que logo cresceu, incluindo agora o segundo rebento de Inka, uma menina. Embora houvesse um imenso lado de fora para brincar, eram poucas as outras crianças no local. Ir ao supermercado ou a um ponto de ônibus era uma inconveniência. É claro que Inka morava no antigo coração da antiga capital e tinha o que na época parecia ser uma "vista desimpedida"; em toda a Berlim, não havia localização mais central do que esta. Mas a vida naquele centro, esquecido por Deus e pelos homens, não a lembrava tanto de sua amada Paris ou de Manhattan, mas da periferia de uma provinciana cidade americana. Ela precisava pegar o carro para comprar uma caixa de leite ou um lápis.

Mas também havia vantagens únicas. Inka nunca teve problemas para encontrar vaga para sua minivan bem em frente ao prédio, e a polícia não multava ninguém em nenhum ponto da vizinhança mais ampla da Weinhaus Huth. A dois marcos alemães e meio o metro quadrado, o aluguel era um sonho. E embora ela precisasse do carro para comprar os bens essenciais do dia a dia, a Filarmônica de Berlim, o Martin-Gropius-Bau e a Nova Galeria Nacional ficavam à distância de uma caminhada. E mesmo no terceiro andar, quanto à vista de seu apartamento, ela podia sentir que estava no quadragésimo pavimento de um arranha-céu de Manhattan. Suas janelas curvas de sacada proporcionavam uma vista singular das duas metades de Berlim.

Os outros ocupantes do prédio não eram exatamente do tipo que o distrito Tiergarten esperava ter. O inquilino vizinho, um dermatologista gay de Munique, tinha um fraco pelas antigas maçanetas de bronze de Berlim e algumas ainda podiam ser encontradas no prédio meticulosamente construído na virada do século, recém-reformado pelo gabinete do distrito de Tiergarten. Esse vizinho retirou as maçanetas das portas dos apartamentos vazios e as instalou nas de seu apartamento. Ninguém no prédio via sentido naquele hábito excêntrico de seu isolado vizinho, companheiro do sul da Alemanha. A certa altura, ele foi encontrado morto no apartamento; havia se suicidado com um tiro. O apartamento transbordava de emblemas e relíquias nazistas – uma coleção que aparentemente pouco ou nada tinha a ver com as convicções do homem mentalmente perturbado.

No quinto andar, morava uma atriz da Alemanha Oriental, que experimentava as artes esotéricas depois de abandonar a carreira no teatro – supostamente, era amiga íntima do dissidente e militante pelos direitos civis da Alemanha Oriental Bärbel Bohley. Aromas do Extremo Oriente e música de meditação vagavam de seu apartamento para o poço da escada. Às vezes Inka recebia uma massagem da vizinha. Mais tarde, o nome da mulher apareceu numa lista de informantes do serviço de segurança de Estado da Alemanha Oriental. A partir daí, Inka parou de se valer dos serviços da mística. Desconcertava os amigos, contando-lhes que ficava "nas mãos da Stasi" duas vezes por semana.

Outra inquilina de longa data da Haus Huth plantou um jardim na rua tomada de mato na frente do prédio. O jardim tomava uma parte da Potsdamer Strasse, por onde ninguém passava de carro havia décadas, embora no passado tenha sido uma artéria principal do trânsito berlinense. Diziam os boatos que o escritor Theodor Fontane morou perto desse jardim. A velha senhora passava metade do dia arrancando as ervas daninhas que brotavam na famosa rua antiga e cuidando de suas plantas. Quando o trabalho era encerrado, tomava banho de sol em uma espreguiçadeira. Nunca imaginou que seu pequeno jardim tornar-se-ia o foco de uma corporação global que queria construir naquele exato lugar.

Mas o idílico estado de coisas no descampado da Potsdamer Platz mudou – antes mesmo da queda do Muro. Os coelhos que durante anos andaram livremente entre Leste e Oeste agora tinham a companhia de outros na travessia da fronteira: no verão de 1989, começaram a aparecer poloneses no canal Landwehr e perto da Potsdamer Platz, nos fins de semana, trazendo suvenires: ferramentas, porcelana, uma pintura em madeira da Madona com o filho. Acostumados a negociar com vendedores turcos, os berlinenses ocidentais descobriram que era impossível regatear com os poloneses. Ou se pagava o preço pedido, ou se saía de mãos abanando. Ainda era um mistério como esses inexperientes vendedores do vizinho Estado oriental conseguiam entrar em Berlim Ocidental. Chegando no sábado de manhã, sumiam novamente na noite de domingo.

E então o Muro caiu. Por meses, Inka ouviu o martelar dos "pica-paus do Muro" despedaçando a monstruosidade, dia e noite. Depois dos coelhos e dos poloneses, os "índios da cidade" chegaram com suas tendas e círculos de carroças, sitiando a Potsdamer Platz. Foi o filho de Inka que a alertou para as novas possibilidades depois da queda do Muro. Ela sempre levava os filhos em uma caminhada diária ao Gropius-Bau e à Nova Galeria Nacional, que os entusiastas de cultura da cidade só conseguiam alcançar de ônibus ou de táxi. Onde as outras crianças exigiam "parquinho", para os filhos de Inka a palavra era "Gropius-Bau". A certa altura, seu filho, um andarilho entusiasmado, descobriu um jardim de infância no lado oriental do Muro. "Vamos olhar as meninas?", perguntou ele à mãe. Inka corajosamente o matriculou no jardim de infância, ainda administrado por uma equipe do Estado do qual ela fugira. Mas Inka estava familiarizada com os professores de jardim de infância de Berlim Oriental; falava sua língua e confiava na própria capacidade de influenciá-los. Além disso, estava claro para ela que a vista espetacular do terceiro andar não permaneceria "desimpedida". Os dias de sua família na Haus Huth estavam contados.

Pouco antes da queda do Muro, Edzard Reuter, diretor executivo do Daimler Group à época, comprou do Senado de Berlim Ocidental 6 mil hectares ao sul da Potsdamer Platz. A venda, feita numa época em que quase ninguém acreditava em um fim iminente do Estado dividido da Alemanha, que dirá na dissolução da União Soviética, foi um investimento ousado – e profético. Na realidade, foi impelida mais por visão política do que por interesses comerciais. Filho do lendário primeiro prefeito de Berlim Ocidental, Ernst Reuter, Edzard Reuter queria construir ali não apenas uma nova sede para a Daimler, mas toda uma nova área urbana, que seria ligada – em algum momento distante no futuro – a Berlim Oriental. Raras vezes o executivo de um grupo importante teve tanta razão numa decisão que muitos outros CEOs recebiam com um sorriso forçado. O próprio Reuter surpreendeu-se com a rapidez com que sua aposta se concretizou. O terreno, que ele comprou por 93 milhões de marcos alemães, agora é uma das propriedades mais valiosas de Berlim.

Como um "dote" indesejado, Reuter também adquiriu a Weinhaus Huth, em cuja reforma a municipalidade despendeu 3 milhões de marcos alemães. O prédio atrapalhava todo projeto possível para a área, mas deveria fazer parte dele. Além disso, o gabinete distrital de Tiergarten o designou patrimônio tombado em 1979, "um dos últimos exemplos da arquitetura comercial moderna da era do Kaiser". Entretanto, nem Edzard

Reuter nem o arquiteto Renzo Piano, cujo projeto venceu o concurso para a propriedade da Daimler, suspeitavam na época quantas dores de cabeça teriam com o edifício.

Para os novos proprietários, o status de patrimônio da Haus Huth significava, sobretudo, isto: enormes custos e a tarefa de integrar em seus planos um prédio comercial relativamente comum da Berlim da virada do século, que não estava exatamente no mesmo nível do Coliseu ou da Villa Adriana, nos arredores de Roma. O edifício fora erigido em terreno pantanoso e precisava ser "escorado", para usar o jargão da construção civil. Como os arquitetos temiam que cavar por perto um fosso de construção de 40 metros de profundidade levasse o prédio a afundar ou mesmo a desmoronar, decidiram colocar "a joia" em uma estrutura de estacas ancoradas 18 metros na terra. Havia algo de comovente nesta providência de 50 milhões de euros: aqui estava a proprietária e construtora Daimler, fazendo um esforço que os italianos nunca fizeram para proteger as ruínas de Pompeia, a fim de preservar um prédio de comércio de vinhos, sem nada de excepcional além do fato de ter sobrevivido à Segunda Guerra Mundial e a toda a demolição que se seguiu.

Os moradores, inclusive Inka Bach, que cuidaram do forte em Haus Huth até o último minuto, receberam generosos acordos financeiros para se mudar. Inka Bach é reticente sobre a quantia, que deve equivaler ao lucro de um bestseller. E por que não? Por que um grupo automotivo seria o único a se beneficiar da queda miraculosa do Muro – por que não também alguns moradores inteligentes?

Desde o início da construção, porém, a Daimler enfrentou fortes ventos contrários do leste e do oeste. Profetas do apocalipse, que em Berlim nunca estiveram em falta, previram que o fosso de construção privaria os arredores do lençol freático e as árvores no vizinho Tierpark morreriam de sede. Tais profecias eram combinadas com preocupações mais embasadas, expressas pelos engenheiros. Havia motivos para temer que uma das seções internas do fosso, na frente da Haus Huth, vergasse, inundando os túneis do S-Bahn, atrás dele. O risco foi evitado a muito custo. Por outro lado, havia outras dificuldades que não podiam ser prevenidas por meios técnicos.

Desde o começo, os planos da Daimler eram "a mais odiada construção de Berlim",[2] conta Manfred Gentz, a quem a empresa encarregou do projeto. A Daimler foi categoricamente rejeitada como proprietária na Potsdamer Platz não só pela guilda com visão de mídia dos arquitetos de Berlim Oriental e Ocidental, mas também pela população de Berlim Oriental, amparada por um coro crescente do oeste da cidade. Como podemos permitir, perguntavam as pessoas, que uma área inteira da cidade seja edificada por um grupo automotivo de Stuttgart, que pode muito bem decidir fechar os portões desta "parte da cidade" à noite? E por que essa pressa toda? Por que a área tem que ser urbanizada em apenas quatro anos? Por que não deixar a cidade crescer organicamente nos próximos vinte ou trinta anos? E o terreno todo precisa mesmo ser coberto de prédios? Não se pode deixar uma parte de lado para as gerações futuras?

Para alguns, a situação lembrou um alerta do bestseller dos anos 1960, escrito pelo psicanalista Alexander Mitscherlich. Em um livro popular intitulado *Die Unwirtlichkeit unserer Städte: Austiftung zum Unfrieden* (A falta de hospitalidade de nossas cidades: Uma provocação deliberada), ele alertava contra a produção de cidades como carros. O bom homem jamais teria imaginado que um grupo automotivo daria à luz toda uma parte de Berlim. Entretanto, era precisamente o que agora se planejava para a Potsdamer Platz. Uma cidade produzida por um grupo automotivo?

Manfred Gentz decidiu-se a transformar "a obra mais odiada de Berlim na mais popular", abrindo-a ao público. A ideia era envolver no projeto os notoriamente curiosos berlinenses, transformando-os em um público permanente para a performance de "construção da torre". A Haus Huth, decidiu Gentz, era um local adequado para esse tipo de diálogo.

A partir daí, Gentz convidava regularmente a imprensa e os badalados de Berlim Ocidental à nova sede operacional. Se o clima permitisse, os convidados ficavam no terraço da Haus Huth – de taça de champanhe numa mão e aperitivo de caranguejo na outra – ouvindo os arquitetos explicarem a construção em andamento, espiando de vez em quando pela beirada, com um leve estremecimento, o fosso marrom. Por fim, acrescentaram truques da cartola mágica da cultura de eventos para adoçar ainda mais o pote. Alpinistas foram contratados para descer de rapel as paredes dos edifícios inacabados; poetas de todo o mundo recitavam seus versos no meio às estruturas incompletas; bandas apresentavam-se nos palcos improvisados mais improváveis. Verdade seja dita, só faltou o aparecimento da banda punk experimental berlinense Einstürzende Neubauten, que, presumivelmente devido ao nome – literalmente "desmoronando prédios novos" –, nunca foi convidada.

Manfred Gentz conta como os mandachuvas da Daimler, em Stuttgart, viam com nervosismo o projeto de Berlim – que também era objeto de controvérsias na sede –, aparentemente transformando a obra em uma espécie de parque de diversões nos fins de semana. O conselho diretor preocupava-se não só com a potencial corrosão da respeitabilidade da marca mundialmente famosa, mas também com o custo dos eventos e a segurança do público e dos artistas. Um único acidente fatal teria arruinado a percepção pública da obra. Em resposta a esses detratores, Gentz argumentava que conquistar a accitação pública para o projeto era tão importante quanto terminar a obra a tempo e dentro do orçamento.

A estratégia de Gentz compensou. Mês após mês, a obra-show lançou seu feitiço sobre um número cada vez maior de berlinenses. Em várias ocasiões, estive entre os convidados presentes no terraço da Haus Huth. Comparecer a uma coletiva da Daimler significava testemunhar um estranho espetáculo na entrada, antes mesmo de se adentrar o prédio. Convidados animados e vestidos para festa procuravam em vão uma abertura na cerca de tela em torno da área. Mulheres de salto alto e vestidos de noite pediam informações a operários da obra, que tiravam o capacete para ouvi-las. Assentindo sua gratidão, os convidados iam na direção indicada, levantando casacos caros e vestidos, incapazes de evitar os respingos de lama ao pisar nas tábuas de construção, e salpicando as panturrilhas brancas das mulheres e a calça de seus acompanhantes. Alguns tomavam o elevador, outros iam pela escada, todos se apressando para o terraço asfaltado, protegido por nada além de uma barreira improvisada de corda. Lá em cima, encontrávamos outros convidados, já com suas taças de champanhe. Várias pessoas dançavam ao som de uma banda New Orleans alemã. Mas quase sempre soprava um vento forte – os quase 40 metros do prédio eram o ponto mais alto em toda a área ao redor – e assim muitos convidados se ocupavam em puxar para cima a gola dos casacos e segurar os chapéus caros na cabeça. Certa vez, uma rajada de vento arrancou o chapéu de palha de uma elegante senhora. Ela não conseguiu segurar a aba e a corrente ascendente o fez rodar em uma dança espetacular até que enfim viajou para o lago lamacento de águas subterrâneas. Deliciados, os convidados seguiram o espetáculo aéreo do chapéu, curvando-se sobre a barreira de corda enquanto seus parceiros os seguravam, emitindo *Ooohs* e *Aaahs* coletivos quando ele finalmente caiu na água. Mas não foi o fim da performance. Um guindaste flutuante foi diretamente ao chapéu. Um mergulhador, invisível até então e aparentemente convocado pelo operador do guindaste, subiu brevemente à superfície lamacenta, pescou o chapéu da água com a mão coberta de borracha preta e o colocou na beira da base do guindaste antes de mergulhar e submergir. Provavelmente, ele nem ouviu os aplausos entusiasmados do terraço.

Em uma dessas coletivas no terraço, conheci Renzo Piano, o arquiteto italiano mundialmente famoso, que venceu a competição pelo projeto da Daimler. Como falo italiano, rapidamente entabulamos conversa – uma conversa que continua até hoje. Estudei os planos de Piano, ele leu meus livros sobre Berlim – na esperança de descobrir, por meio deles, algo sobre a alma da cidade. Antes de vir a Berlim, ele costuma me avisar por telefone. Seus telefonemas vêm de Nova York, Londres, Japão e Austrália. Chegando a Berlim, ele me paga o jantar em um restaurante pecaminosamente caro, onde continuamos a conversa exatamente de onde paramos. Eu, por minha vez, o visitaria em seu estúdio de Gênova e Paris e saberia de seus outros projetos. Nossas conversas evoluíram para uma longa amizade, em vista da qual posso dizer agora que Piano é uma das pessoas mais modestas e curiosas que conheço. E, quando se trata da amizade, é descomplicado e franco como um agricultor do Abruzzo.

Depois de visitar o Centre Pompidou, um exemplo dos primeiros trabalhos de Piano, projetado conjuntamente com seu amigo Richard Rogers, o escritor Italo Calvino cunhou a expressão *intelligenza leggera*, ou "inteligência leve". Perguntei a Piano se a *intelligenza leggera* se sustentaria na luz setentrional da capital prussiana – sob a influência do arenito cinza e dos tijolos vermelhos, e com um cliente alemão como a Daimler, que tinha por objetivo controlar cada contingência possível: um nível de ruído constante de 28 decibéis, uma temperatura média de

18 graus centígrados no shopping – em resumo, a vida subjugada pelos padrões.

Piano admitiu seu nervosismo com o projeto da Potsdamer Platz. Não era o habitual *horror vacui*, a aversão a espaços vazios, que começava antes de cada grande projeto de construção. E não era tampouco a abrangência da realização que o preocupava. Ele se lembrou de como se sentiu na primeira vez em que pisou no terreno baldio do centro da cidade – um lugar, como ele colocou, "saturado de história. Pode-se sentir os fantasmas do passado em cada esquina, mas é só fantasma que se encontra – não há nada que se possa ver ou tocar".

De início, ele se sentiu aturdido com a tarefa de criar vida urbana a partir dessa *tabula rasa*. Sentia-se como o matemático solicitado a resolver uma equação não apenas com uma, duas ou três variáveis desconhecidas, mas vinte. Excetuando a Haus Huth e os restos do Hotel Esplanade, não havia pontos de referência – nenhuma construção que lhe desse inspiração ou servisse como trampolim. Ele preferia poder integrar pelo menos uma parte do Muro a seus projetos, mas o Muro também desapareceu sem deixar rastros. Não seria esse descarte apressado apenas outro surto da mesma mania de limpeza que compeliu os urbanistas alemães do pós-guerra a apagar todos os vestígios estruturais da era pré-guerra?

Piano não acreditava nas vantagens de uma *tabula rasa*. "Uma cidade é um texto com muitas páginas e cada página importa. Faltam páginas demais na história urbana de Berlim."

Ele começou seu trabalho na Potsdamer Platz com a visão de uma praça com água fluindo em volta, as ruas da cidade irradiando-se para fora numa formação de estrela. "Sempre se começa com o vazio, não com a plenitude. São os vazios em uma cidade que determinam sua estrutura." Ao mesmo tempo, alguns ícones serviram como pontos de referência para seus projetos, porque proporcionavam contexto, fosse como estruturas solitárias existentes, fosse como meros fantasmas de edifícios. O teatro que construiu homenageia a Biblioteca do Estado Hans Scharouns, do outro lado na mesma rua. Torre de entrada para "essa parte da cidade", o edifício comercial Debis pretendia evocar um arranha-céu Mies van der Rohe, que nunca foi construído. Piano foi inspirado pelo desejo – tecnicamente, quase impossível na época – de neutralizar a gravidade. Executados, seus projetos resultaram em uma alabarda de 90 metros de altura em vidro e aço, atirada nas areias de Brandemburgo. A Piano, agrada o fato de que a torre de frente, projetada por Hans Kollhoff, entre em desacordo com seu próprio prédio de cada jeito possível. Como contraponto ao machado de Piano, Kollhoff construiu um edifício clássico, perfeitamente elegante a sua própria maneira, de tijolos vermelhos escuros, com aparência de queimados, lembrando os prédios de Nova York dos anos 1920. "Uma fortaleza, é claro, um *castello*", observou Piano com um sorriso cordial. Vidro e aço em oposição a pedra – por que não jogar um contra o outro?

O que mais fazia falta em Berlim, para Piano, era a energia a que ele se referia em um italiano simples como *passione eroica* – a paixão heroica. Lorenzo de Médici, o sonhador estadista renascentista, viveu precisamente esse momento mágico. Reuniu os melhores intelectos de sua geração a sua volta e, no espaço de apenas algumas décadas, conseguiu criar uma Florença incomparável. Para construir uma cidade maravilhosa como Florença, disse Piano, é preciso muito poder, muito dinheiro, mas sobretudo precisa-se de paixão e disposição para jogar pesado.

O que o preocupava era a velocidade inacreditável com que surgiam as novas entidades urbanas. Em sua opinião, a revolução constante e mundial dos materiais de construção, as técnicas programadas em computador e as novas rotas de transporte resultaram em uma aceleração sem precedentes nos processos de edificação e em possibilidades infinitas. Esta revolução nos materiais, disse Piano, praticamente impossibilita o crescimento biológico das cidades. "É a primeira vez na história que se pode produzir toda uma área urbana em cinco a dez anos. É como dar à luz um bebê dois meses depois de ele ser concebido. Não se sabe quem dará vida ao novo bairro. Ele precisa funcionar de imediato. Assim, você se vale de atrações consagradas que criem alguma semelhança de agitação: shopping center, cinema, cassino, teatro, praça pública, fontes. Cria-se um espaço não para a vida com seus ritmos biológicos e imprevisíveis, mas para a vida virtual. Esse tipo de despertar por bombardeio às vezes me assusta."

Não poderia alguma coisa ficar inacabada, perguntei, uma pequena parte da área de construção ser deixada de lado para ideias e revisões das gerações futuras?

As restrições financeiras de um grande projeto como este são despóticas, respondeu Piano. Não permitem que se deixem aberturas; seria esperar demais dele, como arquiteto, deixar intocada qualquer parte de uma área que ele foi contratado para urbanizar.

Nesse momento, a rebeldia do garotinho faísca nos olhos do arquiteto genovês, que cresceu tendo como modelo o filho mais famoso da cidade, Cristóvão Colombo.

"Se você é um explorador, pode cortar o cabo da âncora e zarpar – será louco e fraco se não o fizer. Colombo tampouco sabia onde terminaria quando zarpou para as Índias Ocidentais."

O projeto Daimler, na Potsdamer Platz, foi um dos poucos empreendimentos importantes em Berlin concluídos exatamente no prazo e dentro do orçamento. A primeira de várias comemorações aconteceu no final de outubro de 1996, marcando a conclusão do topo de um edifício de 22 andares. Manfred Gentz e seus colegas prepararam algo especial para a ocasião.

O plano era que Daniel Barenboim, diretor musical da Deutsche Oper, regesse um balé incomum: 19 guindastes moveriam seus imensos braços no ritmo de "Ode à Alegria", de Beethoven, sob a regência do maestro. Ninguém da equipe de Gentz acreditava sinceramente que o regente mundialmente famoso concordaria com isso. Para surpresa de todos, ele concordou.

Na noite da véspera da "première", contou-me Manfred Gentz, ele passou na obra pela última vez. Ficou surpreso ao descobrir que estava fortemente iluminada. Todos os guindastes tinham as luzes acesas e executavam movimentos que não faziam sentido no contexto normal das operações de uma construção. Sem nenhuma relação com qualquer tarefa lógica, os braços se mexiam na noite como insetos gigantescos aprendendo a voar. Gentz levou algum tempo para entender de que se tratava esse espetáculo noturno. Ao que parecia, os operadores de guindaste combinaram de se encontrar para um último ensaio com figurino, possivelmente com o acompanhamento dos rádios portáteis que levavam.

No dia seguinte, Daniel Barenboim regeu a "Ode à Alegria", da Nona Sinfonia de Beethoven. Agitando a mão esquerda para o primeiro e o segundo violinistas – os guindastes próximos – e a direita para os monstros de aço mais distantes – os sopros e percussionistas –, ele convocou toda a orquestra. Os operadores de guindaste fizeram o máximo para acompanhar os gestos vigorosos do maestro, que mal conseguiam divisar da enorme altura de suas cabines de operação. Os Golden Gospel Singers, presentes ao evento, cantaram uma peça familiar do repertório na vastidão do canteiro de obras, independentemente das dicas do maestro e sem atenção aos braços de ferro que balançavam bem acima deles.

Em vista da lenta transmissão mecânica das alavancas dos guindastes, observa Manfred Gentz com um sorriso, o balanço dos braços "nem sempre" ficava em perfeita sincronia.

Foi uma época louca, uma época incrível. A cada poucos meses, a cidade redespertada surpreendia seus moradores e visitantes com outro *"happening"* novo e inaudito num canteiro de obras. Pouco antes do concerto dos guindastes, ao outro lado da Potsdamer Platz, dominado pelo Sony Center, foi transferido o chamado Kaisersaal.

O Kaisersaal era mais ou menos o que restou do lendário Hotel Esplanade depois da Segunda Guerra Mundial. O salão de estilo neobarroco recebeu o nome do último kaiser alemão, Guilherme II, que o usava para patrocinar suas "noites de cavalheiros". Conforme a tradição misógina de Frederico, o Grande, as mulheres não eram bem-vindas nessas noites. Os amigos de sangue azul do kaiser jogavam xadrez e carteado antes de encerrarem a noite contando piadas masculinas aristocráticas.

Nos anos 1920, depois da abdicação do kaiser, o salão serviu para bailes. Ali, Barnabas von Géczy tocou para um chá dançante vespertino; antes de partir para Hollywood, Billy Wilder angariou fama de gigolô, trabalhando por cinco marcos alemães e uma refeição gratuita. Ensinava senhoras embonecadas, dos vinte aos cinquenta anos, a dançar o charleston; sua amiga Margerie cuidava dos acompanhantes homens. Das quatro e meia às sete, os dançarinos tinham que vestir ternos escuros; das nove e meia a uma da manhã, smoking. Wilder mantinha alvos o peitilho de celuloide e os punhos de papel com a ajuda de uma borracha.[3] Greta Garbo e Charlie Chaplin, ridicularizado como um "palhaço judeu" pelo jornal nacional-socialista *Völkischer Beobachter*, hospedaram-se no Esplanade. Naquele mesmo hotel, em 20 de julho de 1944, conspiradores da trama de julho contra Hitler esperaram pela palavra-código "Valquíria".

Depois de um ataque aéreo, do total de 400 quartos e 240 banheiros do Hotel Esplanade, sobreviveram intactos apenas o Kaisersaal, os toaletes imperiais e a sala de leitura. Até o final da década de 1980, coelhos pulavam por ali, toupeiras cavavam túneis e ovelhas pastavam atrás das ruínas do hotel. Nos anos do Muro, só o Kaisersaal conseguiu firmar para si algo parecido com a vida após a morte – como local de eventos e set de filmagens. Cenas de filmes que incluem *Cabaré*, *Breakthrough*, *Asas do desejo* e *Marianne and Juliane* foram rodadas ali.

O Kaisersaal nunca teria sobrevivido à obra na Potsdamer Platz se não fosse tombado como patrimônio depois da abertura do Muro. Tal como a Weinhaus Huth, de repente ele parecia indispensável – simplesmente pelo fato de haver continuado de pé. Esses monumentos retroativamente enaltecidos de Berlim não inspirariam ninguém a cair de joelhos em devoção. Mesmo assim, os conservacionistas do patrimônio público merecem alguma gratidão. Porque, em Berlim, é assim: depois da destruição da guerra e dos crimes arquitetônicos posteriores, é preciso aprender a valorizar a sobrevivência fortuita até do meramente mediano e banal.

Originalmente, os arquitetos do Sony Center queriam demolir o Kaisersaal. Quando traçaram seus planos, simplesmente fizeram vista grossa para o patrimônio protegido. Agora, inesperadamente se viam diante da tarefa de integrar a seus projetos aquela ilha volumosa e isolada. O descuido aparentemente acabou custando ao grupo um total de 75 milhões de marcos alemães. O Kaisersaal não podia simplesmente ficar ali, por se situar bem no caminho da nova Potsdamer Strasse; assim, foi tomada a decisão de transferi-lo. O empreendimento incomum exigiu o desenvolvimento de tecnologia especial. O plano era erguer o colosso cerca de dois metros e meio e colocá-lo em uma espécie de colchão de ar com a ajuda de macacos hidráulicos. Seria, então, deslocado pouca distância ao sul, onde daria uma guinada para a direita e flutuaria 75 metros para oeste. Uma plataforma de observação foi armada para espectadores curiosos.

O cineasta Wim Wenders deu o sinal para o início da operação. O salão ergueu-se hidraulicamente, estremeceu para o sul, inclinou-se e veio a ranger suspenso no ar. Mas recusou-se a dar a planejada guinada para a direita. Graças à inventividade dos engenheiros alemães – engenheiros da Alemanha Oriental, desta vez, porque a técnica foi desenvolvida pela Bauakademie (a Academia de Arquitetura) da República Democrática Alemã – e depois de vários falsos começos e novas tentativas, a manobra enfim teve êxito. O monstro de dois andares finalmente deu a guinada e deslocou-se para o ponto designado, onde foi recebido por aplausos ensurdecedores.

Depois desse espetáculo grandioso, porém, viu-se que a operação para transferir o Kaisersaal inspirou emoções muito mais intensas do que a própria mudança do salão. Quando os primeiros convidados entraram no Kaisersaal reformado, era palpável uma sutil decepção. Com sua falsa pompa e ornamentação de fachada restaurada, ele valia mesmo tanto dinheiro e esforço? Não importa. De qualquer modo, sobreviveu à guerra e às obras.

Voltemos ao projeto Daimler do outro lado da Potsdamer Platz. A cerimônia de inauguração aconteceu em 2 de outubro de 1998 – véspera do aniversário da reunificação alemã. A única coisa digna de nota no discurso apagado do novo executivo da Daimler, Jürgen Schrempp, foi ele não ter mencionado seu predecessor, Edzard Reuter, que adquiriu o terreno antes da queda do Muro. Ao que parecia, Schrempp não quis dividir o crédito com o predecessor pelo sucesso da inauguração da nova parte da cidade. Os discursos de dignitários foram seguidos de uma procissão cerimonial de todos os veículos da construção, em que participaram 250 músicos e mil operários. O final do desfile foi composto por um comboio com todos os veículos de limpeza. Uma turma que teve um papel decisivo no sucesso da comemoração, porém, não estava presente. Nos dias e nas noites antes da celebração, contou-me um funcionário de Renzo Piano, centenas de garis limparam a poeira da obra da nova parte da cidade. Esses faxineiros, que vieram de todos os cantos da Europa e falavam uma dezena de línguas diferentes, lavaram milhares de janelas e esfregaram centenas de corredores, sem deixar um só grão de poeira nas ruas e praças. Essa grande operação de limpeza, confessou minha fonte, foi o espetáculo mais belo e grandioso que ele já havia visto. No dia da comemoração, esses ajudantes, que não tinham sido convidados, dormiam nos alojamentos das empresas contratadas pela Daimler. Outros cochilavam nos trens que os levavam de volta a seus respectivos países de origem.

E onde estava o inventor profético do projeto, Edzard Reuter, durante a comemoração? Um íntimo da Daimler contou-me que Jürgen Schrempp desconvidou Reuter, que já havia sido solicitado a comparecer como convidado de honra. Profundamente magoado, Reuter evitou o evento.

Desde o momento em que assumiu como executivo, Jürgen Schrempp rompeu qualquer contato com o predecessor. Uma fonte da empresa disse-me pensar que Schrempp jamais conseguiria perdoar Reuter por ter deixado de informá-lo, antes de uma reunião de acionistas em 1995, sobre um aviso de lucro abaixo do esperado, que deveria ser emitido. Mas a desavença pode simplesmente ter resultado da distância cultural entre os dois homens. Ex-mecânico de automóveis de Freiburg em Baden-Württemberg, Schrempp ascendeu a chefe do grupo sob a égide de Reuter. Com suas maneiras comunicativas – segundo a opinião geral, Schrempp tinha uma capacidade quase irresistível de transformar os superiores em amigos íntimos –, ele ganhou a confiança do reservado intelectual e filho do prefeito de Berlim. Reuter viu-se perplexo quando Schrempp de repente não quis mais nada com ele e pediu-lhe que não comparecesse ao batismo da criação do próprio Reuter.

Aparentemente, nada foi feito para reparar o racha. A partir daí, antes de aceitar qualquer convite, soube que os dois homens procuravam saber se o outro pretendia ir – e declinavam, se o outro aceitasse.

No mundo dos executivos, diferenças e escaramuças do gênero podem ter um papel determinante na história de toda uma empresa, ou até – como neste caso – de toda uma área urbana. Durante seus anos no cargo, Schrempp fez um esforço obstinado de se livrar do bairro que inspirou o predecessor.

No final de 2012, visitei Manfred Gentz, que conheci no início da obra e passei a apreciar, em seu escritório na Haus Huth. (A essa altura, o prefixo "Wein" fora eliminado da palavra "Haus"). O prédio imaculadamente reformado se impõe como uma peça de museu do Grünterzeit – o período de rápida expansão industrial e crescimento econômico da Alemanha no final do século XIX – entre os edifícios de Renzo Piano, com seu revestimento laminado amarelo. Quando toquei a campainha, atendeu uma voz, perguntando quem era e o que eu queria. No corredor, depois de passar por uma porta de abertura automática, vi-me diante de um elevador novo em folha. Sem os óculos, não consegui distinguir os números gravados nos botões chapeados de bronze e inicialmente dei no andar errado.

O prédio, onde testemunhei tanta algazarra, agora me parecia silencioso, completamente desamparado – como Manfred Gentz, que dirigiu o gigantesco projeto da Potsdamer Platz. Perguntei a ele como foi possível que o projeto da Daimler tenha sido vendido somente alguns anos depois de concluído. Ele sempre considerou a venda um erro, respondeu Gentz com um traço levemente audível de melancolia na voz. A decisão foi relacionada principalmente com mudanças no mercado de capitais. Os novos critérios de avaliação pressionaram as empresas a reduzir ao máximo o capital operacional necessário. Assim, eles podiam informar retornos mais elevados; quanto mais capital estivesse amarrado, menor o retorno.

A Daimler investiu cerca de 2 bilhões de marcos alemães no projeto da Potsdamer Platz. Inevitavelmente, houve grandes amortizações do investimento durante os primeiros anos; foi apenas depois de dez a 15 anos que o grupo equilibrou a receita e começou a lucrar. Jürgen Schrempp nunca escondeu sua aversão a Berlim e ao projeto da Daimler na cidade. Banqueiros de investimento insistiram em sua filosofia de reduzir capital amarrado e o convenceram de que era essencial livrar-se da Potsdamer Platz o mais rapidamente possível. Mas foi apenas em 2008, quando o preço dos aluguéis e dos imóveis em Berlim foi completamente deprimido, que o projeto finalmente foi vendido a um fundo imobiliário do grupo financeiro sueco SEB.

Gentz, que se colocou contra a venda e não se envolveu nas negociações, não revelaria os lucros, nem poderia. Entretanto, não me contradisse quando sugeri que ocorreu no pior momento imaginável. A Haus Huth, onde tinham sede representantes de Berlim do grupo Daimler, também foi vendida. Alugar o prédio deveria ser mais caro do que o custo da depreciação, se a Daimler ficasse com ele. Como Gentz me fez ver, permitindo-se um leve riso, depois de anos criando e supervisionando o projeto da Daimler na Potsdamer Platz, ele agora era um hóspede em sua própria casa.

Devo ao leitor um epílogo à história dos dois executivos que começaram como amigos e tornaram-se inimigos. Reuter e sua estratégia de diversificação custaram ao grupo Daimler vários bilhões de marcos alemães em perdas. Mas Schrempp, que tinha esse rancor contra ele, foi responsável por uma perda muito maior ao grupo. Promoveu uma nova ideologia que toldou o pensamento de muitos executivos da época: se você não é um dos dois ou três maiores grupos do mundo no setor, está condenado.

No ano da inauguração do projeto da Daimler na Potsdamer Platz, Schrempp comemorou outro evento, desta vez iniciado por ele mesmo: a fusão da Daimler com a Chrysler. O encarregado da fusão chamou a associação, objeto de alerta contrário e explícito de muitos especialistas, de "casamento no paraíso". Depois do fracasso glamuroso deste casamento, bem como dos fracassos de uniões subsequentes também iniciadas por Schrempp, o valor das ações da Daimler caiu para 24% do original. Mas isso não impediu que o estrategista global Schrempp lucrasse durante o declínio. Um dia depois de ele sair da empresa, o preço das ações do grupo sofreu uma alta vigorosa. Se Schrempp vendeu suas opções na época, ceifou um lucro substancial em opções adquiridas quando as ações estavam no nível mais baixo. Em 2007, seu valor era estimado em 50 milhões de euros.

Não existem muitas profissões em que os responsáveis por um desastre possam sair com lucros dessa magnitude.

Nesse meio-tempo, o Sony Center, de início vendido à Morgan Stanley, mudou de mãos mais uma vez. Em 2010, foi adquirido por um fundo de pensão coreano por 573 milhões de euros. Ninguém está falando de lucro. Deslocado a tanto custo, o Kaisersaal serve como café, restaurante gourmet e espaço para eventos especiais. E mais do que qualquer coisa, vive da fama de como chegou a seu novo local. Fica na beira da praça Helmut Jahs, como um templo atônito. Ainda parece perguntar a si mesmo: como acabei aqui, que raios estou fazendo aqui?

Não considero a Potsdamer Platz uma obra-prima da moderna arquitetura urbana. Demasiadas exigências, interesses e mentalidades díspares agiram como parteiras do projeto. O ritmo prescrito e a pressão para aderir aos padrões a fim de garantir imediato sucesso de público – cassino, shopping center, fontes – produziram a estética do menor denominador comum.

Na realidade, duas partes muito distintas surgiram no antigo descampado no meio de Berlim. Em contraste com a área convencional e inteiramente tingida de ocre italiano, de Renzo Piano, o arquiteto americano, nascido em Nuremburg, Helmut Jahn armou uma lona de circo espetacular. O que essas duas partes têm em comum, ambas criadas por importantes grupos corporativos, é sua completa falta de relação com a Potsdamer Platz. Nem com a Potsdamer Platz dos anos 1920, nem com a Potsdamer Platz dos anos pós-guerra, nem com o deserto que reinava ali nos anos do Muro. A seção de Piano, com seu revestimento laminado amarelo, tenta passar uma mensagem mediterrânea de leveza e transitoriedade na Berlim prussiana. A lona de Helmut Jahn a contrapõe com o barulho e o clima festivo de um estádio de futebol, embora não muito bem frequentado. Em vez de ser cercada de arquibancadas, a arena de Jahn é rodeada de apartamentos, que, como camarotes num estádio, dão para o campo abaixo – mas, nesse caso, quase nada acontece por ali. Infelizmente, aqueles que se veem na arena são obrigados a puxar a gola para cima: suas sete aberturas garantem que seja constantemente batida pelos ventos, que vêm quase de todos os lados.

Mesmo assim, a Potsdamer Platz tornou-se um sucesso popular. Talvez os berlinenses não deem a mínima para as aquisições e vendas dos grupos corporativos que a construíram e depois tentaram empurrar para o resto do mundo. Eles já a adotaram. A maioria provavelmente nem tem consciência de que é um ponto de encontro singular entre berlinenses orientais e ocidentais: o único lugar no centro de Berlim cujos moradores encontram-se como estranhos, como não nativos. Porque ninguém pode alegar ter chamado de lar, nas últimas seis décadas, esse antigo descampado e terra de ninguém.

Além disso, no frio intenso de fevereiro, quando Angelina Jolie e Nina Hoss, Brad Pitt e Bruno Ganz, George Clooney e Volker Schlöndorff, Wim Wenders e Udo Lindenberg vão para o tapete vermelho na frente do cinema de Renzo Piano, para o Festival de Berlim, cada crítica é, de qualquer modo, esquecida.

O que dizia mesmo meu guia da cidade Wolf Jobst Sieder? "Você sempre se verá tendo que escolher o que mais importa para você: a beleza de um lugar ou sua vitalidade!"

Bela, a Potsdamer Platz não é. Mas, sem dúvida nenhuma, é cheia de vida!

O SCHLOSS DE BERLIM
E O PALÁCIO DA REPÚBLICA

Apesar de complicada, a renovação da Potsdamer Platz não foi nada se comparada com a tarefa de apropriação do velho centro da cidade recuperado. A Potsdamer Platz era praticamente vazia; reinava ali o *horror vacui* evocado por Renzo Piano. No centro, por outro lado, um prédio histórico que simbolizou o poder da antiga Alemanha Oriental, o Palast der Republik (Palácio da República) lutava com o fantasma do desaparecido Schloss da cidade – o palácio dos reis Hohenzollern.

Para urbanistas e arquitetos, projetar o centro representava um desafio peculiar. Nenhuma outra capital do mundo propiciava oportunidade semelhante de ressuscitar uma área enorme no coração da cidade.

Logo depois da queda do Muro, foram consideradas propostas estranhas – até completamente absurdas. O Partido Verde, em Berlim, preferia uma ideia que seus membros sugerem sempre que aparece um espaço vazio: junto ao trecho em que o Muro ainda estava de pé, queriam criar um espaço verde para ciclistas, corredores e mães e pais com seus carrinhos de bebê. Um imenso mercado do produtor rural também esteve em discussão, possivelmente ligado a um parque de diversões com uma roda gigante do tipo que se costuma encontrar na periferia de outras cidades. Implementar essas ideias teria sido como transformar o Marco Zero, de Nova York, em um parque, em vez de erigir um novo arranha-céu.

Estrelas da arquitetura de Berlim, como Hans Kollhoff e Josef Paul Kleihues, alertaram para a ideia de reconstruir o antigo Schloss dos Hohenzollern; na opinião deles, os arquitetos modernos eram incapazes de ocupar adequadamente uma área tão grande no meio da cidade. Na visão do senador para o desenvolvimento urbano da época, Volker Hassemer, estava claro que o urbanismo era uma arte perdida. Os arquitetos modernos raras vezes ainda estudam o assunto, porque a maioria dos centros de cidade tende a sofrer de escassez, e não de um excesso de áreas não urbanizadas. Em Berlim, acontecia o contrário. A maioria dos ícones estruturais da cidade fora destruída pela Segunda Guerra Mundial e pela ideologia de *tabula rasa* que teve força dos dois lados da cidade nos anos do pós-guerra. Não havia alternativa, senão propor novas maneiras de pensar e planejar. O que seria, perguntou Hassemer, o equivalente contemporâneo dos ícones clássicos – igrejas, cúpulas, palácios reais, praças – usados pelos urbanistas de séculos passados para transmitir a alma de uma cidade?

No debate sobre o futuro do centro, falava-se muito de uma iniciativa: a Förderverein Berliner Schloss e.V. (Associação para o Schloss de Berlim S.A.). Esta fundação fazia campanha para reconstruir o antigo palácio dos reis prussianos na cidade. (Depois da Segunda Guerra, o governo da Alemanha Oriental demoliu as fachadas do Schloss, que sobreviveram à guerra quase inteiramente intactas.) O plano, porém, exigiria atenção a um "detalhe menor": o Palácio da República teria que sumir. Baseado nos projetos do arquiteto alemão oriental Heinz Graffunder, o Palácio da República fora construído entre 1973 e 1976 em parte do terreno antes ocupado pelo Schloss da cidade.

Quando esses planos foram divulgados, berlinenses orientais alarmados reuniram-se em torno do Palácio da República como se fosse a última relíquia de sua identidade. Que audácia daqueles "Wessis", que nada fizeram além de parar e assistir durante a revolução de 1989! Já não bastava que tivessem "liquidado" as antigas empresas da Alemanha Oriental – ou, mais exatamente, deixado que ficassem à mercê de depositários gananciosos do Ocidente – e agora queriam demolir também um ícone da história da Alemanha Oriental? Seria esse o resultado da reunificação: a ressurreição do Schloss da cidade junto com a malfadada tradição dos reis prussianos e das abjetas "virtudes prussianas" de amor à pátria, execução incondicional dos deveres individuais, disciplina e obediência até a morte – virtudes que, no fim das contas ajudaram os nazistas a construir campos de concentração? *NIE WIEDER PREUSSEN!* – "Prússia, nunca mais!" – apareceu nas paredes e em cartazes em volta do Palácio da República. Parecia um eco do grito *"Nie wieder Deutschland!"* – "Alemanha, nunca mais!" –, que, por sua vez, os berlinenses ocidentais de esquerda e integrantes do grupo radical esquerdista *Autonome* pintaram em spray em chamados estridentes depois da abertura do Muro.

A cidade dividiu-se em duas facções: Schloss contra Palácio, Palácio contra Schloss. Os berlinenses orientais, que jamais se animaram de fato com o Palácio da República, repentinamente caíram de amores por ele e alegaram não poder viver sem o prédio. Assinaturas foram colhidas, vigílias organizadas, circularam boatos de uma iminente autoimolação.

A participação de berlinenses ocidentais no debate foi reduzida. Como poderiam se animar com a reconstrução de um palácio real que a maioria deles nunca viu? Políticos e amantes do Schloss com formação acadêmica perseguiam cada vez mais esses berlinenses indecisos, dizendo-lhes que o palácio desaparecido era o legado mais importante da Renascença e do barroco em Berlim, e que fora injustamente caluniado como símbolo dos valores prussianos, da monarquia e do fascismo.

Quanto mais violento o debate, mais toldadas as linhas se tornavam. As posições contrárias ao Schloss não obedeciam mais às antigas divisões: Leste contra Oeste e vice-versa. Os guardiões do graal do modernismo entre os arquitetos berlinenses adotaram uma postura antiprussiana. "Toda a infelicidade do mundo", proclamou uma declaração de arquitetos de Berlim Ocidental, pode ter origem no prussianismo e no imenso Schloss dos reis prussianos no coração da cidade. Da mesma forma, repentinamente brotaram proponentes influentes da reconstrução do Schloss em Berlim Oriental.

A bem da verdade, os dois prédios têm muito pouca relação com as paixões inflamadas em seu nome. Os reis-soldados prussianos não gostavam do Schloss e o evitavam; Adolf Hitler jamais pôs os pés nele. Todavia, o Schloss dos Hohenzollern sobreviveu surpreendentemente bem aos bombardeios aliados. Foi devastado pelo fogo, mas grande parte da fachada e das paredes, assim como os pátios internos, permaneceu intacta. Em 1950, para horror de muitos berlinenses orientais, o governo da Alemanha Oriental demoliu as ruínas. "Depois que o Schloss se for", decretou Otto Grotewohl, primeiro-ministro da Alemanha Oriental na época, "ninguém mais exultará por ele!"[1] Só o antigo, chamado Lustgartenportal, ou "Portal do Jardim das Delícias", de cuja sacada Karl Liebknecht declarou a revolução – em vão! – em 9 de novembro de 1918, foi poupado da destruição e integrado ao Edifício do Conselho de Estado da nova República Democrática Alemã, dez anos depois.

Por sua vez, o Palácio da República tampouco exemplifica exatamente o mito de um poder de Estado socialista próximo do povo. Com o passar dos anos, os berlinenses orientais acostumaram-se à "loja de luminárias de Honecker", como chamavam o prédio de iluminação extravagante. Era o único edifício parlamentar no mundo que abrigava não apenas a Câmara do Povo, o já impotente Parlamento da antiga Alemanha Oriental, mas também uma pista de boliche de primeira classe, incontáveis restaurantes, uma discoteca e caras pistas de dança. Mas o presidente do Bundestag, Wolfgang Thierse, nascido na Alemanha Oriental, viu defeitos na nostalgia dos admiradores professos do Palácio da República. A verdade, segundo explicou, era que o local fora exclusivamente para figurões comunistas nos anos da República Democrática Alemã. Se qualquer cidadão normal pôs os pés no prédio, mais provavelmente era visitante do Ocidente, trazendo moeda estrangeira.

A disputa chegou a um ponto crítico quando o novo governo da cidade – o primeiro da Berlim reunificada – decidiu demolir o Palácio da República. À primeira vista, não havia nada de suspeito na decisão: uma inspeção no prédio detectara uma quantidade excessiva de amianto. Um total de cinco mil toneladas de amianto pulverizado fora usado para deixar o prédio à prova de fogo – bem mais do que o normal para uma estrutura daquele porte em qualquer outro lugar do mundo. Depois da divulgação das descobertas da inspeção, as simpatias de quem defendia o palácio em Berlim Oriental, que até então tinham sido evasivas, transformaram-se em uma firme determinação de protegê-lo.

Os defensores do prédio viram o relatório como um truque barato por parte do novo governo da cidade. Quanto amianto havia, eles exigiam saber, nos importantes prédios de Berlim Ocidental? O Centro Internacional de Congressos (ICC), perto da Torre do Rádio, em Berlim Ocidental, também não estava contaminado? Por que o Palácio da República deveria ser demolido, e não o ICC? Os defensores do palácio consideraram pura propaganda política a alegação de que o ICC não era nem de longe tão poluído por amianto. E não sem boas razões, como logo ficou claro. A remoção do amianto e a reforma do ICC representavam um custo estimado de cerca de 320 milhões de euros – muito mais do que o total para renovar completamente o Palácio da República.

Parecia estar se desenvolvendo uma lógica de represália do Antigo Testamento: olho por olho, dente por dente – você pega meu palácio, eu derrubo seu centro de congressos.

Embora não tenha evitado a demolição, o debate a retardou. O amianto foi removido do Palácio da República a um custo de cerca de 45 milhões de euros e cinco anos de trabalho. Só o que restou foi um impressionante arcabouço escuro de vigas de aço que se erguia no meio da cidade como o esqueleto de um dinossauro pré-histórico. Aguentou firme por cinco anos. E, como parece acontecer em Berlim sempre que algo atenta completamente contra o ambiente, o esqueleto encontrou lugar no coração de um número cada vez maior de berlinenses e tipos criativos apareceram aos magotes. A estrutura de aço tornou-se lar temporário de um *"survival* artístico" de todo o mundo. Em seu telhado, um artista norueguês colocou uma placa de néon de 6 metros de altura, cujas letras formavam a palavra ZWEIFEL, ou "dúvida". A fama das ruínas espalhou-se pelo planeta, garantindo que os mesmos debates locais se repetissem ao nível internacional. Enquanto urbanistas e escritórios de arquitetura discutiam em que se poderia usar o prédio, o estripado Palácio da República serviu de palco para músicos de rock, artistas sem galerias e apresentações de teatro experimental. Para muita gente, parecia que nunca fora mais lindo do que em seu estado corrente, radicalmente reduzido.

Em janeiro de 2006, o Bundestag deu fim a esses eventos criativos. Rejeitando 180 (!) petições para a preservação do Palácio da República, decidiu em favor da completa demolição. Os devotos profundamente decepcionados do prédio não tiveram alternativa senão dar ao Palácio da República um último *adieu*, flutuando a esmo em botes infláveis no andar térreo agora inundado.

Naquela situação, o comprometimento de um homem mudou todo o jogo. Talento, de acordo com certa definição, é a capacidade de estar no lugar certo na hora certa. Wilhelm von Boddien tinha este talento. No verão de 1961, logo depois de completar o ensino médio, o jovem dos arredores de Hamburgo viu-se um tanto por acaso na cidade cujo destino ele talharia tão decisivamente. Como era dono de um ciclomotor – raridade para um estudante da época – sua turma o enviou a Berlim para uma reportagem de um jornal estudantil sobre a cidade dividida. Ele viajou pelos quase 275 quilômetros até Berlim no ciclomotor, onde inesperadamente tornou-se testemunha ocular de um acontecimento mundial. Em 13 de agosto, na Bernauer Strasse, viu trabalhadores das forças-tarefa operacionais da Alemanha Oriental desenrolando arame farpado e deitando tijolos de cimento um por cima do outro. Testemunhou as tentativas desesperadas e de última hora dos moradores de fugir para o Ocidente. Viu jovens recém-casados, que mal haviam acabado de escapar, acenando para os pais que permaneciam no Leste; um membro da "VoPo", ou a Volkspolizei, a Polícia do Povo da Alemanha Oriental, impedia que se aproximassem uns dos outros, mesmo que a pouca distância. Uma mulher que pulava do segundo andar para uma rede de segurança do corpo de bombeiros de Berlim Ocidental causou impressão duradoura em von Boddien. Ele ficou fascinado com a raiva e a perspicácia dos berlinenses, com a fria determinação de autômato com que a Polícia do Povo cumpria suas ordens. Sem saber, o jovem que chegou a Berlim de ciclomotor encontrou o tema de sua vida.

Em outubro de 1961, von Boddien viajou a Berlim Oriental – desta vez, a bordo de um trem. Na época, os não berlinenses com passaporte da Alemanha Ocidental podiam entrar na Alemanha Oriental com visto, que os berlinenses do Oeste só puderam ter quando do primeiro acordo de trânsito de 1964 – a não ser que declarassem residência na Alemanha Ocidental. Depois de sair do trem na estação da Friederichstrasse, em Berlim Oriental, von Boddien andou sem rumo pelas ruas próximas, passando pelas lojas com suas vitrines miseráveis. Pelo caminho, não encontrou quase nenhum pedestre. Era impossível, por outro lado, deixar passar a presença policial. A cidade parecia paralisada, ainda em choque com a recente construção do Muro. Aparentemente por acaso, von Boddien viu-se no antes magnífico bulevar Unter den Linden e depois na Max-Engels-Platz, onde uma imensa plataforma chamou sua atenção. Daquela plataforma, as autoridades constituídas da Alemanha Oriental assistiam a paradas militares no Primeiro de Maio e outros feriados políticos, acenando para os Jovens Pioneiros que brandiam bandeirinhas. Von Boddien perguntou-se então como teria sido antes a vasta área vazia entre o Edifício do Conselho de Estado e a Karl-Liebknecht-Strasse antes da Segunda Guerra Mundial. A praça não pode ter sido tão vazia e árida na época quanto se estendia agora diante dele. Tentando a sorte, ele se aproximou de um velho que andava por ali e lhe perguntou que prédios havia lá vinte, trinta anos antes.

"Ora, o Schloss", respondeu o velho, com um forte sotaque de Berlim, "mas o explodiram dez anos atrás!"

"Quem, os russos?", indagou von Boddien.

Fechando a cara para seu jovem interlocutor, o velho olhou cauteloso à volta para saber se alguém ouvia seu diálogo e se afastou rapidamente.

Wilhelm von Boddien não parava de pensar como o homem especificara "dez anos trás". Se a data estivesse correta, a destruição do Schloss – na época, ele nem sabia do palácio em questão – e seu completo aplainamento para dar espaço a paradas devem ter acontecido depois da guerra.

Assim que voltou a Hamburgo, von Boddien começou a investigar a história do Schloss de Berlim. Procurou volumes ilustrados em bibliotecas para ter uma ideia de como era o prédio desaparecido. Não encontrou muito além de algumas fotos em preto e branco e dois ou três artigos de jornal. Mas o formado no ensino médio recusou-se a desistir. De algum modo sentia que, como Heinrich Schliemann antes dele, tinha dado com os vestígios de uma Troia enterrada. Dedicou quatro páginas de seu jornal da escola ao Schloss.

Von Boddien avançou com sua pesquisa por anos; queria saber todo o possível sobre o desaparecido Schloss de Berlim. No final da década de 1970, topou por acaso com um arquivo significativo de material relacionado com o prédio, guardado no Palácio de Charlottenburg. Ali, travou conhecimento com um pequeno grupo de eruditos que compilavam uma extensa documentação – uma monografia – sobre o Schloss. O grupo incluía o historiador da arquitetura Goerd Peschken e a historiadora de arte Liselotte Wiesinger, que se tornaram seus mentores. A antiga supervisora do Schloss de Berlim, Margarete Kühn, também trabalhava com o grupo. O estudo de Goerd Peschken sobre o Schloss demolido foi enfim publicado em 1982, mas von Boddien teve oportunidade de examinar os documentos de Peschken e seus co-aurotes anos antes de sua divulgação.[2] Logo, ele estava familiarizado com o prédio gigantesco – cuja área de superfície tinha o equivalente a três campos de futebol – e podia "andar" mentalmente sem se perder pelos cômodos de importância para a história da arte, quartos, corredores, escadas, andares e pátios internos do palácio. Independentemente de onde entrasse e que caminho seguisse no Schloss virtual, sempre sabia exatamente onde estava. Tornou-se, como escarneceu mais tarde um crítico da arquitetura do semanário *Die Zeit*, o "fantasma do palácio" – na realidade, ele mais parecia um fantasma sem palácio, sem ainda ter dado existência ao lar que tanto ansiava por assombrar. O jovem não acreditava seriamente que o Schloss pudesse ressuscitar na época, décadas antes da queda do Muro. Ainda assim, estava convencido de que a história do Schloss não chegara a um fim com sua demolição, que ele ainda tinha importância no futuro da cidade.

A queda do Muro deu asas às esperanças solitárias de von Boddien. Dois colunistas conhecidos do Ocidente falaram em favor da reconstrução do Schloss. O primeiro era o editor da seção de cultura do *Frankfurter Allgemeine Zeitung*, Joachim Fest. Num artigo seminal publicado no jornal em 30 de novembro de 1990, ele argumentou que a demolição do Schloss criou um símbolo da vitória do socialismo e uma "praça vermelha para gestos submissos". A reconstrução do Schloss, por sua vez, seria uma manifestação visível do fracasso do "modelo totalitário da sociedade".

O segundo artigo, mais influente, tinha uma visão mais abrangente e apelava pela reconstrução do Schloss da perspectiva histórica urbana. Foi escrito por Wolf Jobst Siedler, o já mencionado editor e jornalista. Siedler observou que, ao contrário de outras cidades europeias, Berlim não passou a existir *antes* do Schloss, mas apenas com ele e depois dele.[3] Na realidade, construído em 1443 e logo constantemente expandido, o Schloss foi o ato de fundação da cidade; foi apenas quando da construção do Schloss que as antigas cidades gêmeas de Berlim e Cölln, com sua população de 6 mil habitantes à época, cresceram para Berlim a sua volta. Em outras palavras, Berlim nem existia antes do Schloss e, assim, não poderia existir sem ele. "O Schloss não se localizava em Berlim", escreveu Siedler, chegando ao cerne de sua argumentação "Berlim *era* o Schloss."

Para Wolfgang von Boddien e seus amigos, esses dois artigos tornaram-se o prelúdio de sua iniciativa grandiosa. Encorajados, em 1992 fundaram a Förderverein Berliner Schloss e.V. e começaram a promover a ideia de reconstruir o Schloss, de início por meios bem desajeitados. Postando-se na Marx-Engels-Platz, von Boddien e seus amigos distribuíram postais com uma foto em preto e branco do Schloss a jornalistas convidados e transeuntes irritados, preocupados com mil outras coisas. As seções de cultura de vários jornais perderam pouco tempo zombando do esforço. O jornalista de um diário de tendência de esquerda alegou saber por que von Boddien queria reconstruir o Schloss: seu nome era Wilhelm e ele aspirava a se tornar Wilhelm III, Guilherme III, e para tanto precisava de um palácio. Não era fácil manter o ânimo neste clima.

A virada veio graças a uma ideia que ocorreu ao negociante de arte berlinense Bernd Schulz. "Quem se recusa a ouvir deve ver", decretou Schulz na lembrança de von Boddien, e com isso queria dizer nada menos do que uma simulação, elemento por elemento, das faces norte e oeste do Schloss – em outras palavras, a parte da fachada que atraía a atenção de cada pedestre e motorista que se aproximava do palácio a partir do Portão de Brandemburgo, antes de 1943. A ideia de reproduzir a fachada imponente em uma pintura e instalar em andaimes parecia tão insana quanto insustentável, entretanto Wilhelm von Boddien sentiu-se em seu elemento. A mídia de imediato começou a protestar: como alguém se atrevia a reconstruir o "mais prussiano dos palácios prussianos" – o mesmo palácio de cuja sacada o kaiser Guilherme II declarou a Primeira Guerra Mundial?

Alguns dias mais tarde, von Boddien fez por acaso uma viagem a Paris. Estando lá, não muito longe da Place de la Concorde, viu a Igreja da Madeleine, que passava por uma restauração. A famosa fachada de templo foi pintada em escala real na lona que cobria os andaimes na frente do pórtico. Querendo ver mais de perto, von Boddien anotou o nome e número telefônico indicados da pintora parisiense de obras em larga escala, Catherine Feff. Diante daquela simulação perfeita da fachada da Madeleine, ele de imediato soube quem encarregaria de reproduzir o Schloss de Berlim.

Com a ajuda dos amigos, von Boddien conseguiu angariar o entusiasmo de doadores a seu empreendimento incomum. Segundo as estimativas, os andaimes e a pintura gigantesca em mais de 9 mil metros quadrados de tela, junto com os necessários cartazes com informações, custariam muitos milhões de euros. Mas von Boddien e seus patrocinadores enfrentaram o risco – e por fim se saíram bem, até financeiramente. Sob a direção de Catherine Feff, cinquenta estudantes de arte parisienses puseram-se a trabalhar em uma oficina abandonada da Renault. Sua tarefa não era simplesmente copiar a fachada, mas reproduzir o jogo de luz e sombras sobre a superfície, usando *trompe l'oeil* – literalmente, "engana-olho" –, uma técnica consagrada, usada na Itália e na França desde o barroco. Na realidade, os artistas franceses conseguiram conferir um caráter tridimensional à pintura colossal do Schloss de Berlim.

Foi espinhoso determinar a cor da fachada. Era impossível deduzir o tom original do reboco a partir das fotos em preto e branco que ainda existiam; no máximo, a pintura do palácio por artistas barrocos podia ser de alguma utilidade. Mas dar uma cor autêntica a essas pinturas? O mistério foi resolvido graças à antiga supervisora do Schloss, Margarete Kühn, que guardou como relíquia um pedaço de reboco das ruínas do Palácio de Charlottenburg. Era do mesmo tom de ocre, em voga na era barroca, do reboco de todos os importantes palácios prussianos.

As telas completas foram montadas nos andaimes com cordões elásticos para absorver a pressão do vento, resultando, praticamente da noite para o dia, na ilusão de uma ressurreição. Era um sonho louco que se realizava para Wilhelm von Boddien –, mas não só para ele. Qualquer um que passasse de carro pela Ópera Estatal de Berlim e a Universidade Humboldt, na primavera de 1993, via, na curva seguinte à esquerda da rua, a presença espectral de um palácio barroco demolido 43 anos antes, flutuando ligeiramente, como quem se prepara para alçar voo. Era uma visão que fazia com que pedestres e motoristas que se deparavam com a aparição pela primeira se beliscassem. Estariam sonhando? A fachada barroca do Schloss desaparecido, decorada por último por Andreas Schlüter e Johann Friedrich Eosander von Göthe, erguia-se à direita da rua, tornando comparativamente pobre a Torre da Televisão atrás dela. O efeito da fachada do palácio era especialmente intenso e romântico à noite, à luz da meia-lua, ondulando para fora ou curvando-se para dentro, dependendo da direção do vento. Até os inimigos manifestos dos prussianos tinham que admitir: o Schloss não era tão feio quanto imaginavam durante o longo período de sua ausência. Em todo caso, sua fachada oeste parecia significativamente melhor do que muita coisa que os arquitetos modernos construíram entre a Potsdamer Platz e o centro da cidade, depois da reunificação alemã.

Também sucumbi à magia dessas telas. Fiquei especialmente emocionado com seu tom ocre, familiar a mim da Itália e raras vezes visto em Berlim. Não era prova de que essa cor, que antigamente teve lar sob céus prussianos, podia brilhar aqui também? É claro que o habilidoso *trompe l'oeil* contribuía para a idealização geral. Graças a seu alter ego de tela reagindo a cada lufada de vento, o Schloss bombástico ganhava uma leveza que o original jamais tivera. Ninguém que um dia tenha admirado os divertidos de Hohenstaufen, no sul da Alemanha e na Áustria, podia deixar de ver que a magnitude e a ostentação predominavam sobre a beleza no Schloss Hohenzollern. Berlinenses mais novos, como eu, que nunca viram o original nem testemunharam sua demolição, no fim desejavam que o Schloss continuasse como era agora – uma linda ilusão de ótica.

A simulação foi um sucesso espetacular. De repente, centenas de milhares de berlinenses, de Leste e Oeste, descobriram seu amor pelo palácio prussiano desparecido. Graças a seu golpe-surpresa, Wilhelm von Boddien pôde estender o "show do Schloss" duas vezes – como consolo e elixir contra os iminentes dias cinzentos do inverno e continuando a atrair turistas a Berlim na primavera e no verão seguintes. O prefeito da época, Eberhard Diepgen, defensor dos planos do Schloss desde o início, aceitou a prorrogação. O cenário permaneceu à vista por um total de 15 meses (até setembro de 1994), e von Boddien pôde ver com satisfação que sua ousada aventura compensou. As pesquisas de opinião mostravam que havia uma clara mudança em favor da reconstrução do Schloss.

Em 2003, o Bundestag alemão votou com uma maioria de dois terços pela reconstrução do Schloss e alocou 600 milhões de euros de fundos federais para o empreendimento.

Wilhelm von Boddien atingiu seu objetivo. Chegou perto de abandonar todo o esforço apenas uma vez, no outono de 2008, quando os advogados de dois partidos anti-Schloss o acusaram de suspeita de "desfalque" e "lavagem de dinheiro". Os motivos dados foram, entre outros, uma doação anônima de 750 mil euros da Suíça e a suposta apropriação indébita de doações. PARA ONDE FORAM TODOS AQUELES MILHÕES?, perguntavam as manchetes na imprensa. O debate sobre a conservação do Palácio da República e a reconstrução do Schloss agitou emoções fundas; quanto mais evidente ficava a vitória do partido pró-Schloss, mais baixos os golpes desferidos para frustrá-lo. Von Boddien estava a ponto de desistir do sonho de sua vida. Chegou ao limite de sua disposição de sofrer pelo Schloss, explicou, no momento em que sua boa reputação e a de sua família foram arrastadas na lama. Os amigos o dissuadiram dessas dúvidas. Se desistisse naquele momento, só confirmaria que havia alguma verdade nas acusações difamatórias. No final de 2008, a promotoria suspendeu o processo. A palavra final sobre a questão foi de que a investigação não conseguira determinar suspeitas razoáveis de delito algum.

Assim, o Schloss seria reconstruído – ótimo. Mas o que devia ser feito com o novo colosso antigo no meio da cidade? Como seria ocupado – que espírito habitaria – o palácio de 180 x 120 metros? Por um bom tempo, considerou-se um uso misto – o Schloss seria aberto a ocupantes comerciais e culturais. Organizadores de feiras comerciais, museus e galerias expressaram interesse; planejou-se um enorme estacionamento subterrâneo, no lugar do porão imperial, para facilitar o financiamento do projeto. No fim, venceu uma ideia simples. No espírito de Alexander von Humboldt, o filho mais famoso da cidade, decidiu-se que o Schloss deveria se tornar um ponto de encontro para as culturas do mundo, servindo às mesmas tradições intelectuais e humanísticas que já encontraram um porto seguro no antigo palácio dos Hohenzollern. Ali, na sala de chá real, o explorador científico e polímata Alexander von Humboldt contou sobre suas viagens aos convivas letrados e aristocratas do rei prussiano; nos arquivos do palácio, ele guardou parte de suas coleções etnológicas e botânicas. Agora, o Fórum Humboldt toma forma no novo Schloss. O Museu Etnológico e o Museu de Arte Asiática da Fundação de Herança Cultural Prussiana, o Departamento de História da Ciência da Universidade Humboldt e a Biblioteca Regional de Berlim pretendem abrigar suas valiosas coleções ali. A ideia é transformar Berlim em um centro global de arte e cultura. O Fórum Humboldt pretende vir a ser um lugar onde todas as civilizações do mundo possam se apresentar e entrar em diálogo – conforme a declaração de Humboldt de que "a visão de mundo mais perigosa é aquela dos que não viram o mundo".

O que já pode ser visto desses nobres planos no "Box Humboldt", ao lado da obra parece bem anêmico. Até agora, os planos carecem da urgência, paixão e loucura que motivaram a pesquisa de Alexander von Humboldt. Não é fácil incorporar no conceito desse circo gigantesco o conflito íntimo de Humboldt entre seu desejo universalista de conhecimento e sua relação frágil consigo mesmo e com seu corpo. Uma carta escrita por um Humboldt de vinte anos contém esta frase surpreendente: "As atividades sérias, mas em especial o estudo da natureza, irão me manter afastado da sensualidade!" Mas o enorme projeto cultural começa a se encaminhar. Torçamos para que o conteúdo convincente e inspirador para a dispendiosa concha seja encontrado a tempo para a inauguração do Fórum Humboldt, em 2018. O Schloss ressurrecto pode – e deve – tornar-se o coração vivo da nova cidade.

As fundações começaram a ser cavadas em junho de 2012. Nas fundações do antigo Schloss, os trabalhadores encontraram três mil estacas de pinheiro e de carvalho, extraordinariamente bem conservadas no subsolo pantanoso e hermeticamente lacrado por trezentos anos. O Schloss foi construído sobre estas estacas dispostas em uma grade de vigas de madeira. E agora as estacas tinham que ser extraídas com um guindaste especial, uma por uma, como dentes, a fim de dar espaço para a nova fundação.

A descoberta deste estranho tesouro incitou uma cobiça imediata. Trouxe à luz uma lei especialmente rigorosa, aplicada aos caçadores de tesouros em Berlim, independentemente do que encontram. Se derem com algo valioso no solo, o achado automaticamente pertence ao Estado – com o resultado de que as partes particulares em Berlim quase nunca informam objetos encontrados. Mas a quem de fato pertence o tesouro das estacas de trezentos anos? "A madeira torna-se automaticamente propriedade da empresa encarregada da escavação e do fosso", considerou o diretor da Fundação Fórum Humboldt-Schloss de

Berlim, que por acaso é proprietária e construtora do prédio, em um artigo publicado em 9 de novembro de 2012 no *Der Tagesspiegel*. Porém, infelizmente, a dita fundação terceirizou o trabalho de retirar e explorar as estacas a outra empresa, que agora faz suas próprias reivindicações ao "tesouro de madeira".

Primeiro, as estacas precisam ser limpas da areia e secas. Mas e depois? Devem ser usadas, como sugeriu Thomas Loy na mesma edição do *Der Tagesspiegel*, para compor o piso do Schloss ou fornecer uma prova da origem do "Schloss dos Hohenzollern"? Ou para equipar uma sala no Fórum Humboldt, como tinha em mente Wilhelm von Boddien? Ou talvez até para produzir violinos e violoncelos, pois alegam especialistas que a madeira assumirá um tom de âmbar cintilante depois de tratada?

Ninguém acredita que o orçamento projetado de 590 milhões de euros bastará para a construção do Schloss. Sua conclusão, prevista para 2018, também parece otimista demais à luz do destino encontrado por outros grandes empreendimentos em Berlim. Quando em dúvida, os berlinenses experientes simplesmente dobram o custo de qualquer grande projeto e prorrogam a data de conclusão em três anos.

Apesar de tais contingências, para o fanático pelo Schloss Wilhelm von Boddien, agora com setenta anos, o sonho que definiu sua vida quase se torna realidade. Talvez ele não vá viver para ver o telhado construído. Mas, em vida, pelo menos poderá assombrar os cômodos, corredores e pátios do novo Schloss, que até agora só pôde percorrer na imaginação. Von Boddien conquistou o direito de se recostar e colocar os pés para cima. De agora em diante, prefere ficar ao fundo o homem que quase sozinho resgatou do esquecimento o desaparecido Schloss. Seja como for, na cerimônia de inauguração do Fórum Humboldt, ele pretende se sentar bem para trás – lá pela 27ª fila, segundo diz ele.

É desnecessário dizer que os debates em torno do Schloss não acabaram só porque a construção começou. Em fevereiro de 2013, o ex-chanceler alemão Helmut Schmidt declarou: "Eu não o reconstruiria. É, afinal, um palácio prussiano, e não há motivos para ressuscitar os prussianos (...). Mas acho especialmente estranho que Berlim não queira pagar pelo Schloss e que, em vez disso, espere-se que o governo federal se intrometa mais uma vez (...). Em Berlim, a grandiosidade com que se gasta o dinheiro dos outros é fenomenal!"[4]

Diante desta crítica ácida do hamburguês Schmidt, até os berlinenses anti-Schloss cerraram fileiras em torno do projeto. E é sem dúvida assim que o Fórum Humboldt será concluído. Mas quando enfim um dia for inaugurado, podemos ter certeza de que quase nenhum opositor perderá a cerimônia de abertura.

BERLIM OCIDENTAL

O nome Berlim Ocidental refere-se a uma cidade que não existe mais. Com sua "Where Are We Now?", a nova música sobre a época que passou em Berlim Ocidental, David Bowie – que morou na Hauptstrasse, no distrito Schöneberg, nos anos 1970 – desencadeou uma verdadeira onda de nostalgia. A estranha vida das pessoas durante os anos do Muro tornou-se objeto de memória e invocação. Capas de revista agora trazem manchetes como BERLIM OCIDENTAL VOLTOU, e livros têm títulos como *A meia cidade que não existe mais* – como se Berlim Ocidental fosse uma ilha submersa, quando na realidade esta parte da cidade ainda existe e, fisicamente, mudou muito menos do que o lado oriental.

Um casal de poloneses, Danka e Anatol Gotfryd, me deu sua perspectiva incomum da vida e do ambiente da antiga Berlim Ocidental. Vieram para a meia cidade na década de 1950. Em seu comovente livro *Der Himmel in den Pfützen: Ein Leben zwischen Galizien und dem Kurfürstendamm* (O céu nas poças: Uma vida entre a Galícia e Kurfürstendamm), Anatol Gotfryd descreve como sobreviveu ao ser deportado para o campo de extermínio de Belzec, aos dez anos de idade. Um engenheiro conseguiu serrar e entortar as barras de ferro da janela do vagão de carga em que eles eram transportados. Vários companheiros de viagem de Gotfryd – adultos condenados ao mesmo destino –

ajudaram o menino a passar pelas grades, ejetando-o do trem em movimento. Ele foi para Lemberg a pé, onde encontrou abrigo temporário em uma pequena hospedaria, administrada por uma mulher anônima.

Dezesseis anos mais tarde, recém-casado, Anatol e a esposa Danka chegaram a Berlim Ocidental.

Em uma manhã de domingo de 1958, desembarcaram na estação de Ostbahnhof. Dali, pegaram um táxi para a Kurfürstendamm, em Berlim Ocidental. Anatol se lembra do quanto gostou do ar de Berlim. Sempre que respirava fundo na cidade de Katowice, na Alta Silésia, onde morou com os pais depois da guerra, sentia que aspirava um pedaço de lignito. Achou fácil respirar em Berlim Ocidental. Talvez tenha conseguido evitar a poeira de carvão que soprava das fornalhas de Berlim Oriental; talvez simplesmente se recusasse a reconhecê-la. Danka recorda-se da mesma sensação, mas lhe dá outro nome. Desculpe, diz ela, mas não há outra palavra para isso: o que ela respirou e sentiu na época foi liberdade. Uma euforia no coração e em todo o corpo que talvez não possa imaginar ninguém que não tenha vivido sob uma ditadura. A loja de departamentos Kaufhaus des Westens (KaDeWe) cintilava ao sol. Eles se assombraram com os milhares de calçados, vestidos e ternos, colares e brincos, a abundância de frutas e carne. Mas, em vista de seus parcos recursos, os Gotfryd podiam apenas admirar essas vitrines de maravilhas.

Por conseguinte, eles ficaram inteiramente perplexos logo depois de sua chegada ao conhecerem quem exaltasse as bênçãos do socialismo. Essas pessoas queriam deixar claro a seus conhecidos poloneses como a vida deles fora boa na Polônia, como o verdadeiro socialismo era superior. Ao que parecia, não conseguiam imaginar que as obras de Marx, Lenin e Lukács, das quais se apropriaram em seu estudo independente, foram uma leitura obrigatória e tediosa para seus convidados poloneses. Em uma tentativa de deixar a conversa mais leve, Anatol Gotfryd contou a história de um discurso feito por uma autoridade do Partido Comunista polonês. O homem tentara convencer os camaradas reunidos de que um dia – graças à produtividade do socialismo – só seria necessário trabalhar às quartas-feiras. Alguém na plateia levantou-se e perguntou: "Toda quarta-feira?" O riso cordial dos Gotfryd não contagiou seus anfitriões.

Sua sensação de alienação não foi menor, vários anos depois, quando viram manifestantes desfilando pela Kurfürstendamm, seus discursos e lemas repletos de menções à "mudança social" – até uma "revolução". Pelo amor de Deus, que tipo de mudança social, perguntaram-se os Gotfryd – acabamos de deixar para trás exatamente uma "mudança" dessas! Mesmo anos mais tarde, só lhes restava uma coisa a dizer dos insurgentes: perdidos!

No início, eles se viraram trabalhando – a dois marcos alemães por hora – como dentistas substitutos. Em geral, as clínicas odontológicas onde trabalhavam localizavam-se nos bairros pobres de Berlim Ocidental. Anatol Gotfryd lembra-se de uma em Neukölln. Ali, ele tinha que tratar cerca de cem pacientes por dia, inclusive imigrantes turcos. Esses pacientes esperavam no longo corredor ladeado de bancos, diante da sala de espera abarrotada. As paredes eram revestidas de madeira para evitar que o reboco esfarelasse com milhares e milhares de costas esfregando-se constantemente nelas. Um televisor em preto e branco pendurado do teto da sala de espera, suspenso de um varal, estava sempre ligado. Espalhavam-se pela sala de tratamento extravagantes pontes dentárias, que ficavam na clínica até que as pessoas pudessem abatê-las de seus impostos e levá-las para casa. Um laboratório produzia dentaduras com tal rapidez, com base em apenas um molde, que alguns pacientes eram incapazes de fechar a boca depois de inseri-las.

Em sua busca por empregos fixos, os Gotfryd encontraram as habituais dificuldades que enfrentam os imigrantes. Para se ter visto de residência, era preciso ter visto de trabalho, mas só se conseguia visto de trabalho quem tivesse visto de residência. Os dois documentos eram necessários para se obter licença de dentista. Numa tentativa de reduzir o tempo de espera, os Gotfryd se matricularam como alunos visitantes no Departamento de Odontologia da clínica universitária. Seu objetivo era tentar obter um doutorado. Um colega prestativo recomendou que tentassem fazer isso com os americanos; pelo que ele sabia, o Exército dos Estados Unidos em Berlim procurava dentistas. E não era preciso ter visto para trabalhar lá.

A experiência de Anatol, quando os Gotfryd se registraram no quartel-general em Clayallee, foi surpreendente. O oficial de recrutamento, um coronel, aparentemente não estava nem um pouco interessado nos exames profissionais ou cartas de recomendação de Anatol. Queria testar as habilidades técnicas do candidato, ver o quanto era apto ao trabalho prático. Na parte "teórica" do exame, o coronel pediu-lhe para entortar um pedaço de arame em um clip de papel – um teste que o examinado concluiu com sucesso em segundos. Para o teste prático, o coronel trouxe um soldado com um dente de siso abominavelmente impactado. Para surpresa do coronel, Anatol também dominou o desafio rapidamente. Quando depois disse ao coronel que a operação não era problema para ele, o oficial o olhou com uma carranca feia. Anatol explicou que, na clínica ambulatorial do Estado, em Katowice, ele fora responsável pela extração de dentes durante um ano e meio, sete horas por dia. Depois desse campo de treino odontológico, ninguém o superava nesse tipo de cirurgia. O coronel deu um tapa sonoro nas costas de Anatol e o contratou no ato.

Os Gotfryd ficaram impressionados com a forte ênfase do empregador nas habilidades práticas dos médicos. Todo dia, na clínica odontológica americana, com a ajuda de um sistema de pontos, era anunciada uma "contagem de habilidade" que os dentistas podiam consultar e ver como estavam se saindo. Eficiência e ergonomia – era o que importava aos americanos. O casal de dentistas da Polônia rapidamente entendeu que ocupava uma posição pouco habitual de poder. Ambos foram contratados com a patente de tenentes. Por consequência, não tinham mais que se conformar em dar aos pacientes conselhos facultativos que costumavam ser ignorados. Podiam ordenar que escovassem os dentes de determinada maneira. Mais tarde, quando os Gotfryd se tornaram donos do que pode ter sido a clínica odontológica particular de maior sucesso em Berlim Ocidental, suas recomendações de cuidados com os dentes sempre guardavam um leve tom autoritário que eles aprenderam com os americanos.

A contratação no hospital dos Estados Unidos foi o começo de uma vida de luxo para os dois dentistas. Toda manhã, encontravam jalecos de laboratório recém-lavados e engomados nos armários, junto com dois casacos elegantes para a caminhada ao refeitório. Um jovem, cujo trabalho era prever cada desejo, foi colocado à disposição dos dois. Se lhe pedissem para pegar um café e um pedaço de bolo à tarde, ele aparecia com um bolo inteiro. Os restos simplesmente eram jogados no lixo. A comida do refeitório também era servida em porções americanas exageradas. Mas os Gotfryd desfrutavam ainda de outros privilégios. Como funcionários do Exército americano, podiam mandar seu assistente comprar nas lojas PX. Os integrantes do Exército dos Estados Unidos podiam comprar produtos isentos de impostos de importação não só de toda parte da Europa, mas também do Extremo Oriente: tapetes, vasos, móveis, relógios de pêndulo e porcelana de cada canto do mundo. Os oficiais americanos até podiam ter seus carros beberrões extralongos despachados dos Estados Unidos para Berlim inteiramente à custa do Exército.

A taxa de câmbio da época era de um dólar para quatro marcos alemães. "De repente, éramos ricos", diz Danka. Havia uma festa na Casa Harnack todo fim de semana – era o endereço social mais cobiçado da época. Durante a semana, os Gotfryd costumavam ser convidados aos apartamentos dos oficiais. Apesar da proibição oficial de confraternização, os americanos gostavam de se cercar de convidados de Berlim; em todo caso, não tinham problemas com dentistas que trabalhavam para o Exército. Para Danka, essas visitas foram uma revelação do estilo de vida americano. As instalações americanas em Berlim-Dahlem tinham sido construídas havia pouco tempo, segundo os padrões americanos. Depois de se abrir a porta do hall da escada para um dos apartamentos, via-se não o longo corredor típico dos edifícios de Berlim, mas caía-se diretamente na sala de estar. No momento em que atravessasse a soleira, você estava no meio do apartamento. Ali, os Gotfryd viram-se cercados por móveis de teca – qualquer um com uma reputação a zelar e que pudesse pagar tinha móveis de teca na época – e admiraram as camas e os sofás novos em folha da Escandinávia, quase tão largos e luxuosos quanto os dos filmes de Hollywood.

Os dois dentistas da Polônia aportaram no meio dos americanos de Berlim; sentiam ter ganhado na loteria. Iam ao Café du Lac ou à Maison de France – sempre acompanhados por americanos. "Como potência aliada", explica Anatol Gotfryd, "os americanos eram os reis da cidade, mas não agiam como conquistadores. Esse era seu grande charme como potência de ocupação."

Naturalmente, os Gotfryd não desperdiçaram a oportunidade de ir a Berlim Oriental com um conhecido americano. Sua passagem foi permitida no Checkpoint Charlie: as autoridades da Alemanha Oriental não tinham permissão de controlar os veículos aliados. Junto com um representante fardado da potência de ocupação, eles foram à Deutsche Oper. "Mas sentar-se no meio de milhares de moradores em um imenso auditório na República Democrática Alemã", recorda-se Anatol, "não era o mesmo do que se sentar na traseira de um Buick com placa do Exército dos Estados Unidos. Ficamos com medo!" "Não, você ficou com medo", corrige Danka. Em todo caso, com ou sem medo, os dois desfrutaram das costumeiras e excelentes apresentações.

Cerca de um ano depois de Anatol começar a trabalhar para o Exército americano, o professor Ewald Harndt, diretor da Clínica Odontológica da Universidade Livre de Berlim, ofereceu-lhe o cargo de assistente. Na mesma época, o coronel propôs que os Gotfryd trabalhassem como dentistas em um porta-aviões com seis mil soldados – com a possibilidade de ganhar cidadania americana e aposentadoria depois de vinte anos de serviço. Anatol preferiu a clínica universitária. O que pesou na balança foi o fato de que ele não sabia nadar, alega Danka, rindo. Anatol argumenta que havia outros motivos – isto é, o cargo na clínica odontológica lhe daria status de funcionário público. Em todo caso, ele aceitou o cargo de assistente enquanto a mulher continuou a trabalhar para o Exército americano em Berlim. Por incentivo de Harndt, ele se naturalizou praticamente da noite para o dia e, assim, pôde fazer o juramento sobre a constituição alemã.

Perguntei a Anatol Gotfryd se seus superiores alemães ou americanos sabiam que ele era judeu e escapara por pouco do campo de extermínio de Belzec. Ele respondeu que, na época, não andava exatamente por Berlim com uma placa proclamando: "Sou judeu!" Por outro lado, nunca hesitou em admitir sua identidade judaica, se por acaso a conversa se voltasse para seus antecedentes. Os americanos só estavam interessados em suas habilidades de dentista – algo que para ele era uma bênção. E, apenas uma vez, ele sugeriu sua herança ao sempre simpático e prestativo diretor da clínica odontológica da universidade. Este respondeu com uma única frase, admitindo ficar constrangido quando lidava com judeus. O assunto nunca mais foi levantado entre os dois. Com o passar dos anos, aquela relação profissional evoluiu para uma amizade.

Outros colegas também descobriram a identidade judaica de Anatol. Foi complicado, ele se lembra: todos ficaram sem saber o que dizer, e ele sentia a culpa dos outros para com ele. Encheram-no de informações sobre onde esse ou aquele colega tinha "servido", em que parte do front polonês ou russo. Ele sentia existir numa espécie de espaço protegido – como um animal que não podia mais ser caçado. Certa vez, porém, um colega revelou o que pensava com fraqueza excepcional: "Quando nós, da SS, atacávamos, não sobrevivia muita coisa em nossa esteira." Anatol teve que respirar fundo antes de responder: "Isso eu posso confirmar. Testemunhei a eficiência dos ataques da SS de outra perspectiva – durante o Levante de Varsóvia." Às vezes, as lembranças faíscam por sua mente com total espontaneidade, arrancando-o subitamente do presente. Convidado a um evento privado, ele se viu cercado de pessoas, a maioria de botas. Por um momento, a visão de tantas botas lhe provocou pânico, embora fosse apenas uma festa num clube de equitação.

A queda do Muro redespertou antigos temores. Ele se preocupava com a retirada iminente das tropas aliadas de Berlim, especialmente depois de ouvir os ocupantes bêbados de um comboio de carros passarem gritando calúnias xenófobas e antissemitas nos dias seguintes a 9 de novembro. Mas os Gotfryd esqueceram rapidamente irritações como esta. Encontravam-se na Alemanha há muito tempo e sentiam estar nas melhores mãos, em seu círculo de amigos, que crescia rapidamente.

Os convites americanos logo foram seguidos por convites aos lares dos colegas alemães – uma cultura diferente, pelo menos nos primeiros anos, observa Danka com um brilho irônico nos olhos. Ela se recorda de uma noite estranha. O apartamento da família do dentista alemão, anfitrião da festa, também estava repleto de móveis de teca. Mas, ao contrário dos lares americanos, aqui as cortinas estavam fechadas em cada uma das janelas. Algumas garrafas de vinho e alguns palitos de pretzel foram postos na mesa. Depois de esperar pelo jantar pelo que parecia um tempo bastante longo, Anatol corajosamente perguntou se poderia comer um sanduíche. Depois disso, serviram aos convidados salada de batata com pedaços de salsicha.

Em 1962, o Exército dos Estados Unidos decidiu limitar a seus membros um privilégio do qual até então desfrutavam todos os americanos na cidade: tratamento gratuito em seus hospitais. O coronel aconselhou Danka: "Você deve abrir uma clínica neste momento, já. Todo mundo a conhece e a procurará."

Foi um bom conselho. Com um empréstimo de dez mil marcos alemães, os Gotfryd abriram uma clínica na Lehniner Platz. Salsichas e chucrute foram servidos na festa de inauguração. Viu-se que seus primeiros pacientes eram de fato exclusivamente americanos. Mas logo também apareceram pacientes particulares alemães, porque souberam que os americanos iam ali. Na época, observa Anatol, os alemães estavam convencidos de que tudo que fosse americano era tecnicamente superior – o que, de fato, era verdade. Graças a sua experiência e suas ligações, os Gotfryd tiveram acesso a materiais e a estudos mais recentes da odontologia americana. A clínica também era a primeira em Berlim com uma cadeira de dentista reclinável, exorbitantemente cara, "Made in USA". A cadeira havia sido projetada originalmente para pilotos e contribuiu muito para a lenda que cercava a clínica. Referiam-se à nova abordagem como "odontologia em pacientes reclinados".

A clínica atraiu vários círculos sociais, entre os quais obteve os abastados clientes constantes: artistas ligados à Academia de Artes; atores e diretores do teatro Schaubühne, do outro lado da rua, que convidavam os Gotfryd a suas estreias e recomendavam a clínica aos colegas; bolsistas do programa para artistas estrangeiros da cidade. Quando a clínica fechou, no início do novo milênio, elencos inteiros de peças e multidões de escritores e artistas já haviam se reclinado na famosa cadeira dos Gotfryd para ter os dentes tratados. Como muitos artistas pagavam as contas com pinturas, e graças ao gosto para arte praticamente impecável dos Gotfryd, hoje eles são proprietários orgulhosos de uma extraordinária coleção de obras de arte da segunda metade do século XX.

No verão de 1962, ano em que os Gotfryd abriram a clínica particular, embarquei em um trem em Freiburg, chegando no dia seguinte à metrópole prussiana. Era a maior distância que se podia percorrer dentro da Alemanha Ocidental – cerca de 800 quilômetros. Eu queria ir a Berlim pelo mesmo motivo que a maioria dos estudantes de minha geração escolhia a cidade: estudar na "cidade front" contava como uma espécie de serviço militar voluntário – quem estudasse em Berlim Ocidental estava isento de servir no Bundeswehr. Do lado de fora, sob as plataformas elevadas da estação, entrou em foco minha primeira impressão da cidade. Gostei da triste avenida de entretenimentos, com suas barracas de salsicha, minicassinos e a loja de departamentos Bilka, com sua fachada caindo aos pedaços. Gostei especialmente dos ônibus de dois andares. Embarcando em um que descia a Kurfürstendamm, subi ao segundo andar. Na Olivaer Platz, desci e sentei-me em uma cafeteria na Xantener Strasse. Era a única cafeteria ao sol que tinha mesas na calçada. Só o que notei foram os montes habilidosamente apresentados de sorvete, e não as idosas sentadas sozinhas nas mesas vizinhas, que se tornariam minhas senhorias nos anos futuros. No quiosque do outro lado da rua, no curso de 15 minutos, vi duas mulheres de costas que eu teria gostado de ver de frente. Era uma boa rua, concluí; era ali que eu ia morar.

Meu quarto em um imenso apartamento clássico de Berlim dava para meu primeiro pátio da cidade e custava oitenta marcos alemães por mês. Em minhas lembranças, está vazio, com apenas uma cama preta de bronze com esferas douradas na guarda. Gostei do quarto porque tinha pé-direito alto e porque o sol brilhava sobre as duas esferas decorativas à cabeceira da cama, das oito e meia às quinze para as nove da manhã. Quando o sol começava a chegar uma hora mais tarde ou não chegava, eu sabia que tinha início outra estação.

Em minhas primeiras semanas ali, um rangido e gemido gorgolejante me acordaram certa manhã às cinco horas. Parecia o ofegar áspero de um velho doente no andar de cima ou no apartamento ao lado. Sentei-me na cama; demorei um pouco para ter certeza de que não sonhava; depois, pus a orelha na parede. O barulho parecia vir de cima. Segui-o até o sótão. Quando abri a porta de madeira mofada, meus olhos caíram em centenas de pombos que celebravam a chegada da manhã com seus arrulhos.

Desde então, os pombos de Berlim lembram-me morte e decadência. Eu os vi agitando-se pelo sótão em agregados pestilentos, retirados às pilhas em pás depois de uma visita do exterminador, batendo no chão do pátio sempre que o atirador louco e invisível de uma janela do outro lado conseguia atingir mais um alvo. A ave morta ficava prostrada ali por dias, até que alguém finalmente a pegava com cautela e jogava na lixeira. O arrulho dos pombos e o passo leve de minha senhoria pelo corredor estão entre minhas primeiras lembranças de Berlim. Toda noite, quando chegava em casa, eu tinha que passar por ela e pelas pernas de seu filho mentalmente perturbado. Os dois se sentavam bem separados no grande *Berliner Zimmer*, o cômodo que mesclava vestíbulo e sala de estar, típico dos antigos apartamentos berlinenses, a senhoria ocupada com alguma costura, o filho olhando fixamente a mãe. Ele se sentava em uma almofada de veludo vermelho perto da porta que levava de seu quarto ao corredor para meu quarto. Ficava ali o dia todo, de short no verão, as pernas brancas bloqueando minha passagem.

Mais tarde, morei em outros quartos com outras senhorias, mas muito tempo se passou antes que eu conseguisse me livrar da sensação de habitar uma quietude que parecia aspirar à morte. Os pombos e as viúvas da guerra em Berlim foram minhas primeiras musas. Sem perceber inteiramente, passei meus primeiros anos na cidade em companhia dessas mulheres idosas e solitárias, cujos maridos as abandonaram, morreram ou simplesmente desapareceram na guerra. Raras vezes falava com elas e, sempre que o fazia, o silêncio que se seguia era insuportável.

Outra coisa estranha em Berlim Ocidental era o enorme número de cães. Parecia haver mais cachorros do que crianças na cidade. Pelo visto, os donos desses cães pensavam não haver problema nenhum que seus queridinhos fizessem suas necessidades no meio da calçada. Ambos – donos e cachorros – reagiam com agressividade se um transeunte lhes passasse um sermão por isso. Alguns donos fingiam inocência. Aceleravam alguns passos quando seus amigos de quatro patas se aliviavam e repentinamente paravam sem mais nem menos e erguiam os olhos piamente ao céu até que o cachorro terminasse o serviço. Cidadãos enraivecidos costumavam liderar iniciativas de combate aos dejetos caninos, exigindo multas. Houve debates de valor duvidoso, alguns até transmitidos pela TV. Mostravam donos extremamente angustiados com um poodle ou pug nos braços e lágrimas nos olhos, lutando pelo direito de seu cachorro se expressar livre e desimpedido por toda a cidade. Um direito de que ninguém realmente queria privá-los – evidentemente o que estava em questão era apenas a remoção subsequente do legado do animal. Mas os defensores de calçadas mais limpas não conseguiram vencer; o lobby canino foi mais poderoso. Em minha mente, nada era mais emblemático de Berlim Ocidental do que um turista desavisado pisando em algo mole, examinando a sola do sapato e xingando ao raspá-la no meio-fio. Os berlinenses ocidentais experientes comportavam-se de outra maneira. Como caçadores de cogumelos, estavam condicionados a notar as pequenas pilhas marrons. Se por acaso pisassem em uma, simplesmente continuavam a andar, resolutos, como se nada tivesse acontecido.

Inevitavelmente, eu tinha crises constantes de nostalgia. Só estando naquela cidade prussiana percebi como a comida era boa e o tom das conversas era amigável em Freiburg. Se você pedisse informações a um morador de lá, ele se lançaria numa resposta complicada em seu dialeto de Baden e às vezes até o acompanhava à rua em questão. Os berlinenses parecem incomodados quando abordados e deixam claro que, em princípio, não estavam disponíveis a dar informações. Aqueles que se dignavam a fazê-lo gostavam de acompanhar suas respostas com uma exprobração: *Não tem um mapa, hein?* O pior era quando, sem saber, você já estava na rua que procurava. A pessoa a quem você perguntava, então, apontava a placa distante na rua e gritava: *Não tem olhos nessa sua cabeça? É o que diz bem ali!*

Mas ninguém tinha pior reação ao ser indagado de alguma coisa do que os motoristas de ônibus de Berlim Ocidental. Ou imediatamente apontavam uma placa indicando que os passageiros eram proibidos de falar com o motorista, ou respondiam num tom que o fazia temer por seus tímpanos. Um conhecido do sul da Alemanha contou-me ter enviado à Autoridade de Transporte de Berlim uma carta queixando-se da gritaria dos motoristas de ônibus. Meses depois, recebeu uma resposta: *Em consideração aos muitos cidadãos idosos da cidade, pedimos aos motoristas que se expressem num tom especialmente alto e claro.*

Ele não esperava de maneira nenhuma que o órgão público chegasse ao cúmulo de justificar o comportamento de seus funcionários como uma questão de cortesia.

Também era um mistério para mim o prazer de alguns berlinenses de flagrar seus companheiros humanos cometendo um erro. O que levava o zelador do edifício a olhar de sua janela e ver se eu tocaria o para-choque de outro veículo quando estacionava meu VW? Será que anotaria o número da minha placa se eu tocasse? Às vezes, eu gritava para ele, para facilitar a denúncia. E o que motivou um grupo de pedestres, na espera de que o sinal ficasse verde num cruzamento com trânsito quase nenhum, a gritar "Está vermelho!" ao único pecador que se atreveu a atravessar a rua antes que o sinal mudasse? Que paixão impeliu o motorista do carro ainda distante ao ver esse pedestre e de repente pisar no acelerador e partir para cima dele? O único direito humano que parecia motivar os motoristas de Berlim a arriscar a vida era o da preferencial no trânsito.

Placas inescrutáveis eram afixadas nos corredores dos prédios: NO INTERESSE DE TODOS OS MORADORES, CRIANÇAS E MORADORES SÃO PROIBIDOS DE BRINCAR E CANTAR NO PÁTIO, NOS CORREDORES E NAS ESCADAS! Num vagão de trem, li o alerta: É PROIBIDO CURVAR-SE PARA FORA DA JANELA QUANDO O TREM ESTIVER EM MOVIMENTO. Como são mais sensatas as versões francesa e italiana para isso: É PERIGOSO CURVAR-SE PARA FORA DA JANELA QUANDO O TREM ESTIVER EM MOVIMENTO. Na frente do escritório de uma hospedaria, vi a declaração: NÃO HÁ SERVIÇO DE ACOMODAÇÕES PARA ESTUDANTES OU ESTRANGEIROS! O aviso mais louco que descobri – com palavras idênticas em Berlim Ocidental e Oriental – aparece em antigos elevadores: É PROIBIDO TRANSPORTAR PESSOAS EM ELEVADORES EM QUE O TRANSPORTE DE PESSOAS É PROIBIDO.

Mas minha atenção a idiossincrasias como essas rapidamente foi desviada para questões mais importantes. O estresse e os encantos de viver em Berlim Ocidental eram resultado de sua situação geográfica e política excepcional. Embora esta metade de Berlim estivesse localizada na extremidade mais distante do mundo ocidental, aqueles de nós que moravam ali sentiam estar no coração de conflitos de importância histórica mundial. Perdi a construção do Muro, mas suas consequências eram palpáveis diariamente. O evento determinante para mim foi o destino de Peter Fechter. Em 17 de agosto de 1962, enquanto tentava fugir, Fechter foi gravemente ferido a bala pela polícia de fronteira perto do Checkpoint Charlie. Estava apenas a alguns metros do território de Berlim Ocidental. De armas destravadas, os guardas da fronteira alemã oriental observaram por quase uma hora enquanto ele sangrava até a morte. Soldados do exército americano apontavam as armas carregadas para a mesma parte da fronteira. Moradores de Berlim Ocidental observaram o drama sem acreditar, insistindo para que o oficial americano de serviço ajudasse o fugitivo moribundo. Ele não sabia o que fazer. Mais tarde, disse que, quando pediu orientação, o comandante americano de Berlim na época, o general de divisão Albert Watson II, respondeu: "Tenente, você tem suas ordens. Fique firme. Não faça nada!"

Para mim e para muitos de meus companheiros estudantes, a agonia mortal de Peter Fechter, que não parava de pedir ajuda aos gritos, tornou-se um teste para nossa consciência política ainda não testada: quem entre nós estaria disposto a arriscar a própria vida para puxar o moribundo para o território de Berlim Ocidental? Os argumentos pró e contra provocaram debates acalorados. Vários estudantes de fato colocaram a vida e a liberdade em risco contrabandeando cidadãos dispostos da Alemanha Oriental para o Ocidente; apenas alguns anos depois, quando a nova esquerda passou a ver o anticomunismo como um pecado mortal, eles tiveram dificuldades em admitir seus feitos heroicos do passado.

Nas últimas semanas antes de 13 de agosto de 1961, dezenas de milhares de pessoas conseguiram fugir da Alemanha Oriental. Uma delas, que chegou ao Ocidente pelo S-Bahn dois dias antes da construção do Muro, tornou-se meu primeiro grande amor. Em Berlim Ocidental, ela rapidamente encontrou outras jovens que partilhavam seu destino. Sempre que essas três amigas saíam – tendo a mim como seu único acompanhante – eu tinha consciência do mundo completamente diferente em que elas haviam crescido. Usando vestidos de verão e sapatos sem salto, elas passeavam pela Kurfürstendamm, testando o efeito que usavam sobre os Casanovas de Berlim Ocidental. Atraíam hordas de admiradores, mas não se impressionavam com seu arrogante convencimento e, sobretudo, com sua ingenuidade. A confiança das mulheres e o prazer que tinham em zombar de seus pretendentes os faziam fugir. Sempre que ficavam juntas, as três amigas trocavam histórias de seus tempos de escola, cantavam músicas da FDJ (Freie Deutsche Jugend, ou Juventude Alemã Livre), imitavam as máximas e as proclamações vazias dos figurões do partido e se desmanchavam de rir. Notei particularmente que não tinham o mesmo ódio da Alemanha e de todas as coisas alemãs que era *de rigueur* nos círculos intelectuais de Berlim Ocidental – eu odiava a música folclórica alemã, até a música pop alemã. A seus olhos, o inimigo não era a geração de nossos pais nem seu passado nazista, mas o partido de figurões que criou uma segunda ditadura alemã depois da guerra. Em geral, eu me via irritado e também um tanto invejoso de como essas três refugiadas da Alemanha Oriental em Berlim Ocidental eram desinibidas com sua condição de alemãs.

O movimento estudantil de 1968 transformou de alto a baixo a cultura cotidiana e a atitude das pessoas na cidade. Na Inglaterra e nos Estados Unidos, a revolta de cabelos e unhas, vozes roucas e roupas de segunda mão precedeu a explosão política contra a Guerra do Vietnã. A revolta de 1968 – que, em Berlim, na realidade foi a revolta de 1967 – reprisou tudo isso. No fermento coletivo daqueles anos, milhares de pessoas descobriram seu desejo por outra vida. Desde então, nunca descobri tanto, tão rapidamente e de tantas pessoas sobre suas esperanças e temores pessoais. Gays admitiam ser gays pela primeira vez, mulheres alegavam que eram seus homens e não o capitalismo que impediam a emancipação. Gagos afirmavam seu direito de falar diante de multidões de milhares. Uma estrela da comuna alemã Kommune 1 conseguiu transformar sua dificuldade pessoal de chegar ao orgasmo no problema de todo um movimento.

Um falso mito afirma que a geração de 68 era antiamericana. Não há dúvida de que o protesto contra a Guerra do Vietnã foi o trampolim do movimento. Mas, pelo menos nos primeiros panfletos e discursos, foi feito um esforço para distinguir entre o governo dos Estados Unidos e o "povo americano". E, de fato, o protesto contra a Guerra do Vietnã começou nos Estados Unidos e se espalhou dali para a Europa Ocidental. O conceito chave de "inquietação civil" e cada forma de protesto isolada e aparentada – *teach-ins, love-ins, sit-ins* – também vieram da América. O mesmo para as roupas típicas da época e cada elemento delas – dos jeans e calças cáqui, camisetas e parkas, a tênis – a geração de 68 comprava na loja PX, perto da Universidade Livre. Entre as boates de Berlim, a International, frequentada principalmente por soldados americanos e por alguns opositores conscienciosos, era para iniciados. Nenhum de nós ouvia música pop alemã; ouvíamos Bob Dylan, Joan Baez e os Rolling Stones. E a geração de 68 formava o segundo maior grupo de ouvintes – perdendo apenas para os soldados – da AFN, a Rede das Forças Americanas. É claro que isso não impediu os rebeldes de queimarem bandeiras americanas e até, no calor do protesto, gritarem slogans genuinamente antiamericanos como "USA-SA-SS", evocando as tropas de assalto e os paramilitares nazistas. Mas o muito falado antiamericanismo da geração de 68 resultava, na pior das hipóteses, de uma relação de amor e ódio. Ao contrário da Alemanha Oriental na época, onde as pessoas aprendiam a condenar o imperialismo americano no jardim de infância, em Berlim Ocidental o impulso não tinha base. A juventude rebelde dos anos 1960 devia ser o segmento mais americanizado da população de Berlim à época.

Mas o movimento estudantil também causou um segundo racha na cidade já dividida – um racha dentro de Berlim Ocidental. A meia cidade dividiu-se em dois grupos: uma minoria de jovens rebeldes e uma maioria anticomunista, cujo porta-voz era o tabloide do magnata da mídia Axel Springer. No espírito do lema "Minha cidade, certa ou errada!", muitos berlinenses ficaram surdos aos protestos contra a Guerra do Vietnã. Para esses berlinenses, queimar bandeiras americanas e slogans como *"Hey hey hey, LBJ, how many kids did you kill today?"* ("Ei ei ei, LBJ, quantas crianças matou hoje?") – entoados por ocasião de uma visita do presidente americano Lyndon B. Johnson – pareciam sacrilégio. Para os mais velhos entre eles, a ponte aérea de Berlim e a construção do Muro ainda estavam frescos em sua mente. Não estariam os "baderneiros" e "seguidores de Mao" nas ruas em vias de alienar o mais importante protetor da cidade aprisionada? Os rebeldes, por sua vez, estavam eufóricos demais com seus êxitos e com o delírio revolucionário, que cada vez mais ganhava vida própria, para tentar encontrar a outra metade.

Em 1980, passei seis meses em uma turnê de palestras pela América Latina. Quando voltei a Berlim, vi o Muro, que nesse meio-tempo fora remodelado, com os olhos de um estranho. Sim, pensei comigo mesmo, esta é a estrutura mais absurda e conhecida do mundo. Entretanto, ao mesmo tempo, quase nada sabíamos sobre o que faz com as pessoas que vivem à sua sombra. Quando comecei a pesquisa para meu livro *Os saltadores do muro*, fui recebido com ceticismo por quase todos os amigos com quem falei sobre o projeto. Não estaria eu invadindo o território do barão da imprensa anticomunista Axel Springer? Afinal, um dogma inconteste da esquerda afirmava que a divisão do país era simplesmente o preço que os alemães tinham que pagar pelos crimes do Terceiro Reich. Mas ninguém perguntou aos alemães orientais, que afinal pagaram este preço inteiramente sozinhos, se tinham algum problema com este estabelecimento da culpa alemã. Qualquer um que se atrevesse a tocar no Muro, esta suposta consequência da guerra de Hitler, era suspeito de defender a Guerra Fria, para não falar de ser revisionista e revanchista.

Assim, não era preciso nenhum talento especial nem capacidade profética para identificar o antigo "muro na mente", que descrevi em *Os saltadores do muro*. Só era preciso curiosidade. Mas a curiosidade estava em falta naquele período histórico da Guerra Fria e da generalizada mentalidade "nós" contra "eles". Um crítico do jornal *Die Welt* (parte do grupo Springer) observou na época que era impressionante que justo um esquerdista manifesto tenha escrito este livro; o livro decididamente era mais inteligente do que seu autor.

Em meados da década de 1980, parecia que a história abandonara Berlim Ocidental; só fazia sentir sua presença nas manchetes que quase ninguém lia nas bancas de jornais. As grandes paixões coletivas perderam vapor, a política de distensão fora aquietada, o progresso era tenaz, os grupos inimigos em Berlim Ocidental mais uma vez avançavam uns contra outros. É claro que algumas áreas da cidade ainda ferviam. Em Kreuzberg, jovens ocuparam prédios vazios, reformando-os provisoriamente e afirmando seu direito de viver ali sem encargos, como julgavam adequado. Todos falavam de bandas com nomes estranhos como Einstürzende Neubauten (Desmoronando Prédios Novos) e Die tödliche Doris (A Doris Fatal) e sobre boates novas e não tão novas assim, como

Risiko, Sound, Dschungel e SO36. Uma cena de arte rebelde fez barulho em cantos remotos de Berlim, gerando pinturas que transmitiam um senso de vida tão exaltado quanto suicida. Mas o que tinham em comum essas formas de expressão às vezes brilhantes, às vezes amadorísticas, era uma tendência autoenaltecedora e uma inclinação a se isolar do mundo. Eram insurgências internas, limitadas a suas entranhas, faltava-lhes inteiramente o impulso para mudar a sociedade – um impulso que, à luz do fracasso da proclamada "revolução" da geração de 68, foi desdenhado, e com bons motivos. De algum modo e sem que se percebesse, Berlim Ocidental tornara-se a capital mundial das minorias: mestres da arte de viver e desempregados, gays e lésbicas, seitas políticas e tipos esotéricos, turcos, poloneses, italianos e russos. E, em algum lugar no meio desses grupos, as três potências aliadas e o governo municipal de Berlim também encontraram seu lugar, como uma espécie diferente de minoria. "Keine Macht für niemand" – "Nenhum poder para ninguém" – cantava a lendária banda Ton, Steine, Scherben (Barro, Pedras, Cacos). Naqueles anos sinistramente calmos, este slogan parecia descrever o estado das coisas na meia cidade. Berlim Ocidental dormitava; tornara-se um confortável biótopo, protegido por subsídios generosos e um muro. O nome dado à meia cidade ocidental pelo partido governante da Alemanha Oriental acertava quase na mosca: "Entidade política independente de Berlim Ocidental".

A partir de 1984, uma dupla de políticos da União Democrática Cristã (CDU), Eberhard Diepgen e Klaus-Rüdiger Landowsky, dominava a política em Berlim Ocidental. Militantes do movimento estudantil conheciam a dupla como membros da fraternidade de duelo Saravia, antes uma organização progressista estudantil, de orientação nacionalista, que se tornou cada vez mais reacionária no curso de seus mais de 160 anos de existência, caracterizada por um forte espírito de equipe. Nos anos da revolta, o movimento estudantil colocou Diepgen e Landowsky em suas posições no conselho estudantil da Universidade Livre. No início dos anos 1980, as antigas inimizades tinham cessado. A certa altura, todos se uniram de novo sob os mesmos padrões visionários: líderes políticos de fraternidades de duelo e antigos rebeldes,[1] magnatas da construção civil e fraudadores de subvenções, cabeleireiros e estilistas de moda, diretores e atores teatrais – e o autor destas linhas. Todos nos sentamos, apesar de nunca à mesma mesa, no Fofi da Fasanenstrasse, no Paris Bar, da Kantstrasse e no Ciao, na Kurfürstendamm. E, às vezes, quando me reconheciam, meus antigos inimigos das fraternidades de duelo acenavam para mim com benevolência – nós nos conhecíamos e estava claro quem tinha vencido. Eu verdadeiramente não me importava, pensava comigo mesmo depois de três taças de vinho, que este idílio insalubre, mas confortável, durasse mais mil anos.

Logo depois da queda do Muro, encontrei Klaus-Rüdiger Landowsky em uma recepção oferecida por um importante semanário no Portão de Brandemburgo. Tínhamos ambos taças de vinho nas mãos e o puxei a um canto. Estive querendo fazer-lhe uma pergunta desde os dias imemoriais dos anos 1960, eu lhe disse. Como era possível, perguntei, que nem ele nem Diepgen tivessem nem uma leve cicatriz na cara, apesar de terem sido membros de uma fraternidade de duelo? Landowsky riu. Na época, a fraternidade Saravia eximia oradores talentosos de seu código de conduta. Ah, se soubéssemos disso na época, pensei. Teríamos massacrado vocês!

Em meus anos em Berlim Ocidental, encontrava constantemente colegas em Berlim Oriental que, no fundo, ainda eram comunistas. Perguntei a mim mesmo o que no mundo os impelia a continuar leais a um Estado que banira tantos de seus colegas e até os ameaçara pessoalmente – bem como sua "crítica solidária" – com censura, exclusão profissional e prisão. Qual era a origem dessa estranha lealdade a seus torturadores? Seria a convicção de que, no fim, a República Democrática Alemã era de fato o melhor – o único – Estado antifascista em território alemão? Ou este Estado na realidade os estragara?

De todo modo, depois da queda do Muro, ficou claro que muitos deles viveram este evento memorável como uma catástrofe histórica – até como um insulto pessoal. Em vez de se unirem para comemorar a libertação, pareciam angustiados e magoados. O erro não foi cometido por eles, mas pela história – exatamente como em 1933. Eles prefeririam recomendar que os alemães do lado oriental participassem de uma nova experiência socialista chamada "Dritter Weg" ("Terceira Via") do que cogitar a possibilidade de que talvez estivessem equivocados em acreditar na superioridade do comunismo. A lealdade que muitos intelectuais alemães orientais mostraram à experiência fracassada ainda é um fenômeno distintamente alemão – nada comparável foi visto em nenhum outro país do antigo Bloco Oriental.

Não menos surpreendente é o fato de que, mesmo entre escritores de esquerda em Berlim Ocidental e da Alemanha Ocidental, só alguns acolheram a tempestade de liberdade que varreu a Europa Central e do Leste. Eles amavam os alemães orientais desde que gritassem, "Wir sind das Volk!" – "Nós somos o povo!" Quando manifestantes em Leipzig mudaram este slogan para "Wit sind *ein* Volk" – "Nós somos *um* povo!" – a solidariedade minguou. Receio que, até hoje, os intelectuais alemães mais velhos ainda não tenham se recuperado inteiramente do choque de a história ter ignorado seus alertas contra a reunificação.

Em 9 de novembro de 1989, houve uma manifestação para preservar o Muro na Kurfürstendamm, organizada por um membro deste grupo, um satirista de nome Wiglaf Droste. Participaram dois mil berlinenses ocidentais.

UM "WESSI" TENTA DESCOBRIR A ALMA DE BERLIM

Até o Muro vir abaixo, parecia a mim e a muitos de meus contemporâneos que Berlim Ocidental era o centro da cidade. Berlim Oriental, segundo me recordo, era sobretudo cinzenta e tomada de *Plattenbauten*, habitações de concreto pré-fabricado. A vitalidade das grandes cidades e as vitrines de lojas e fachadas que a refletiam – se existiam em algum lugar de Berlim – podiam ser encontradas na meia cidade ocidental: na Kurfürstendamm e em suas ruas secundárias, na Tauentzienstrasse com a KaDeWe, na Savignyplatz – e talvez também na área em torno da Nollendorfplatz. Para nós, de Berlim Ocidental, a desagradável Breitscheidplatz, com o Europa Center e seu rinque de patinação no gelo, seu cabaré, as butiques e passarela para pedestres sobre a Tauentzienstrasse, era o coração moderno da cidade ocidental – um pequeno pedaço construído da América. Só quando fui à Itália e à França percebi que a Berlim Ocidental faltava inteiramente as grandes praças públicas e os conjuntos arquitetônicos de cidade grande que os visitantes encontram em Florença, Roma, Lyon e Paris.

Assim, foi um choque quando descobrimos, depois da queda do Muro, que a nova placa para MITTE – literalmente, "centro" – apontava inequivocamente para o Leste. Pouco a pouco, descobrimos que o centro histórico de Berlim na realidade ficava do outro lado do antigo Muro e que tudo o que Berlim tinha a oferecer em termos de prédios magníficos, igrejas veneráveis e praças urbanas localizava-se na parte oriental da cidade. De fato, a mais bela praça remanescente da cidade, a Gendarmenmarkt, que Karl Friedrich Schinkel avivou com o acréscimo de seu novo Schauspielhaus (teatro) entre as catedrais francesa e alemã, é o único conjunto urbano berlinense que pode competir com modelos europeus semelhantes.[1] (Apesar de a praça só ter se tornado digna de admiração em 1897, depois que o governo da Alemanha Oriental recuperou as ruínas do teatro de Schinkel e o remodelou em sala de concerto, por ocasião do aniversário de 750 anos de Berlim.) Berlim Ocidental nem mesmo era lar dos prédios espetaculares de início do século XX, que firmaram a reputação da cidade como capital do modernismo. Em vez disso, a maioria desses prédios icônicos – que na época ainda existiam em álbuns fotográficos – localizava-se perto de onde a cidade mais tarde foi dividida, junto da Potsdamer Platz. Foi ali, naquele terreno agora vago, que Berlim desenvolveu sua nova face como cidade cosmopolita no início do século XX.

No outono de 2012, vi uma exposição na Gemäldegalerie: "Karl Friedrich Schinkel: História e Poesia". Em seus curtos quarenta anos de vida, Schinkel criou alguns dos prédios mais influentes do coração de Berlim, grande parte posteriormente destruída, inclusive o mencionado Schauspielhaus, na Gendarmenmarkt, a Neue Wache (Nova Casa da Guarda), a igreja Friedrichswerder e a Bauakademie (Academia de Arquitetura). Mas os conhecidos prédios de Schinkel não eram nem de longe tão surpreendentes quanto os que ele imaginou em gravuras em cobre e em guache, porém jamais construídos. Neles, o artista universal se excede, presunçosamente inspirando-se na riqueza dos modelos grego e romano disponíveis. Um projeto encantador, que Schinkel desenhou após uma viagem a Roma, mostra um salão para o castelo Marienburg, na Prússia, com colunas cujos capitéis sobem ao teto, como cogumelos tropicais, tomando tanto espaço que mal deixava algum para as cerimônias reais. Nenhum aristocrata prussiano, que dirá o rei, teria contratado Schinkel para realizar tal projeto. O que mais me impressionou foi sua tentativa de transmitir sua predileção pela arquitetura mediterrânea da única forma de construção cisalpina que parecia de seu agrado: a catedral gótica de duas torres. Suas gravuras e guaches frequentemente mostram cidades medievais italianizadas, com uma catedral gótica assomando sob céus tempestuosos. Onde fica essa catedral – onde fica essa cidade, ao norte ou ao sul dos Alpes? Os projetos habilidosamente desenhados de Schinkel, em que ele tenta combinar jardins italianos e palacetes mediterrâneos com catedrais góticas discretamente escondidas pelas árvores, nunca foram construídos. Não se podiam encontrar uma baía mediterrânea e uma luz italiana sob céus prussianos; não havia catedral gótica alguma em praias italianas. Mas Schinkel recusava-se a se deixar dissuadir: queria trazer à Alemanha o que era de seu agrado na Itália.

Que sorte, pensei comigo mesmo, que este jovem gênio tenha adotado a veneração pela antiguidade dos classicistas alemães em vez de promover a tradição das mansões germânicas. De súbito me veio à mente uma coleção de estátuas de pedra de heróis e príncipes que vi em um chamado museu lapidar na Hallesches Ufer, nos anos 1980. Na época, o museu lapidar servia de santuário provisório para todas as figuras heroicas da história prussiano-germânica que haviam sido prejudicadas ou caído em descrédito: cruzados imensos, guerreiros encouraçados com enormes panturrilhas, príncipes prussianos corpulentos, reis e kaisers – não havia mulheres. Na primeira vez em que encontrei essa comunidade petrificada, fiquei feliz que aqueles antepassados sem encanto tenham sido banidos para um depósito fora de mão.

Mais tarde, soube que os ocupantes líticos do museu no Hallesches Ufer haviam sido transferidos. Especificamente, para uma fortaleza renascentista chamada Spandau Citadel – "mais do que apenas uma fortaleza", segundo seu folheto promocional. O epíteto "renascentista", ligado ao baluarte construído entre 1559 e em 1594 no local de uma antiga fortaleza, é um tanto forçado. Certamente é exato no que diz respeito à origem da construção: a cidadela foi de fato construída durante a Renascença – numa época em que cidades-estados italianas, como Milão, Gênova, Veneza e Florença, e artistas inovadores, que incluíam Leonardo da Vinci, Ticiano e Donatello, viravam de pernas para o ar o mundo medieval. Porém, essa revolução só alcançou a Alemanha cem anos mais tarde. Por conseguinte, o que a exposição na cidadela mostra são os avanços na arte da guerra e em seus instrumentos de ferro durante o Renascimento. Gerações de canhões estão em exibição; por outro lado, há pouca evidência do espírito e do clima de renovação da Renascença.

Então, em uma área cercada, reencontrei todos eles: os guerreiros e príncipes do museu lapidar. As placas de exposição informavam que haviam sido um "presente" do kaiser Guilherme I aos berlinenses. Na época, as esculturas – a começar pelo cruzado do século XII Alberto, o Urso, e continuando até o próprio kaiser Guilherme I – ficavam no que era conhecido como a Siegesallee, ou Avenida da Vitória. Em 1938, foram obrigados a seguir para o eixo norte-sul que Albrecht Speer planejara para a Hauptsadt Germania (capital da Germânia) e a se acomodarem na vizinha Sternallee. Em 1947, a pedido dos Aliados, as autoridades municipais de Berlim decidiram dar um fim às estátuas, que àquela altura estavam muito danificadas. Algumas foram enterradas no jardim do palácio de Charlottenburg, destruído pela guerra. Nos anos 1950, a pedido do Senado de Berlim, foram desenterradas e transferidas para o museu lapidar, onde as vi, bem espremidas – os inválidos da história.

Agora, graças à distância dos anos e à maior distância física entre elas, eu as examinava com maior curiosidade e paciência. Ali estava Alberto, o Urso, em cota de malha, o cavaleiro germânico arquetípico, uma cruz na mão esquerda erguida, olhando ao longe, provavelmente para a cidade que almejava conquistar, Jerusalém. Num exame mais atento, notei que sua cota de malha fora representada com amor e perfeição; a estátua deste cavaleiro germânico de repente me pareceu vulnerável, quase delicada. Atrás da cerca, a uma distância considerável de Alberto, estava reunida a linhagem ancestral Brandemburgo-Prússia: figuras masculinas desajeitadas com capacetes ou coroas, de olhar distante, algumas sem cabeça ou pernas, outras com os pés em meias de cota de malha que lembravam patas de crocodilo. Quanto mais a linhagem ancestral se aproximava da era barroca, mais alegres e divertidas eram as figuras. Um príncipe de cabelos compridos e calções pelos joelhos, de pé, com um chapéu emplumado, teve uma reprodução divertida em mármore. E, então, encontrei a única mulher entre eles: a rainha Luísa, cujos olhos, ao contrário daqueles dos homens, estão castamente voltados para o chão. Quando dei com ela ali, por acaso, um tanto afastada da fila de homens, na ponta da cerca, não sabia quase nada a seu respeito; ainda assim, comovi-me com sua figura inclinada em meio a todos aqueles dignitários. Mas a escultura mais cara provavelmente é a representação feita por Friedrich Drake de Frederico Guilherme III, o governante de gosto artístico, que tão generosamente pagou pelas encomendas a Friedrich Karl Schinkel.

Depois de restauradas, essas estátuas não voltarão a ser colocadas pela cidade, como supunha o gesto imperial de "presentes aos cidadãos". Em vez disso, terão seu lugar em um quartel ainda a ser reformado na cidadela. Um meio-termo prudente:

qualquer um que deseje ver os antigos governantes de Brandemburgo-Prússia pode visitá-los ali; entretanto, eles não mais definirão a paisagem urbana da agora democrática Berlim.

As populações têm o direto de continuar a desenvolver seus valores morais e senso de beleza. Nem todos os períodos do passado merecem receber a mesma distinção em uma cidade. O que é sombrio, pomposo, de mau gosto ou foi criado no espírito de uma ditadura deve ser preservado – mas nos porões da cidade, não sobre a superfície. Nem todo prédio comercial da era nazista ou do *Plattenbau* da Alemanha Oriental precisa ser tombado como patrimônio. Assim como nem todo refugo cafona da era imperial. A Berlim reunificada precisa se recriar e escolher a própria visão de seu futuro democraticamente determinado. Afinal, na realidade, sempre que um prédio histórico é reconstruído, se tomam decisões. Considere o Schloss dos Hohenzollern: que fase dos quatro séculos de história da construção queremos ressuscitar – o palácio renascentista dos margraves, o palácio barroco dos príncipes eleitores ou o palácio real que, na realidade, deveria incluir uma cúpula, segundo um dos projetos de Schinkel? Que elementos de ornamentação da fachada queremos reconstruir? Decisões como essas inevitavelmente envolvem censura política e estética, determinada pelos gostos e valores do presente – e pelos limites do orçamento disponível.

BERLIM: A EMERGÊNCIA DE UMA NOVA METRÓPOLE

A face peculiar de Berlim, ainda aparente hoje, surgiu na segunda metade do século XIX, numa época de rápida industrialização. De 1850 a 1871, a população da cidade dobrou para 800 mil habitantes. Trinta anos mais tarde, já havia 2 milhões de pessoas vivendo e trabalhando em Berlim. Neste período, propagou-se o modelo de construção residencial da Gründerzeit, que ainda caracteriza a paisagem urbana de hoje: cinco ou seis andares com um porão; espaços comerciais e gastronômicos no térreo do bloco da frente, o proprietário e administrador no segundo andar, servidores públicos e funcionários acima deles e aposentados e trabalhadores no bloco de trás. Entretanto, essa combinação de espaço residencial e comercial, promovida originalmente pelo engenheiro e diretor de habitação do governo, James Hobrecht, não conseguia acompanhar o vigoroso crescimento da cidade, e suas especificações rapidamente foram revisadas para atender às exigências da grande indústria. Já na época, os construtores estavam proibidos de edificar além de uma *Traufhöhe*, ou a altura do beiral, de 22 metros, o que ainda frustra arquitetos mundialmente famosos cem anos depois, após a abertura do Muro. Quando se tratava da profundidade do terreno, porém, os construtores do século XIX tinham completa liberdade. Assim, acrescentavam seis ou sete pátios internos adicionais além do primeiro – afinal, tinham que criar lares para centenas de milhares de trabalhadores e empregados, com a maior rapidez possível. Especialmente nos bairros da classe trabalhadora, isso resultou na criação daqueles prédios de apartamentos, hoje deploráveis, que têm passagens levando de uma extensão semelhante à caserna a outra. Segundo o regulamento de fiscalização predial, os pátios internos têm que atender a apenas um requisito: precisam ter pelo menos 5 metros de largura, para que uma mangueira de incêndio possa ser virada em seu interior. Luz, ar e vista desimpedida não contavam muito para a emergente metrópole prussiana. Hobrecht, o inventor da nova construção de blocos de perímetro, mais tarde queixou-se desses pátios internos que mais pareciam uma prisão: "Se quiséssemos manter quantidade e qualidade suficientes de sol, luz e ar para as unidades de trás, um espaço quatro vezes maior não bastaria."[1]

Em vão. Os interesses dos construtores e industriais mostraram-se mais poderosos. O resultado foram os pátios internos que descrevi em *Os saltadores do muro*, em 1983:

> No centro da cidade, os edifícios de apartamentos são concentrados como fortalezas. A maior parte é construída em praças em torno de um pátio interno, cada qual com uma castanheira no meio. Quando o alto de uma dessas castanheiras começa a se mexer suavemente, os moradores podem supor que uma ventania de intensidade seis a oito varre as ruas do lado de fora.[2]

Já no início dos anos 1930, o escritor britânico Christopher Isherwood percebeu a triste visão dos pátios internos berlinenses. Procurando por seu amigo Arthur Norris, que havia desaparecido, o narrador parte ao bairro em que mora Olga – uma dominatrix de cujos serviços o fetichista por botas Arthur se valia regularmente:

Encontrei a casa sem dificuldades e passei sob a arcada do pátio. O pátio é estreito e fundo, como um ataúde colocado de pé. A cabeceira do ataúde repousava na terra, pois a frente da casa inclinava-se ligeiramente para dentro. Eram separadas por imensas vigas de madeira, transpondo o espaço, altas, contra o quadrado cinzento do céu. Ali embaixo, no fundo, em que jamais penetrariam os raios do sol, havia um crepúsculo escuro, como a luz em uma garganta montanhosa. Nos três lados do pátio, havia janelas; no quarto lado, um imenso muro de contenção, com cerca de 24 metros de altura, cuja superfície de reboco inchara em bolhas e explodira, deixando cicatrizes esfoladas e fuliginosas. Ao pé deste precipício horripilante, ficava uma cabaninha estranha, provavelmente um lavatório externo. Ao lado, havia um carrinho de mão quebrado de apenas uma roda e com um aviso impresso, agora quase ilegível, declarando o horário em que os habitantes da casa de cômodos tinham permissão para bater seus tapetes.[3]

Esta especialidade de Berlim, descrita por Isherwood, pode ser vista ainda hoje, embora sem as imensas vigas de madeira que mantinham separadas as paredes internas inclinadas: em Kreuzberg, Wedding e Neukölln, mas também no centro de Berlim, na Hackescher Markt.

Entretanto, este também foi o período, principalmente nas duas décadas de 1890 a 1910, em que foram construídos os pródigos apartamentos burgueses com pé-direito de 3,5 metros e os largos cômodos de passagem conhecidos como *Berliner Zimmer* – que os aficionados por apartamentos como estes competem muito para encontrar em quase todo lugar na Alemanha. Famílias que alcançaram a prosperidade durante a era imperial moravam nesses apartamentos de seis a oito cômodos, no bloco da frente, com sua fachada de ornamentação complexa. Os empregados moravam no bloco de trás, em apartamentos que tinham o mesmo pé-direito do bloco da frente e eram equipados em parte com piso de taco, em parte com tábua corrida. No corredor de meu prédio de fundos, numa rua paralela à Kurfürstendamm, um dispositivo Hammacher & Paetzold K.G. ainda está pendurado na parede, com janelinhas que indicariam à equipe de criados em qual dos cômodos do bloco da frente seus serviços eram desejados. Até hoje, os prédios remanescentes da Gründerzeit, a maioria dos quais se localiza em Charlottenburg, estão entre os mais majestosos da cidade. Depois de flertar brevemente com as bênçãos do Bauhaus e do modernismo, o pouco que restou da burguesia e de seus intelectuais com recursos de Berlim optou por estes apartamentos da Gründerzeit, que, em sua maioria, sofreu amplas reformas na época. Nas décadas de 1970 e 80, os inquilinos desses apartamentos ainda tinham que se defender, se decidissem retirar as portas de madeira grosseiramente pintadas, substituir as maçanetas mal cuidadas de lojas de ferragens pelos clássicos modelos de bronze de Berlim e renovar – em geral, por seus próprios esforços – o estuque do teto com pintura dourada ou vermelha, em vez de simplesmente caiá-lo. "Nunca percebi que pequeno burguês você era", ouviam aqueles que sustentavam essas tradições. Hoje, muitos críticos do passado visitam esses antigos apartamentos reformados, com seus tetos altos, portas duplas e cornijas de listras largas, perguntando discretamente quanto custaria alugá-los ou comprá-los.

Mas a ascensão de Berlim como metrópole industrial do continente também deu origem a uma nova e espantosa de construção, que mudou para sempre a face da cidade. Dispostos a pagar generosamente por modernas instalações de produção, os barões da indústria contrataram os arquitetos mais renomados da época. Muitas das grandes instalações industriais da cidade foram construídas pelos pioneiros do modernismo. Projetado por Peter Behrens, o prédio do AEG tornou-se um precursor dos futuros edifícios industriais pelo mundo. Vidro, aço e tijolos passaram a ser símbolos da nova era. Até hoje, o prédio comercial Shell-Haus, de Emil Fahrenkamp – mais tarde de propriedade da BEWAG e da GASAG (as empresas de eletricidade e de gás de Berlim) e, desde 2000, da incorporadora de imóveis comerciais Viterra Gewerbeimmobilien GmbH – continua a impressionar os motoristas que passam pelo canal Landwehr, de Kreutzberg a Charlottenburg, com suas ondas aparentemente verticais de vidro e travertino. Os arquitetos se inspiraram no vocabulário desses grandes prédios industriais para projetar os novos conjuntos habitacionais contratados para construir para as massas. A mesma "construção modular", usada nas instalações industriais, agora deveria servir de base para a produção em massa de habitações de baixo custo em cidades-satélites. A indústria produziu uma quantidade imensa de componentes estruturais pré-fabricados para o novo estilo: lajes, paredes, sacadas, portas, janelas e cozinhas.

Nascia então o modelo de laje e cubo das construções futuras. Com seu ensaio "From Bauhaus to Our House", Tom Wolfe escreveu o que é ainda hoje uma das críticas mais violentas e espirituosas da revolução modernista e de sua ideologia de libertação – uma polêmica belamente escrita por alguém de fora que ainda enfurece os salafistas do setor arquitetônico atual.

> No socialismo, o cliente era o trabalhador, o coitado. Coitado, o pobre-diabo que só agora ascendia do lodo. Nesse meio-tempo, o arquiteto, o artista e o intelectual organizavam a vida para ele. Para usar uma expressão de Stalin, seriam os engenheiros de sua alma. Nos blocos de apar-

tamentos empregados da fábrica da Siemens, em Berlim, o engenheiro de alma Gropius decidiu que os trabalhadores deveriam ser poupados de tetos altos e de corredores largos, assim como todos os variados objetos e enfeites fora de moda. Tetos altos, corredores largos e "amplidão", em todas as suas formas, não passavam de grandiosidade burguesa, expressa em vazios em vez de em sólidos. Tetos de pouco mais de 2 metros e corredores de um metro de largura pretendiam (…) recriar o mundo.[4]

Porém, em seu próprio furor, Tom Wolfe deixou passar que foram os nazistas que anteviram sua crítica – sem o mais leve traço de humor, mas com muito mais fúria, como se viu – e deram um fim temporário à influência do Bauhaus em Berlim. Os pioneiros do novo estilo de construção foram banidos e transferiram seus projetos aos Estados Unidos, à Austrália e ao Brasil. Na capital alemã, os urbanistas de Hitler adotaram como modelo as cidades bávaro-austríacas – quando não estavam ocupados pensando em projetos megalomaníacos para a nova capital mundial.

Um memorial tragicômico à tentativa nazista de se colocar à vontade na metrópole prussiana é o condomínio residencial florestal Krumme Lanke, originalmente conhecido como SS-*Kameradschaftssiedlung*, ou "Colônia de Camaradagem da SS" – um nome que, por motivos óbvios, não se sustenta mais hoje em dia. "É meu desejo há muito tempo", decretou o líder da SS Heinrich Himmler, "criar um assentamento fechado para os três principais departamentos da SS, que proporcione a seus membros espaço de habitação adequado e salubre, o que é especialmente conveniente à promoção do progresso da família. A fim de proporcionar um lugar especial para o cultivo do espírito comunitário da SS, o plano é agrupar a colônia em torno de uma fila de construções dedicadas às atividades sociais da SS."[5]

O complexo, com suas seiscentas unidades residenciais, que pretendiam fornecer lares com jardim para as famílias das patentes mais elevadas da SS e casas geminadas para seus subalternos, foi construído entre 1937 e 1939. Os "prédios comunitários" que Himmler imaginou para abrigar as reuniões sociais da SS jamais saíram da prancha de desenho. Graças à comissão de conservação do patrimônio de Berlim, ainda é possível admirar em sua forma original este condomínio residencial encomendado pelo líder da SS Heinrich Himmler – e morar nele. Hoje, o condomínio florestal Krumme Lanke está entre os conjuntos habitacionais mais cobiçados de Berlim. Das antigas placas de rua, entalhadas em madeira a pedido de Himmler – DIENSTWEG ("Alameda de Serviço"), TREUEPFAD ("Via da Lealdade"), STAFFELWEG ("Alameda do Esquadrão"), BRAUTPFAD ("Via da Noiva"), SIEGSTRASSE ("Rua da Vitória") e AHNENZEILE ("Travessa Ancestral") – permanecem apenas nomes inócuos, como IM KINDERLAND ("Na Terra das Crianças") e HIMMELSSTEIG ("Caminho para o Céu").[6] Entretanto, o complexo ainda transpira o espírito de seus construtores. Localizado perto das estações da U-Bahn Onkel Toms Hütte e Krumme Lanke, o condomínio expressa o desejo pós-moderno de viver na mata – no meio de uma cidade grande, protegido do barulho de ruas, das vias expressas e do S-Bahn.

As casas estreitas, de um ou dois andares, com suas pequenas janelas de caixilho, postigos pintados de verde e vermelho, e telhados oblíquos, são essencialmente uma declaração estrutural da guerra contra o modernismo. Telhados assim fazem sentido no interior da Baviera, na Floresta Negra e na Áustria, onde garantem que as pilhas acumuladas de neve deslizem no inverno. Mas, na caixa de areia plana que é Berlim, onde a neve quase nunca se fixa no chão por muito tempo, isso parece tolice. Na realidade, todo o condomínio teve como modelo um projeto premiado de Munique. Os nazistas consideravam as lajes uma aberração judaico-bolchevique. Na iconografia nazista, as casas de família construídas no chamado *Heimatstil*, ou "estilo familiar", com seus telhados íngremes e trapeiras de madeira, prometiam segurança, conforto e comunhão com a natureza.

Quando visitei o condomínio em uma tarde de dia útil em agosto de 2012, só o que restava do espírito comunitário planejado originalmente era uma estranha quietude e um falso aconchego. Um aposentado em traje de banho, presumivelmente tendo acabado sua natação diária no Krumme Lanke próximo, passou acelerado por mim e me cumprimentou. Nos jardins da frente e dos fundos das casas, vi muitos balanços e piscinas para crianças, mesas de pingue-pongue, mas não crianças. Talvez esses jardins só fossem usados nos fins de semana, pelos netos dos moradores. Um farfalhar baixo movia a copa altiva dos pinheiros. Ao longe, eu distinguia uma sugestão do trânsito na via expressa AVUS e na Argentinische Allee de Berlim – como um lembrete da cidade.

A maioria das alamedas era acessível apenas a pé. Tive dificuldade de imaginar as imensas TVs de tela plana, que sem dúvida foram instaladas nos confins daquelas paredes estreitas e tetos baixos – o que dirá de sistemas de som capazes de berrar rock da extremidade de uma casa geminada a outra, ou até a atravessar o condomínio inteiro. Impossível compreender como os largos SUVs estacionados na frente das casas conseguiram chegar ali pelas vias tomadas de agulhas de pinheiros. Só os próprios pinheiros elevados, que lançavam suas sombras bucólicas, eram irrefutáveis e inquestionáveis. Não teriam os ocupantes originais do condomínio sentido falta de seus carvalhos e abetos austríacos e bávaros? Os muitos pinheiros do condomínio deviam lhes parecer estranhos.

OESTE DA CIDADE CONTRA CIDADE CAPITAL (LESTE) E VICE-VERSA

Era inevitável que a Berlim assolada pela guerra se tornasse local de experiências para arquitetos e urbanistas. Seria difícil imaginar playground maior para radicais inovadores e arquitetos-filósofos com confiança suficiente para repensar e propor bairros inteiros com extrema rapidez. Por conseguinte, ao contrário de quase qualquer outra cidade, Berlim também se tornara um involuntário museu ao ar livre para proezas e pecados dos pioneiros da profissão arquitetônica.

Segundo um severo ditado berlinense, a cidade foi destruída duas vezes – uma pelos bombardeiros aliados, a segunda pela mania de demolição dos urbanistas de Berlim. E a segunda onda de destruição pode muito bem ter sido mais completa do que a primeira. Este gracejo mordaz não distingue entre Berlim Ocidental e Oriental – e com muita razão. Apesar dos sistemas sociais contrários, as meias cidades do Leste e do Oeste esposaram filosofias de construção que, na realidade, apresentavam um grau de semelhança impressionante. Dos dois lados, os urbanistas apostaram na reconstrução radical do zero, na demolição abrangente e em um extenso sistema de rodovias para uma "cidade propícia aos carros". E embora aqueles de um lado sonhassem com uma "cidade cosmopolita", moderna, tendo em mente Los Angeles, os do outro viam Moscou como modelo, empenhando-se para transformar o antigo centro da cidade no coração de sua nação, com imensas áreas de exercícios militares e novos edifícios públicos. Para projetar essa capital "favorável aos trabalhadores", visitaram metrópoles soviéticas em busca de orientação e inspiração. Em Berlim, o denso e estreito *layout* das ruas da antiga cidade, próximo ao Schloss, onde moravam os servidores públicos de maior autoridade da era imperial, bem como a elite intelectual – editores, escritores, arquitetos, advogados –, colocava-se no caminho dos urbanistas de Berlim Oriental. Recordando a vilipendiada tradição prussiana, teriam que ser demolidas.

Os urbanistas do Oeste não ficaram muito atrás de seus colegas orientais. Aplainaram a área entre o que agora é a Breitscheidplatz e a Potsdamer Platz, que se tornou *o lugar* para o modernismo americano em Berlim depois da Primeira Guerra Mundial. Era aqui que a turma boêmia de Berlim socializava em salões, prédios comerciais, cafeterias e pontos da moda locais, inclusive o Café Grössenwahn, o Romanisches Café (em que convivia a vanguarda dos anos 1920), a Haus Vaterland e outros famosos pontos de encontro em cujos remanescentes agora fica o Europa Center. Todo o bairro, lar da elite cultural e endinheirada dos anos 1920 pelo qual a cidade é famosa até hoje, foi modernizado – e "modernizado" significa o mesmo no Oeste e no Leste: terraplenado. Um dito absurdo, usado no departamento de arquitetura da Academia de Artes de Berlim Ocidental, apreendia essa filosofia de erradicação: "O estuque das fachadas é a poeira na cabeça do povo." Assim, livremo-nos dele. Nos anos 1960, Wolf Jobst Siedler foi expulso da Academia de Artes de Berlim Ocidental por conta do livro *Die gemordete Stadt: Abgesang auf Putte und Strasse, Platz und Baum* (A cidade assassinada: O canto do cisne para querubins, ruas, praças e árvores), em que lamentava a perda dos palacetes burgueses berlinenses, com suas cercas de ferro batido de ornamentação complexa.

Na realidade, os planos de erradicação executados depois da Segunda Guerra Mundial datavam da década de 1920. "O temor e a veneração do antigo", decretou, em 1929, o diretor social-democrata de desenvolvimento urbano de Berlim, "tornam-nos fracos, paralisam e matam (...). Queremos viver como Frederico, o Grande, que deu vida a Berlim, com suas construções, dissolvendo o antigo a fim de substituí-lo pelo novo."[1] Soluções assim caíam em ouvidos solidários na social-democracia da década de 1920 e foram adotadas novamente pelo Partido Social-Democrata da Alemanha (SPD), que governou Berlim Ocidental depois da guerra. "Estamos demolindo a antiga e construindo novas cidades para a classe trabalhadora nos arredores", explicou Willy Brandt ao ser reeleito prefeito, em 1963.

Quando se tratou da remoção do estuque das fachadas, o diretor de planejamento urbano de Willy Brandt, Rolf Schwedler, teve um sucesso significativamente maior do que seus colegas de Berlim Oriental. No Leste, sobreviveram muitas fachadas desintegradas com figuras de estuque, sem conservação desde antes de 1945 – o poder público simplesmente carecia dos meios para removê-las. Assim, em Prenzlauer Berg e Friedrichshain, mais do que em Berlim Ocidental, resistiu um número consideravelmente maior de virgens escorando sacadas, os seios amputados pelos dentes do tempo, e cavaleiros aleijados. Depois da reunificação, as fachadas de Berlim Oriental, com suas figuras de estuque, foram arrumadas, enchendo hoje de inveja os berlinenses ocidentais.

"Dê uma olhada nas praças públicas de Berlim Ocidental", desafiou-me Hans Stimmann, social-democrata convicto e diretor interino de planejamento urbano depois da reunificação. "Cada uma das praças e ruas mais horrendas de Berlim Ocidental traz o nome de um líder louvável do SPD: Ernst-Reuter-Platz, Breitscheidplatz, Willy-Brandt-Strasse, Paul-Löbe-Allee, Walther-Schreiber-Platz. (...) Veja a afiliação partidária do homem cujo nome batiza a praça e você saberá que decaiu."

Na realidade foi o SPD, com sua filosofia de erradicação e construção de rodovias, que deu forma à história arquitetônica de Berlim Ocidental por umas boas três décadas. Até hoje, ainda é um mistério como toda uma geração de arquitetos, dos dois lados do Muro, puderam se render a uma ideologia de progresso baseada na destruição de construções pré-guerra. Aparentemente os arquitetos não são menos suscetíveis à ideologia de uma época do que os partidos ou seitas políticos. Com uma espécie de ardor maoista, eles estavam convencidos de que o teto de laje e as caixas de sapatos colocadas lateralmente de pé eram a fórmula original da construção progressista, enfim descoberta.

Não obstante sua obsessão comum pelo progresso, os urbanistas de Berlim Oriental e Ocidental abordaram a construção de novos prédios em suas respectivas meias cidades como exércitos envolvidos numa feroz guerra de trincheiras. O que fosse construído no centro – em outras palavras, perto do Muro – também tinha determinação da Guerra Fria a satisfazer. O editor alemão ocidental Axel Springer fez uma estreia espetacular. Como ele próprio admitiu, a decisão de construir em Berlim o alto edifício sede de seu império de mídia, nos anos 1960, bem perto do Muro, foi uma declaração política. Desse telhado solitário, dourado e reluzente, um letreiro eletrônico luminoso transmitia notícias do mundo livre em imensos caracteres. Para limitar o alcance desta influência subversiva do Ocidente, o governo da Alemanha Oriental, por sua vez, erigiu uma fila de edifícios residenciais na Leipziger Strasse, bloqueando a visão do prédio do grupo Springer. Foi de surpreender que não tenham colocado as sacadas nos fundos dos prédios. Nos anos 1980, espalhou-se, na Alemanha Oriental, o boato de que os Rolling Stones pretendiam fazer um show para a juventude do país no terraço do prédio de Springer. Ninguém sabe quem começou o boato ou como ele se espalhou. Qualquer que fosse sua origem, o resultado foi que centenas de milhares de jovens afluíram à capital, de toda a Alemanha Oriental, para assistir ao evento do século na Leipziger Strasse. As forças de segurança da Alemanha Oriental interceptaram os fãs que chegavam de trem e bloquearam o acesso à Leipziger Strasse. O escritor Ulrich Plenzdorf fez um encantador relato fictício desse "evento que nunca houve" da perspectiva de um jovem com problemas de fala em seu conto "kein runter kein fern" ("nem abaixo nem distante").

Entretanto, a competição de construções não se restringia à vizinhança imediata do Muro. Tirando a deixa dos carros de som que bombardeavam os moradores à esquerda e à direita do Muro com mensagens contraditórias no início dos anos 1960, novos prédios ambiciosos foram erguidos nas décadas seguintes para propalar as vantagens dos respectivos sistemas que os construíram. É natural que o pecaminosamente caro Westin Grand Hotel (antes Interhotel Grand Hotel Berlin), na Friedrichstrasse, construído por Erich Honecker nos últimos anos do regime da Alemanha Oriental, pretendesse fazer frente aos hotéis de luxo de Berlim Ocidental, na época bem modestos; o Palácio da República era visto como uma resposta socialista ao Centre Pompidou; a Torre de Televisão de Berlim Oriental eclipsava a Torre do Rádio de Berlim Ocidental e até a Torre Eiffel; e, mesmo que o Muro não tivesse vindo abaixo, é provável que Edzard Reuter ainda tivesse erigido o deslumbrante conglomerado do grupo global ocidental bem em frente aos prédios de apartamentos de Berlim Oriental, ao lado da fronteira. Temos de agradecer a sorte de não ter saído dos planos insanos dos urbanistas de Berlim Ocidental a ideia de construir um aeroporto para executivos perto da estação Zoo.

O AMOR (E O SEXO) EM BERLIM

> *Em Berlim, desfruta-se tanto de liberdade de consciência quanto de pênis.*
>
> – Voltaire

Quando contei que pretendia escrever um novo livro sobre Berlim, meus filhos adultos olharam-me com um ceticismo complacente. Não disseram o que pensavam, mas não era difícil imaginar suas reservas: vai fundo, se seu público-alvo é a geração de mais de cinquenta anos, mas como espera escrever sobre as coisas que realmente importam aos que têm vinte ou trinta e poucos – as festas em bunkers e túneis e as boates que só abrem depois da meia-noite onde, depois que se consegue passar pelo crivo do segurança, pode-se ficar pelo fim de semana inteiro, até a tarde de segunda ou terça-feira?

Uma coisa é certa: a grande maioria dos jovens turistas e recém-chegados não veio a Berlim para visitar a Ilha dos Museus ou aproveitar as extensas ofertas culturais com que a cidade falida gasta todo ano 750 milhões de euros. São atraídos a Berlim devido a sua reputação de se transformar, no fim do dia, num clube noturno único no mundo, dando oportunidades para festas desregradas, drogas e toda forma de sexo, convencional ou nem tanto. Embora as "ofertas culturais" da cidade, no sentido mais amplo do termo, incluam também incontáveis pequenos teatros, cafés-concerto, cabarés, exposições informais e festivais de poesia, quase todos esses lugares de vida curta para reunião de público jovem existem fora do setor cultural oficial. Só 5% a 10% do orçamento de cultura da cidade vão para a cena alternativa.

A situação não era assim tão diferente nos lendários anos 1920. A turma boêmia internacional e a vanguarda artística às quais Berlim ainda deve parte de seu status de metrópole mundial não lhe fizeram a fama do nada. Hoje em dia, associamos os Dourados anos 1920 ao poeta Bertolt Brecht e seus amigos músicos Kurt Weil e Hanns Eisler, ao visionário do teatro Erwin Piscator, aos escritores Frank Wedekind e Alfred Döblin, aos jornalistas Joseph Roth e Alfred Kerr, aos pintores Otto Dix, Max Beckmann e George Grosz e aos cineastas pioneiros Fritz Lang e Friedrich Wilhelm Murnau. Mas estes são apenas os nomes de que nos lembramos. Todas essas personalidades fundamentaram suas obras de arte, mais tarde canonizadas como obras-primas, em uma cultura de massa altamente politizada e bastante esquecida de teatros de rua, shows de variedades, cabarés, cafés, bares e clubes noturnos, cujas apresentações, na época, eram consideradas arte inferior. Sem esta diversão popular e cultura de protesto como base, teriam sido impensáveis os agora famosos desbravadores do modernismo, como Bertolt Brecht e Max Beckmann. Além disso, os anos 1920 não foram dourados. Foram anos de desemprego em massa e de um abismo crescente entre ricos e pobres, anos de desintegração social que levaram à crise econômica global de 1929 e, no fim, à barbárie triunfante dos nazistas.

Uma estrela conhecida na época era Claire Waldoff. Nascida em Gelsenkirchen, na Renânia do Norte-Vestfália, a princípio Waldoff queria ser médica, mas, tendo pais estalajadeiros, com dezesseis filhos, jamais teve a oportunidade de estudar. Assim, decidiu tornar-se atriz e, depois do emprego em um teatro provinciano, partiu para Berlim. Ali, logo conheceu Olga von Roeder, que vinha de uma família americana de atores e de algum modo tomara o rumo de Berlim, como muitas mulheres curiosas da época. Olga, que Waldoff chamava afetuosamente de "Olly", tornou-se companheira da artista de cabaré e, juntas, as duas deram vida à cena lésbica de Berlim.

Claire Waldoff ficou famosa da noite para o dia por seu aparecimento em um traje de "menino de Eton" – o uniforme escolar preto usado pelos alunos daquele colégio – no teatro Roland von Berlin na Potsdamer Strasse. A partir daí, cantou baladas e músicas atrevidas no dialeto de Berlim, e toda Berlim cantou com ela – ou como ela. Suas músicas destacavam-se mais pelo humor e pela firme apreensão da vida do homem comum do que pelo brilhantismo poético. Ela desancava os homens – "Ah, deus, como os homens são burros" – e se divertia com as mulheres que faziam cirurgia plástica – "Não deixaria médico nenhum tocar meus seios / Só pelo desejo obsceno de Emil." Cantava sobre os prazeres mais modestos dos *Laubenpieper* de Berlim (os horticultores comunitários) – o povo comum da cidade, muitos dos quais eram donos de pequenas casas ajardinadas perto dos trilhos do S-Bahn. "O que um berlinense precisa para ser feliz? / Uma árvore, uma cerca e um pedaço de jardim." Sua marca registrada eram o *chemisier*, a gravata e o cabelo curto tingido de vermelho. Claire Waldoff fumava e xingava no palco, aparecendo em operetas e revistas musicais, certa vez até ao lado de Marlene Dietrich, na época uma desconhecida. Os nomes das casas noturnas, cafés e teatros em que Waldoff se apresentava revelam como a cena de entretenimento era internacional naqueles anos: o vaudeville Scala, o clube Chat Noir e o Café Dorian Gray.

Mas o maior ímã para turistas na cidade era a prostituição em massa. O que Veneza foi no século XVIII e Paris no XIX, Berlim tornou-se no século XX: um Eldorado para turistas viciados em sexo. Mas, ao contrário de Paris, que angariou o epíteto de "Cidade do Amor", Berlim representava algo mais rude – o sexo rápido e barato, e o amor em todas as suas aberrações. Comprovadamente, ninguém retratou o sexo vulgar e sem amor de forma tão crassa quanto George Grosz em suas caricaturas e pinturas. Nelas, senhoras seminuas encontram-se com soldados e políticos despudorados, em busca de prazeres insípidos, sob os olhos cínicos da morte. Ernest Hemingway, que visitou Berlim no início dos anos 1920, contou em um artigo publicado em 15 de dezembro de 1923, no *Toronto Star Weekly*: "Berlim é uma cidade vulgar, feia, sombriamente dissoluta. Depois da guerra, mergulhou em uma orgia que os alemães chamavam de dança da morte." Paris, onde, na época, Hemingway morava como correspondente estrangeiro, oferecia a vida noturna "mais altamente civilizada e divertida" da Europa, enquanto a de Berlim era "a mais sórdida, desesperada e depravada". Em vez de champanhe, como em Paris, em Berlim oferecia-se constantemente cocaína, que os garçons serviam abertamente em bandejas.

Já no início dos anos 1920, a cidade tornara-se uma meca para minorias e aventureiros sexuais. Vaudevilles e cabarés desenvolveram-se, em particular, no oeste da cidade; as primeiras casas noturnas para homossexuais e lésbicas surgiram em bairros proletários, como Wedding, Kreuzberg e Neukölln. "O clube noturno ficava no norte, na parte proletária de Berlim, onde as meninas mais masculinizadas iam com sua 'roupa de domingo' — em outras palavras, de smoking, gravata e coisas assim", conta Anette Eick no *website* www.lesbengeschichte.de. "Eu já sentia necessidade de ficar com mulheres. Naquela casa noturna, conheci uma mulher, Ditt, um tanto parecida com Marlene Dietrich. Gostei muito do tipo, mesmo que ela fosse meio vulgar. Tinha um enorme *sex appeal*, era muito atraente. Ela me seduziu. Ofereceu-me ponche sueco para beber, embriaguei-me e cheguei em casa tarde demais." Outro ponto de encontro na próspera cena lésbica de

Berlim era a já mencionada Dorian Gray, na Bülowstrasse, onde se encontravam, entre outros, as leitoras e a equipe da revista *Frauenliebe*. Outro ícone daqueles anos era a dançarina nua Anita Berber, sepultada em Neukölln. A Eldorado, onde ela se apresentava na época, agora é um armazém chamado Speisekammer des Eldorado – "A Despensa do Eldorado" – e vende alimentos orgânicos.

Em seus romances *O destino do Sr. Norris* e *Adeus a Berlim*, que formam a base para o sucesso mundial *Cabaré*, o escritor inglês e repórter Christopher Isherwood descreveu os principais ingredientes do que tornava Berlim tão fascinante na época. O bar Troika é ponto de encontro para gays, aristocratas, banqueiros e sonhadores, principiantes que desconhecem tabus e estão dispostos a fazer o que for necessário para se tornarem cantores. O próprio Isherwood é sempre o respeitável cavalheiro inglês, observando de longe e com curiosidade, mas recusando-se a se envolver – mesmo com Sally, por quem se apaixona. Limita-se a observar e narrar. Entretanto, a influência global de suas descrições da Berlim pré-nazista sem dúvida nenhuma também reforçou suas antes discretamente britânicas, mas ao mesmo tempo explícitas, alusões a "sexo cruel" e a uma "Berlim bárbara". Como exemplo, suas observações, caracterizadas em igual medida pelo fascínio e por uma tolerante repulsa, sobre o fetichista por botas Arthur Norris e as festas sexuais gays do barão von Pregnitz em sua casa de campo em Mecklenburg:

> O maior cômodo na casa era um ginásio equipado com os aparelhos mais modernos, pois o barão fazia de sua aparência um passatempo. Torturava-se diariamente em um cavalo elétrico, um aparelho de remo e um cinto massageador. Fazia muito calor e todos nos banhávamos, até Arthur. Ele vestia uma touca de borracha para natação, cuidadosa-

mente ajustada na privacidade de seu quarto. A casa era repleta de jovens bonitos, com corpos bronzeados soberbamente desenvolvidos, que cheiravam a óleo e se banhavam ao sol por horas. (...) A maioria falava com o sotaque mais amplo de Berlim. Lutavam e boxeavam na praia, mergulhavam em cambalhotas da prancha para o lago. O barão se unia a tudo e em geral era manuseado com severidade. Com uma brutalidade bem-humorada, os rapazes lhe pregavam peças, que amassavam seus monóculos de reserva e podiam facilmente lhe quebrar o pescoço. A tudo ele tolerava com seu sorriso heroico petrificado.[1]

Com a figura frágil da jovem Sally Bowles, Isherwood criou um testamento inesquecível do fugaz "viver o momento" no pântano noturno de Berlim.

Mas a perdida e libidinosa Sally, de 19 anos, não era uma flor solitária na Berlim daqueles tempos.

Na época, a cidade desenvolvera um ambiente, provavelmente único na Europa, de pontos gays, casas noturnas para mulheres, bares sadomasoquistas, bordéis e clubs de jazz – alguns, como se viu, sobreviveram à era nazista. Esses lugares eram a fonte da energia, a casa das máquinas, por assim dizer, na qual a encantadoramente desavergonhada jovem Sally expressava seu estilo de vida dissoluto e apresentava seus números musicais de equilibrista. Mas também compreendiam a melodia básica do duradouro fascínio dos livros de Isherwood pelo mundo até aquela época. O que seriam suas histórias sem o excêntrico vendedor de jornais Sr. Norris, que procura alívio em suas visitas a Olga e seu chicote; sem a espantosamente sem preconceitos Fraeulein Schroeder, senhoria que aluga quartos não só a Isherwood, mas também a trabalhadoras dos prostíbulos, e que sempre sabe para onde enviar uma garota para um aborto?

O que seriam os livros de Isherwood sem essa Berlim descarada e moralmente corrupta – essa Berlim "brutal"?

A cidade deve sua fama não só aos notívagos do mundo todo, mas também aos pesquisadores incansáveis. Magnus Hirschfeld fundou seu depois mundialmente famoso Instituto para a Ciência Sexual em Berlim e combateu a hegemonia da "norma heterossexual". Médicos judeus e não judeus abriram clínicas comunitárias para melhorar a contracepção e para a juventude proletária. Segundo a pesquisadora do sexo Dagmar Herzog, a Berlim dos anos 1920 era "o lugar mais liberal do mundo".[2]

Relendo os livros de Isherwood, notei que quase todos os lugares a que ele se refere situavam-se nos distritos ocidentais de Charlottenburg e Schöneberg. Os centros da vida noturna frequentados por ele e seus heróis ficavam na Tauentzienstrasse, na Motzstrasse, Potsdamer Strasse, Bülowstrasse e na Nollendorfplatz. Na década de 1920, a turma boêmia de Berlim migrou do centro para o oeste da cidade – o que deve servir de alerta àqueles que hoje alegam que o único futuro de Charlottenburg depois do Muro é ser um paraíso para aposentados. Tudo isso é verdade: atualmente, ao se andar pela Kurfürstendamm ou por suas ruas secundárias à meia-noite, num dia de semana, a sensação é de ter involuntariamente caído numa cidade de porte médio do sul da Alemanha, ou até na Berlim Oriental dos anos 1980. Uma espécie de horário de fechamento voluntário parece reinar sobre a vida noturna de Berlim Ocidental. Perambulando por ali, podem-se ver mesas empilhadas e garçons enxotando o último cliente do bar. As ruas ficam vazias, as calçadas estão abandonadas à meia-noite, a não ser por alguns aposentados passeando com cães.

Lembro agora que, nos anos 1990, os donos dos meus restaurantes preferidos em Berlim Ocidental queixavam-se de que muitos clientes constantes estavam vagando para os novos restaurantes da moda em Mitte, embora não houvesse sinal nenhum de um fluxo reverso de clientes de Berlim Oriental. Alguns baixaram os preços e acrescentaram itens tradicionais de Berlim Oriental, como o *borscht* ou o *broiler* (o termo alemão oriental para o frango assado) a seus cardápios de influência francesa e italiana. Mas nada aconteceu; seus restaurantes continuaram meio vazios. Os berlinenses orientais simplesmente não mostravam a mesma curiosidade pela cultura culinária de Berlim Ocidental que os traidores do Oeste, que de repente queriam comer no Leste. Em defesa dos berlinenses orientais, devemos dizer que, na época, Charlottenburg não era mais "o Ocidente" para eles, mas um subúrbio. Depois de uma rápida visita após a queda do Muro, eles preferiam ficar em casa, no centro da nova capital.

Mas a dinâmica de Berlim é tão volátil quanto o mercado de ações. Não demorará muito para que novos restaurantes, boates e bares da moda no antigo Leste se tornem caros demais de uma vez por todas e tenha começo um novo êxodo à parte ocidental.

Há um mito comum de que o terror desencadeado pelos nazistas também regulou a vida noturna da cidade. Os nazistas consideravam Berlim não só um bastião de comunistas e socialistas, mas também uma cidade de imoralidade. Todavia, jamais conseguiram plenamente manter sob seu controle este aspecto da cidade – que achavam fascinante e repulsivo em igual medida. Clubes de jazz e bares para gays, lésbicas e travestis sobreviveram até o final do Terceiro Reich. Números e canções impertinentes, às vezes francamente antifascistas, eram apresentados nos *vaudevilles* e cabarés. Leões de chácara experientes guardavam as entradas desses estabelecimentos e gesticulavam aos artistas e músicos sempre que entrava um cliente suspeito de ser nazista. Os artistas trocavam de roupa imediatamente, em geral no meio do número, passando a apresentar canções inocentes e cativantes do repertório de opereta.

Um dos bordéis mais conhecidos era o Salon Kitty, no quarto andar do palacete de número 11 da Giesebrechtstrasse. Reinhard

Heydrich, o chefe da Gestapo, fundou pessoalmente o estabelecimento e cuidou para que cada quarto fosse grampeado. Sob as ordens da Gestapo, esperava-se que "garotas loucas por homens" e leais ao regime arrancassem, durante o sexo, declarações contrárias ao regime de ilustres clientes nazistas e diplomatas estrangeiros. Apesar desses planos excelentes, as recompensas do serviço secreto eram baixas. Os encarregados de ouvir as gravações só registravam pedidos sexuais grosseiros ou bizarros e ruídos animais. Ao que parecia, todos os clientes sabiam que eram grampeados naquele prostíbulo de alta classe, o que só os fazia se render a seus desejos com uma desinibição ainda maior. No fim da fracassada operação, até os fundadores xeretas do Salon Kitty – inclusive seu próprio idealizador, o ministro das Relações Exteriores do Reich, Joachim von Ribbentrop – passaram a frequentar o bordel, para recuperar-se de sua exaustiva labuta diária.

Depois da guerra, a filha e o neto de Kitty Schmidt cuidaram dos negócios no térreo, disfarçado de pensionato, mas os lucros baixos finalmente os obrigaram a fechar as portas. No início da década de 1990, o bordel foi transformado em abrigo para refugiados – os subsídios previdenciários prometiam mais lucro do que os pagamentos de quem vagava pela Kurfürstendamm. Mas o abrigo para refugiados também foi fechado devido a protestos dos agora abastados habitantes do bairro – advogados, contadores, arquitetos e médicos. Vários filmes e livros – sobretudo a fama do Salon Kitty, que ainda se difunde pelo mundo – mantiveram vivo o bordel nazista na memória das pessoas. Até hoje turistas de todo o mundo tocam a campainha do apartamento de 340 metros quadrados do quarto andar, apesar de ele ter sido reformado e remodelado anos atrás. Todos querem checar o "Salon Kitty" em seus itinerários.

Fundado pela Gestapo e no fim atendendo sobretudo a seus fundadores, o Salon Kitty é um exemplo patente da fracassada tentativa nazista de controlar a vida noturna de Berlim. Não há dúvida de que a cidade era a capital do Terceiro Reich: aqui a Segunda Guerra Mundial foi planejada e decidida, e muitos outros crimes tramados – o incêndio do Reichtag, a detenção de social-democratas e comunistas e sua deportação para campos de concentração, a perseguição aos 170 mil judeus de Berlim, a Kristallnacht* e o Holocausto. E centenas de milhares de berlinenses participaram das ignominiosas celebrações nazistas, promovidas em Berlim depois da campanha bem-sucedida na França. Mas os nazistas nunca conseguiram dominar inteiramente a cultura berlinense, como o fizeram em sua capital secreta, Munique. Havia simplesmente células demais de resistência social-democrata e comunista, e cidadãos de formação antifascista que se recusavam a sucumbir à loucura coletiva e davam abrigo a judeus e a perseguidos políticos. Isso é exemplificado pela cena em um bonde, descrita pela escritora Ursula von Kardorff em seu *Diary of a Nightmare: Berlin, 1942-1945*. Levantando-se para dar lugar a uma mulher marcada pela estrela de Davi amarela, um trabalhador no bonde disse: "Sente-se, velha estrela cadente!" Quando um membro do partido protestou, lembrando ao cavalheiro proletário de seus deveres de alemão, o trabalhador retorquiu: "O que faço com a minha bunda é problema meu." O comentário de uma só frase de von Kardorff sobre esta cena: "Creio que as pessoas comuns comportaram-se com mais decência do que os ditos instruídos ou semi-instruídos."

Havia também algumas prostitutas em meio aos que ajudaram os quase mil e quinhentos judeus que conseguiram se esconder em Berlim. Quando, nos anos 1950, o Senado as homenageou,

---

* O episódio que ficou conhecido como "Noite dos Cristais" se refere à noite de 9 de novembro de 1938, quando sinagogas, lojas e habitações de propriedade de judeus foram atacadas e destruídas em diversas localidades na Áustria e Alemanha. (N. do R. T.)

o senador social-democrata do interior parecia pouco à vontade apertando as mãos dessas heroínas silenciosas, agora em idade bem avançada.

A imagem de Berlim dos anos 1920 que vive na memória coletiva foi decisivamente configurada pelos livros de Christopher Isherwood e pelo sucesso global do filme baseado neles, *Cabaré*. Infelizmente, os livros sobre Berlim de Vladimir Nabokov, que descrevem o mesmo período de uma perspectiva bem diferente – a de um imigrante russo – não tiveram a mesma sorte. O maior grupo de imigrantes em Berlim na década de 1920 foi praticamente apagado da memória da cidade. Até a reforma da moeda de 1923, entre 250 mil e 360 mil russos hospedaram-se ou moraram em Berlim. Ao contrário dos que vieram depois da queda do Muro, a grande maioria desses imigrantes russos pertencia às elites econômica, militar e intelectual, expulsas – ou que não viam mais futuro em sua terra natal – depois da vitória dos bolcheviques. Muitos deram com Berlim a caminho da cidade de seus sonhos, Paris. Naqueles tempos, como hoje, Berlim era consideravelmente mais barata do que outras cidades europeias. Ficava mais perto de Moscou e de São Petersburgo do que Londres, Paris e Roma – e os refugiados se beneficiavam com a inflação na Alemanha.

Os imigrantes russos não se demoravam nas cercanias proletárias da estação de Ostbahnhof, onde desembarcavam – nem ficavam em Kreuzberg, Wedding ou Friedrichshain. Em vez disso, procuravam e encontravam apartamentos na Berlim burguesa em torno da Gedächtniskirche, nos distritos ocidentais de Charlottenburg, Schöneberg e Wilmersdorf – áreas residenciais que os lembravam dos bairros burgueses de São Petersburgo e Moscou. É difícil imaginar que, na Berlim nos anos 1920, foram fundadas 185 editoras russas, publicando, em 1924, mais de dois mil títulos naquele idioma. Assim como cabarés e casas de espetáculos, também floresceu um mercado de periódicos russos. Praticamente não há autor russo importante que não tenha passado algum tempo em Berlim naqueles anos, inclusive Andrei Biéli, Vladilav Khodasevitch, Ilya Ehrenburg, Máximo Gorki, Serguei Iesenin, Vladimir Maiakovski, Vladimir Nabokov, Aleksei Remizov, Viktor Chklovski, Aleksei Tolstoi e Marina Tsvetaeva.

Ainda há um mistério: como e por que essa enorme diáspora russa, que firmou raízes em Berlim por algum tempo, desapareceu da cidade, quase sem deixar rastros, no início da década de 1930 – antes de Hitler sequer tomar o poder?

Alguns permanecem, inclusive Tatiana Gsovski, bailarina de Moscou que, em 1924 imigrou para Berlim com o marido, o bailarino Victor Gsovski, e morou na Fasanenstrasse. Ela abrigou o músico judeu Konrad Latte depois de sua fuga do ponto de coleta na Grosse Hamburger Strasse. Tendo sobrevivido aos anos nazistas em Berlim, ela trabalhou como bailarina e professora de balé na Ópera do Estado depois de 1945 e fundou sua própria escola, pouco tempo depois, fazendo apresentações como convidada por toda a Europa e influenciando a dança europeia por décadas.

Berlim prestava pouca atenção ao legado russo arrastado pela Revolução de Outubro, que foi uma das importantes influências na cidade nos anos 1920. Por acaso, sessenta anos mais tarde, topei com um dos lugares que Vladimir Nabokov costumava frequentar: as já mencionadas quadras de tênis na Cicerostrasse.

As quadras ficavam tão bem escondidas por imensos álamos e pelo condomínio Erich Mendelsohn que em geral os recém-chegados não as encontravam, mesmo quando estavam bem diante da entrada. Dali, só se podia ver uma cabine no nível do chão, cercada por arbustos e algumas mesas de madeira, aparentando um bar ao ar livre. As instalações de administração comercial, gerenciadas durante décadas por Jutta Felser-Utretch e sua mãe, eram ponto de encontro para uma rara mistura de clientes. Jornalistas berlinenses, acadêmicos, escritores, artistas e dançarinos do Theater des Westens (Teatro do Ocidente) cruzavam com donos de casas noturnas e bares da Kurfürstendamm. Estes últimos, que passavam a maior parte da vida nessas quadras, gostavam de chegar em carros esporte, embora mal precisassem de dez minutos de caminhada de seus locais de trabalho. Os outros chegavam de táxi ou de bicicleta. Os psicanalistas, especialmente, iam em tal número – sempre reservando com antecedência – que, às vezes, para jogadores espontâneos como eu, parecia que todas as melhores quadras lhes haviam sido reservadas até o final do ano. A profissão era um dos poucos setores em ascensão na Berlim da época. É claro que também se podia dar com um ou outro paciente nas quadras; mas esses nunca jogavam com aqueles em cujos divãs haviam acabado de gastar oitenta marcos alemães.

Na década de 1920, o Erich Mendelsohn também incluía quadras de tênis como parte de seu complexo residencial. Estão entre as mais respeitáveis, bem localizadas e integradas com sucesso a seu ambiente; atualmente, são consideradas patrimônio da cidade. Nos anos 1920, ainda desconhecido como escritor, Vladimir Nabokov ganhava um dinheiro a mais como instrutor de tênis ali. Uma foto o mostra de calça comprida branca e casaco preto, carregando uma raquete de tênis ao subir para uma das quadras com Svetlana Siewert e sua irmã Tatiana.[3] O roteirista de cinema Jochen Brunow, presença constante na Cicerostrasse, lembra-se de encontrar um casal de judeus dos Estados Unidos na cerca das instalações. O velho cavalheiro lhe contou que havia trabalhado ali como boleiro por alguns *groschen*. Naquele tempo, quando a geada ainda era garantida nos meses frios, as quadras eram inundadas durante o inverno para servir de rinque de patinação no gelo. Nos dias úteis, os experts em patinação de

Berlim deslizavam em "oitos" ao som de um gramofone amplificado por alto-falantes; nos fins de semana, quem tocava era uma banda ao vivo.

Nos anos pós-guerra, também frequentavam as quadras fregueses que só no futuro ficariam famosos. Nem todos queriam jogar tênis. Alguns ficavam satisfeitos embaixo dos álamos, ouvindo o barulho ritmado e relaxante – improvável naquela localização central – das bolas de tênis batidas e rebatidas. Um desses observadores era Willy Brandt. O escritor de sucesso Johannes Mario Simmel também contou ter escrito um de seus romances sentado nos bancos duros do bar do jardim. Em meados da década de 1980, alguns anos depois de eu ter descoberto a entrada das quadras de tênis, chegou a Berlim a segunda onda de imigrantes russos. Como se sabe de modo geral, ao contrário dos tempos de Nabokov, esses imigrantes não eram membros da aristocracia nem da burguesia instruída russas – eram novos-ricos da Glasnost*. Conversavam aos gritos mesmo quando estavam sentados à mesa e mandavam mulheres e filhos aos instrutores das quadras – apesar de as instalações não terem exatamente as condições que os milionários da terra do tênis costumavam esperar. Só se podia realmente jogar nas quadras um, dois e três; as outras eram proibidas aos não iniciados. Ali, as raízes preênseis de antigos álamos provocavam sérias falhas; o sistema de drenagem das instalações era tão inadequado que, após um aguaceiro, os jogadores tinham que secar as quadras usando baldes, panos e esponjas. Para fazer justiça ao arrendatário, havia um bunker nazista à prova d'água sob a areia das quadras de trás, transfor-

---

* Glasnost significa transparência, em russo. O termo entrou no vocabulário político internacional depois de Mikhail Gorbachev associá-lo ao processo de abertura e transparência política na União Soviética a partir da segunda metade da década de 1980. (N. do R. T.)

mado em garagem subterrânea na década de 1960. Teria mesmo feito sentido instalar algumas quadras duras ali.

Como não havia sócios e qualquer um que pagasse era bem-vindo, as quadras se tornaram um cenário para individualistas de todo setor e para experiências e exibições incomuns. Elas eram abertas assim que o sol de março cortava os primeiros talhos na muralha cinza de nuvens que pendia sobre Berlim no inverno, e só fechavam quando caíam as primeiras neves. Certa vez joguei ali em um dia ensolarado de dezembro, de luvas, no saibro já congelado e tomado de folhas de álamo. Na primavera, uma enxurrada de jovens talentos dos clubes elegantes de Berlim, ainda fechados para o inverno, as invadiam. Nessa breve "pré-temporada", rebatidas em geral só vistas em Wimbledon ou no U.S. Open de repente eram trocadas nas quadras imperfeitas. Essa miragem duraria no máximo duas semanas, até que o ambiente mais uma vez voltaria ao controle de seus grupos centrais – artistas, "novos russos" e donos de casas noturnas e bares em volta da Kurfürstendamm. Como estes últimos trabalhavam à noite, só apareciam lá pelo meio-dia para jogar – não tênis, mas gamão ou pôquer, em geral a milhares de marcos alemães. Às vezes, iam às quadras para resolver alguma aposta maluca. E então veríamos aqueles guerreiros idosos, não inteiramente sóbrios, geralmente com curativos impressionantes nos joelhos, coxas ou cotovelos, seguir para o confronto. Seu tênis era desajeitado, mal-intencionado e carecia inteiramente de estilo, mas cada iniciado sabia que havia muito em jogo – às vezes, a própria vida. As bailarinas do Theater des Westens eram inesquecíveis, flutuando como fadas pelas quadras e alcançando a rede aparentemente na ponta dos pés para defender alguma maldosa bola curta. Depois de uma partida, escritores e roteiristas pensariam em como imortalizar as quadras pelo menos na ficção, caso elas não conseguissem sobreviver na vida real. Houve muita conversa sobre uma série de televisão intitulada *Matchpoint*, que nunca foi produzida.

As quadras de tênis da Cicerostrasse ainda existem. Mas vê-las hoje só provoca naqueles que a amaram vontade de chorar. Até as melhores estão tomadas de mato, com arbustos de sumagre da altura de um homem. O saibro está coberto de musgo e mato por todo lado. Os galhos dos elevados álamos agora tombam, aparentemente saudosos do barulho das bolas de tênis que os revigoravam desde os tempos de Nabokov. Talvez até os moradores, que costumavam reclamar constantemente do barulho, sintam falta do som, em seus apartamentos agora silenciosos.

Alguns anos atrás, a propriedade foi comprada por uma imobiliária inglesa multinacional chamada Shore Capital. Atualmente, ela oferece o aluguel das instalações a um preço absurdo. Quem conhece as quadras e os compradores dispostos a investir consideram a proposta pura trapaça e desconfiam de que a empresa tem algo inteiramente diferente em mente para as instalações. Com tanto sumagre crescido no saibro, é provável que a endividada cidade de Berlim revogue seu status de patrimônio.

Temo que talvez eles tenham razão. A sociedade de conservação do patrimônio histórico e cultural de Berlim naturalmente alega que o tombamento não será revogado. Entretanto, se não for encontrado nenhum empresário para as quadras, provavelmente os planos de urbanização originais de Erich Mendelsohn serão ressuscitados – afinal, ele só projetou as quadras porque seu cliente na época ficou sem dinheiro e não pôde concluir todos os edifícios planejados para o terreno.

O AMOR NA BERLIM DIVIDIDA

A vida animada restabeleceu-se enquanto a cidade ainda tinha o status de quadripartida – em Berlim Ocidental. Durante uma viagem à União Soviética, conheci um ex-oficial da KGB, de nome Vladimir, que, depois de três copos de vodca, se gabou de ter tido uma amante alemã em cada lado da cidade, na mesma época. Não é preciso dizer que o cavalheiro não fez menção ao fato de que os soldados rasos de seu exército tomaram à força milhares de alemãs depois de capturar Berlim. Não por acaso, discutir esses "incidentes" também era tabu na Berlim Oriental até a década de 1980 – os alemães nunca foram vistos como vítimas. Mas estava claro que o homem da KGB ainda não superara o fato de que suas excursões eróticas às várias regiões ficaram mais difíceis depois que o Muro foi erguido.

Da mesma forma que a eliminação do limite de velocidade na rodovia AVUS de Berlim também visto como um sinal de liberdade que, ao cair da noite, senhoras de aluguel tomassem a destruída Kurfürstendamm, entre a Olivaer Platz e a Uhlandstrasse. Além disso, como se poderia esperar que a meia cidade, repentinamente fervilhando com dezenas de agentes do serviço secreto, se arranjasse sem prostitutas? Na época, a maioria dessas mulheres era da Alemanha e algumas trabalhavam por conta própria, sem cafetão. Ainda eram minoria as imigrantes da Iugoslávia, Polônia, República Socialista da Tchecoslováquia e Tailândia que afluíram durante os anos 1970 e 1980, sem acolhida de suas colegas alemãs. Tinham a reputação de trabalhar para cafetões e suas gangues e de empurrar os preços para baixo. As primeiras feministas de Berlim Ocidental bateram-se contra este amor à venda. Mas tiveram de combater as defensoras igualmente ativas dos negócios, que lutavam pelo reconhecimento social do termo "prostituta" e sua correspondente profissão. Nunca ocorreu a um só senador do interior de Berlim criminalizar a prostituição.

Não havia bairros da luz vermelha nem "casas" oficiais para as mulheres de aluguel em Berlim Oriental. Mas a prostituição também florescia ali. Depois que o Muro foi construído, as estações de trem Friedrichstrasse e Interhotels tornaram-se os lugares preferidos para estabelecer contato. É desnecessário dizer que todo cliente do Oeste com alguma experiência sabia – como todo cliente do Salon Kitty antes dele – que era observado.

Enquanto isso, um ramo secundário da prostituição brotou em Berlim Oriental graças aos chamados trabalhadores convidados: mão de obra turca e grega de Berlim Ocidental que no início viajava à estação de Friedrichstrasse na metade leste da cidade principalmente para comprar cigarros e vodca baratos na Intershop. Travando conhecimento com as alemãs orientais na estação, esses trabalhadores convidados logo descobriram que o sexo na outra meia cidade geralmente podia ser obtido por pouco, como um maço de cigarros ocidentais, um frasquinho de perfume ou meio quilo de café Jacobs. Uma pergunta que os trabalhadores convidados de Berlim Ocidental costumavam fazer nos anos 1950 era: "Tem vovó?" Referiam-se às viúvas de Berlim Ocidental que, em geral, moravam sozinhas em apartamentos enormes e eram receptivas a casos com trabalhadores convidados. Depois da construção do Muro, a nova pergunta passou a ser: "Tem Monika?" A referência agora era às jovens mulheres de Berlim Oriental dispostas a retribuir o favor, por assim dizer, por um maço de Marlboro.

"Era preciso trocar vinte marcos ocidentais por marcos do Leste, mas, com vinte marcos, você era um rei por lá", conta Andreas, garçom nos anos 1960 e agora dono de um restaurante grego em Charlottenburg. "Você ia ao Café Moskau ou ao Hotel Sofia, acendia um cigarro com seu isqueiro Ronson e já era cercado por um enxame de lindas jovens." Na época, ele e os amigos tinham passaporte cipriota. Por conseguinte, a VoPos, a Polícia do Povo da Alemanha Oriental, os tratava com especial cortesia – como o primeiro país ocidental a reconhecer a República Democrática Alemã, considerava-se Chipre uma "nação amiga". Graças a suas visitas constantes, um Vopo conhecido de Andreas até sabia que ele sempre escondia um dinheiro a mais ao se preparar para a visita seguinte. E deixava Andreas em paz.

"Sempre íamos de carro ao Leste, caíamos na farra, bebíamos por lá e logo cada um de nós tinha uma namorada", explica outra testemunha daqueles anos. "Sabe, em Berlim Ocidental as alemãs não queriam nada conosco, mas as Monikas no Leste eram diferentes. Talvez também porque a gente levasse Marlboros, chocolate Milka e café Jacobs para elas, como costumávamos fazer em nossas férias na Turquia."[1]

Inevitavelmente, algumas dessas "amigas por hora" tornaram-se relações sólidas – até segundas famílias com vários filhos. Às esposas do outro lado do Muro, os pais "orientais" inventavam histórias dignas de *As mil e uma noites* sobre seus empregos no Oeste, onde supostamente gerenciavam ou possuíam revendas de carros, estúdios de cinema ou mecas de tapetes na Kurfürstendamm. Quando o Muro caiu, o mesmo aconteceu com essas ilusões, alimentadas durante anos pelas segundas famílias do Leste. Quando as mães do Leste e seus filhos visitaram os papais turcos no lado ocidental, descobriram que eles não eram donos de lojas de tapetes nem gerenciavam restaurantes gourmets em Grunewald, mas que no máximo tinham barracas de kebab baratas na Kantstrasse e moravam com suas primeiras e grandes famílias em apartamentos de dois quartos em Kreuzberg.

Naturalmente, relações semelhantes também existiam entre alemães ocidentais e mulheres do lado leste, que não duraram muito tempo porque os Casanovas a oeste de Berlim e da Alemanha Ocidental estavam mais conscientes das consequências e as temiam.

Clientes experientes do Oeste, que travavam relações com alemãs orientais, sabiam muito bem que, mais cedo ou mais tarde, essas senhoras receberiam uma visita da Stasi e teriam que denunciar seu "contato". É claro que as histórias de amor Leste-Oeste, nascidas de atração natural, não eram menos ameaçadas pela suspeita. Era quase certo que, a determinada altura, o serviço secreto de Erich Mielke também se inteirasse desses "estabelecimentos de contato" secretos e fizesse tudo para chantagear os parceiros a colaborar, de uma forma ou de outra – ou ameaçando negar o direito de entrada ao parceiro ocidental, ou oferecendo-se para promover encontros entre os amantes.

Todavia, apesar dessa vigilância severa, as histórias de amor entre alemães criaram raízes no ponto cego dos observadores da Stasi. A necessidade de sigilo e o medo da descoberta atiçavam as chamas da paixão. Sob a pressão de saber que era possível haver separações forçadas a qualquer momento, floresceram emoções e conflitos dos quais a maioria das pessoas nas democracias ocidentais só sabiam por dramas de Shakespeare e romances de Balzac, Stendhal, Tolstoi e Flaubert. O amor malfadado, que nos dramas românticos clássicos resultava de insuperáveis diferenças de classe, rixas entre duas famílias e leis morais, era causado para os amantes das duas Alemanhas pela hostilidade entre os dois sistemas políticos. A ameaça de que a entrada e a saída do país podiam ser banidas elevava inevitavelmente todos os sentimentos às alturas da grandeza, para não falar do melodrama. Quem merecia confiança? Cada movimento em falso podia ter consequências dramáticas; cada decisão acarretava necessariamente conflito familiar, social e político. Ao pedir um visto de saída, a parceira oriental colocava em risco sua vida profissional, e sua família poderia sofrer consequências. O Romeu do Oeste tinha que decidir se estava preparado para arcar com sua enorme responsabilidade. E, se o visto de saída da amante fosse negado, estaria ele disposto a organizar sua fuga e assumir o risco de que ela acabasse na prisão da Alemanha Oriental? E se ela tivesse filhos e insistisse em levá-los? As mães apanhadas tentando escapar eram separadas dos filhos; as mães eram enviadas à prisão, os filhos pequenos entregues à adoção, colocados em famílias de funcionários públicos leais ao sistema, ouvindo histórias fictícias sobre seu passado.

O destino dessas mães e filhos também era encoberto na meia nação ocidental. Para não colocar em risco as conversações da *détente*, os políticos da Alemanha Ocidental evitavam a todo custo expressões como "adoção forçada" ou "roubo de crianças". As mães envolvidas, por cuja soltura a Alemanha Ocidental costumava pagar resgate, só encontraram seus filhos adotados depois da reunificação – se os encontrassem. Entretanto, a essa altura, mal conseguiam se comunicar com filhos e filhas agora adultos, que em geral não se lembravam de seus nomes originais. Essas mães passaram anos, até décadas, cheias de ódio pelo regime comunista e não compreendiam que os filhos, criados em lares leais ao regime, ficassem genuinamente perturbados com a queda do Muro e o desaparecimento de "sua" República Democrática Alemã.

Foi só recentemente que as reportagens de jornais e da televisão começaram a trazer esses dramas à memória. Felizmente, incluem um número surpreendente de histórias de amantes que parecem ter atingido o impossível: enfrentando grandes adversidades e desafiando cada perigo, conseguiram ficar juntos no Ocidente depois de uma fuga bem-sucedida e enfim podiam viver seu amor sem o desafio da Stasi e dos pontos de trânsito. Ainda assim, nem todos os casais sobreviveram a este amor mais corriqueiro.

O AMOR DEPOIS DA QUEDA DO MURO

A revolução de novembro de 1989 aboliu todos os ditames e as regras do jogo antes aplicados a relações e serviços amorosos na zona da fronteira. Para o amor comercial, isso significava que as liberdades ocidentais logo encontraram também caminho para o Leste. Na realidade, parecia que as ruas e prédios próximos da Hackescher Markt tinham uma memória histórica, como se as paredes rachadas, que não viam um novo emboço desde a guerra, sussurrassem a notícia às descendentes das últimas mulheres que ali se apresentaram meio século antes: *Está tudo bem, podem fazer de novo.* De qualquer modo, semanas depois da queda do Muro, as pioneiras da profissão tomaram a Rosenheimer Strasse, como se reclamassem um território ancestral. É claro que essas meninas da Tailândia, Hungria, Polônia e dos dois Estados alemães não sabiam que antes delas outras jovens, há muito esquecidas, trabalharam à sombra daquelas mesmas paredes. Mas herdaram de bom grado o lugar. Nada parecido com as armaduras que usavam, porém, era visto na década de 1920 ou na Kurfürstendamm durante os anos de Berlim Ocidental. As novas meninas postavam-se ali como heroínas de um filme baseado nos quadrinhos: botas de couro com saltos agulha muito altos, penteados elevados, peitos e traseiros espremidos em uniformes de látex. Os preços dados por elas pelas janelas abertas dos carros que rodavam por ali a passo de caminhada também não almejavam os que dirigiam um Trabant.

Estes últimos se deram bem em Berlim Ocidental. No final dos anos 1980, perto da estação Zoo, brotaram estabelecimentos que atendiam por um nome antes inaudito na Alemanha: *peep shows*. Inventados nos Estados Unidos, esses lugares prometiam satisfação sexual sem risco, contato ou perigo de infecções. Os homens que não ficavam desconcertados ao ver uma faxineira, em geral morena, com um balde e pano de chão, limpando o legado do freguês anterior, assumiam seu lugar em uma das cabines dispostas em círculo. Por cinco marcos alemães, uma vitrine se abria para uma mulher completamente nua, oferecendo-se de cada ângulo imaginável numa plataforma giratória.

Para muitos pais de família do Leste, curiosos para descobrir o que era a liberdade ocidental, esses *peep shows* perto da estação Zoo tornaram-se o segundo destino imperdível, depois da *Schaufenster des Westens*, ou "Vitrine do Ocidente", como era conhecida a loja de departamentos KaDeWe, com sua delicatessen. Quando o escritor da Alemanha Oriental Stefan Heym expressou sua repulsa ao comportamento ignóbil dos conterrâneos, que apertavam o nariz contra as vitrines da KaDeWe, ele foi acusado de hipocrisia, e com muita razão. Como escritor que desfrutava do privilégio de viajar livremente entre Berlim Oriental e Ocidental durante anos, ele não precisava parar para olhar as vitrines da KaDeWe – podia entrar e fazer compras ali. Sua censura podia ter encontrado melhor reação se ele tivesse criticado a curiosidade dos compatriotas pelos *peep shows*. Mas ele também não iria muito longe nessa seara. Porque não eram só as massas desprezadas, com seus macacões de brim desgastado, que queriam saber o que eram os *peep shows* – os intelectuais da Alemanha Oriental também. Meus amigos escritores, Heiner Müller e Thomas Brasch – e provavelmente o próprio Stefan Heym –, simplesmente não conseguiram resistir à tentação de fazer uma "pesquisa" eles próprios.

As explorações dos primeiros turistas da Alemanha Oriental perto da estação Zoo, em Berlim Ocidental, merecem um epílogo rememorativo. Os fregueses constantes de Berlim Ocidental, que se escondiam nas golas altas e olhavam disfarçadamente em volta antes de escapulir para dentro desses estabelecimentos, logo viram, para sua grande surpresa, desenrolarem-se repentinamente cenas que nunca poderiam ter imaginado nas entradas dos *peep shows*. Famílias inteiras da Alemanha Oriental postavam-se diante das fulgurantes placas vermelhas e roxas, discutindo o evento iminente. A advertência de uma mãe a seus filhos tornou-se lendária: "Papai agora só vai olhar. Passaremos daqui a 15 minutos para buscá-lo."

A tolerância e a solidariedade demonstradas pelas famílias nucleares alemãs orientais para com os impulsos exploratórios dos chefes de família eram completamente estranhas aos fregueses de Berlim Ocidental.

Logo depois da reunificação, ao pegar o S-Bahn para o Leste, vi a manchete impagável em um dos maiores tabloides de Berlim: MULHERES DA ALEMANHA ORIENTAL MAIS ORGÁSMICAS! Como eu lia o jornal do meu vizinho, não podia virar a página; tive que esperar muito até que ele enfim se dirigisse à continuação do artigo. "Especialistas temem a degeneração do sexo na Alemanha Oriental", continuava a reportagem. "A 37%, a taxa de orgasmos de mulheres da Alemanha Oriental é claramente mais elevada do que na Alemanha Ocidental: 26%."

O anúncio era fruto de uma nova área de pesquisa. Atacando um tema antes inexplorado, conhecido como o "sexo na Alemanha Oriental", sexólogos tentaram medi-lo usando as regras de sua arte. Milhares de questionários foram enviados e analisados, entrevistas realizadas com centenas de parceiros sexuais que nunca haviam sido entrevistados anteriormente na vida, descreveram-se novos temas de nomes peculiares. "A Unificação

Sexual da Alemanha" foi um título; "Diferenças de Determinação Sociocultural no Comportamento Sexual", outro. Pesquisadores do Leste e do Oeste voltaram o olhar para os quartos dos cidadãos desaparecidos do Estado, inquietando leitores alemães ocidentais com seus números alarmantes. "O número de mulheres que nunca chegaram ao orgasmo era três vezes mais alto na República Federal da Alemanha do que na República Democrática Alemã.[1] De acordo com isso, um número significativamente maior de mulheres da Alemanha Oriental informava sempre atingir o orgasmo. Além disso, elas descreviam com mais frequência suas atividades sexuais como excitantes e satisfatórias." Teve início um grande jogo de adivinhação: qual era a origem dessas diferenças? Por que o sexo funcionava muito melhor nos colchões padronizados da antiga Alemanha Oriental do que nos caros colchões de látex, adequados às colunas da Alemanha Ocidental? Seriam os homens alemães orientais, que continuaram praticamente sem ser contestados nos debates da liberação feminina, melhores amantes? Ou as mulheres do Leste eram mais espontâneas e apaixonadas, simplesmente menos exigentes do que suas contrapartes ocidentais?

Como sempre acontece quando se trata das questões verdadeiramente interessantes, concernentes às relações entre os sexos, as respostas dos pesquisadores foram frágeis e não conseguiram nenhum esclarecimento real. Os próprios pesquisadores pareciam completamente surdos às risadas que por seus artigos acadêmicos, cheios de jargão, inspiravam em leitores imparciais. Sem se deixar abalar e apoiados por generosas verbas, eles perseveraram em suas investigações.

Contudo, as pesquisas deixaram passar o fenômeno mais empolgante da vida amorosa da cidade reunificada. No início, o fenômeno não chamou atenção porque falava alemão e tinha cara de alemão. Na realidade, foi preciso uma década para que o mercado do amor na meia cidade ocidental enfim mostrasse alguma reação. Muito tempo se passou para que aparecesse nas fantasias dos homens ocidentais. Embora os mais obtusos entre eles procurassem parceiras no Extremo Oriente ou folheassem volumes grossos de fotografias de ucranianas e russas, oferecidas pelas agências pertinentes, uma criatura desconhecida surgia bem debaixo de seu nariz e tomava o palco central: a mulher da Alemanha Oriental. Suas virtudes só ficaram evidentes quando se conheceu melhor esta criatura exótica.

As alemãs orientais tinham emprego, eram economicamente independentes, autoconfiantes e despreocupadas com o divórcio; numa época em que só 50% das alemãs ocidentais ganhavam a própria vida, 90% das mulheres na Alemanha Oriental tinham emprego. As alemãs orientais tendiam a ser bem novas quando tinham filhos, que, deste modo, já eram adultos quando elas se divorciavam pela primeira vez e embarcavam numa segunda ou terceira vida. Tinham direitos garantidos – o direito a um aborto e a uma vaga no jardim de infância, por exemplo – que exigiam luta de sua contraparte ocidental. As creches nacionais – embora autoritárias, para não dizer de abordagem militar – asseguravam o equilíbrio entre a vida e o trabalho.

Por todos esses motivos, as alemãs orientais não consideravam seu companheiro um inimigo, mas um parceiro que, economicamente falando, participava pouco ou nada de sua vida. Na realidade, o alemão oriental médio, se não conseguisse uma posição segura nos altos escalões do regime – mas que mulher ia querer um homem desses? – não estava em condições de se gabar de nenhum privilégio tipicamente masculino. Não podia se exibir com dinheiro, carros velozes ou uma casa em Ibiza. Tinha que depender de seu possível talento como amante e suas qualidades como pai e parceiro. Por conseguinte, tendia a cultivar uma imagem masculina particularmente "branda". Podia fumar excessivamente, com frequência e esperar uma refeição quente na mesa no fim do dia, mas – como sempre era firmemente lembrado – estava disposto a ajudar a trocar fraldas, sair para comprar mantimentos, lavar os pratos e levar o lixo para fora de vez em quando. Um divórcio, ele sabia, não era difícil de obter na nação que mais facilitava o divórcio na Europa – e muitos processos eram instigados pelas mulheres.

E, acima de tudo, a repressão de todo movimento livre e público na Alemanha Oriental levou os dois gêneros a desenvolverem uma atitude relativamente desinibida para com o sexo. Que outro passatempo sem regulamentação a Alemanha Oriental tinha a oferecer a seus cidadãos? Quando convidava um estranho a sua casa para tomar uma taça de vinho, a alemã oriental não procurava um futuro provedor. Antes de tudo, procurava um bom amante e, se ela se decepcionasse neste aspecto, não tinha escrúpulos em pôr fim à aventura.

Depois de se mudar para Berlim Ocidental, o escritor alemão oriental Thomas Brasch me desconcertou com o argumento para um filme na Alemanha Oriental dos anos 1980. O herói do projeto proposto era um vendedor de tecidos que se mostrava um "gigolô itinerante" durante as muitas visitas que fazia gratuitamente. A dramaturgia da história de Brasch ainda era nebulosa para mim, mas o título do filme ficou gravado em pedra: seria chamado *Im Reich der Sinne* – No reino dos sentidos. Infelizmente, ele nunca encontrou ninguém disposto a produzir sua obra incomum.

O número de casais Leste-Oeste aumentou consideravelmente nos últimos anos. Contavam apenas 4% do número total de casamentos, mas a maioria deles não contraiu núpcias, preferindo a coabitação num casamento ilegítimo. Entretanto, um desequilíbrio desconcertante salta aos olhos nesses relacionamentos: os casais de alemãs orientais e alemães ocidentais são sete vezes mais comuns do que o contrário. Parece que, com a confiança abalada pelas feministas, finalmente reconheceram o tesouro que estava o tempo todo bem diante de seus olhos, sem que percebessem. A alemã oriental sustenta-se sozinha profissionalmente, mas não está disposta, nem por um segundo, a abdicar das prerrogativas naturais do sexo frágil. Durante a era da Alemanha Oriental, ela não teve condições de rejeitar abertamente acessórios eróticos, como perfumes, batons e saltos agulha –, uma rejeição que suas irmãs emancipadas do Oeste adotaram ansiosamente nos anos 1970 – porque esses produtos eram de obtenção praticamente impossível na época. Ela exibia seus encantos discretamente, mas se rebelava se isso fosse esperado dela. Cirurgia plástica, botox e brinquedos vendidos pela indústria do sexo são um anátema para ela. É imune à teoria de que as diferenças entre homens e mulheres não passam de um construto social; a menção de "estudos de gênero" a faz bocejar. A ideia de ser financeiramente sustentada por um homem lhe é estranha. Como a mulher do Oeste, ela exige direitos iguais, mas não está interessada em marcar pontos quando se trata de quem lava os pratos com que frequência, quem cozinha para quem e quem leva o lixo para fora. Se necessário, ela prefere contribuir um pouco mais a deixar que tais questões estourem em uma batalha de princípios. Ri das acusações de ser traidora de seu sexo. Insiste em sua mistura caseira e pessoal de feminilidade: com emprego, autoconfiante, decidida, mas também feminina. Sobretudo, ela ainda tem disposição para os homens.

Nos últimos anos, sete casais de meu círculo próximo de amigos e parentes comprometeram-se com o modelo "mulher da Alemanha Oriental-homem da Alemanha Ocidental". Parece ser uma receita para o sucesso. Por outro lado, quase não conheço pessoalmente nenhum com a combinação contrária.

Aos olhos da mulher da Alemanha Ocidental, o homem da Alemanha Oriental parece ser uma raça em extinção, um espírito da montanha da espécie masculina. Ele exibe barba, não cuida da aparência, bebe demais e não se incomoda de tomar banho antes de ter relações íntimas com a parceira. Aos cinquenta ou sessenta anos, não tem um salário decente, talvez ainda viva dos benefícios da previdência social da reforma Hartz IV – é incapaz de promover seus talentos no mercado. Ao mesmo tempo, porém, em casa exige certos privilégios a que se acostumou nos tempos da Alemanha Oriental: um jantar quente e o direito de dominar a conversa quando se trata de divagar sobre a superioridade do desaparecido Estado do Leste alemão. A imagem masculina branda que sempre foi seu ponto de referência não o preparou para entender os desejos complicados de uma mulher emancipada do Ocidente: sim, ela sem dúvida quer um homem gentil e infinitamente sensível, mas ao mesmo tempo ele deve ser forte e decidido quando se trata de determinadas coisas.

Mas há uma oportunidade para o homem da Alemanha Oriental: a solteira da Alemanha Ocidental desapontada com o mundo dos homens que enfim se divorciou do pai de seus filhos depois de desacordos infindáveis e, no fim das contas, irreconciliáveis. Nessa situação, o homem do Leste parece um bom companheiro; ele a consola. Graças a sua vida na Alemanha Oriental, sabe tudo de separação e divórcio e não leva nada disso tragicamente. Cuida dos próprios filhos ou dos filhos de uma estranha desde os vinte anos. Não se importa de levar os filhos da alemã ocidental à escola de manhã, nem de empurrá-los pelo parque durante horas em um carrinho. Acostumado à solidariedade familiar, ele estende seu afeto àquelas crianças em geral muito mimadas, ajuda-as no dever de casa e se prova um companheiro paciente de brincadeiras. Cuidadosamente – e só quando a mãe não está por perto – tenta lhes ensinar algumas maneiras básicas. E, depois de finalmente passar por um longo período de testes, enfim sua amante ocidental lhe abre a porta do quarto.

AS CASAS NOTURNAS

Mesmo durante os anos do Muro, a vida noturna de Berlim já era mais louca do que a de Hamburgo ou de Munique. A explosão de lugares e tipos de entretenimento depois da queda do Muro, porém, não teve precedentes. Este crescimento foi estimulado sobretudo por uma condição que não existia em nenhuma outra capital do mundo: uma abundância de terrenos urbanos abandonados e relativamente centrais, que proporcionavam aos espíritos criativos a oportunidade perfeita para novos começos. No lado oriental da antiga fronteira, em particular, havia um excesso de armazéns e fábricas desertos esperando revitalização. Segundo alguns veteranos da cena, nos primeiros anos, soldados do exército britânico tiveram um papel pioneiro nessa renovação. Andando por esses terrenos à noite, eles tiravam a farda e vestiam as roupas de festa que haviam trazido para cair na farra, com cerveja e drogas, nas cavernas artificiais do Estado desaparecido.

Esses terrenos abandonados eram de propriedade da cidade unificada – isto é, grandes empresas municipais ou semigovernamentais, como a Deutsche Bahn (a ferrovia alemã) ou a empresa de coleta de lixo de Berlim. Apanhados de guarda baixa pela queda do Muro, os proprietários no início não sabiam o que fazer com esse legado da Alemanha Oriental. A cena alternativa foi mais rápida; sem perder muito tempo fazendo perguntas, reclamou os terrenos e as ruínas abandonados. Por acaso, todos esses novos locais eram situados em áreas em que nenhum pedestre vagaria depois de escurecer. Não havia bares, quiosques, mercadinhos, nem mesmo ruas pavimentadas por perto. Mas podia-se chegar a eles a pé ou de bicicleta, e em geral havia uma estação do U ou S-Bahn relativamente perto.

O que essas casas noturnas prometiam era a possibilidade de outra vida, uma vida que celebrasse o momento, o agora. Eram motivadas sobretudo pelo desejo de escapar do mundo cotidiano e real do capitalismo e criar um mundo paralelo segundo suas próprias regras. Em vez de "pão e circo", esses lugares ofereciam drogas, dança e jogos amorosos – e, se necessário, também protestos. O antigo ritual do *Feierabend*, ou fim do expediente – trabalhadores saindo para dançar nas noites de sexta-feira ou sábado, aliviar a tensão e cair na cama – não fazia mais sentido para os *ravers*. Para eles, não bastava arrancar da rotina diária apenas uma ou duas noites – também queriam a manhã e os longos dias subsequentes; até metade da semana, se possível. Berlim inventou um novo horário de abertura: meia-noite. O carimbo na face interna do pulso valia da noite de sábado à tarde de segunda ou terça-feira.

É evidente que as condições sociais de Berlim contribuíram para esta extensão provavelmente singular do "fim do expediente". Nenhuma outra cidade alemã tinha tantos jovens vivendo da previdência social e de bicos não declarados, ou trabalhando sem qualquer estabilidade no emprego. As casas noturnas se adaptaram a esta realidade: a consumação mínima é relativamente modesta – menos de dez euros –, e a bebida custa cerca de sete euros. De algum modo, muitos jovens conseguem arrumar o dinheiro de que precisam para passar duas ou três noites e dias numa casa noturna. E a juventude do mundo se identificou com essa nova mistura de pobreza e boemia. Pelo custo de um drinque em um clube techno de Nova York, Londres ou

Paris, eles podem cair na balada em Berlim pelo fim de semana todo. Esses clubbers chegam aos bandos de cada canto do mundo – Japão, Israel e Austrália; Itália, Espanha e Portugal –, todos com o mesmo uniforme – camiseta, jeans e tênis, uma tatuagem no braço e um ou dois piercings no nariz ou nos lábios –, para dar uma variada sutil. E os donos das casas noturnas têm razão, é claro: ninguém com menos de trinta anos que venha a Berlim está interessado na filarmônica ou na Ilha dos Museus. Estão interessados nos clubs e é para lá que eles vão.

Um artigo no *New York Times* de 2009 apontava o Berghain como o melhor club do mundo. Não deve haver outra boate famosa em nenhum lugar do mundo localizada em um ambiente tão absurdo. O Berghain abre à meia-noite e só pode ser alcançado pelo S-Bahn – em vista disto, o S-Bahn opera a noite toda. O prédio fica no meio de um terreno baldio; no céu iluminado por néon atrás dele, só competem por atenção algumas construções industriais abandonadas, uma frota de carros, uma revenda Audi e o distante templo de entretenimento O_2 World. Minha companheira e eu não tomamos o S-Bahn, chegamos de carro. Depois de sairmos da Karl-Marx Allee, dirigimos por ruas escuras e completamente vazias, passando por prédios sem mais de uma única luz acesa. Por fim, um colosso escuro que supomos ser o Berghain se ergue a nossa direita, flutuando no céu, como o imenso dominó de *2001: Uma odisseia no espaço*, de Stanley Kubrick.

Quando vai a um club em Paris ou Nova York, você espera e encontra densidade urbana, engarrafamentos, buzinas, grupos turbulentos de pessoas, conversas animadas. O Berghain fica ali, como um castelo escuro numa ilha; para chegar, é preciso atravessar a nado um oceano negro. Em junho, passamos a custo por arbustos de sumagre, a vegetação das ruínas de Berlim, fazendo o máximo para evitar as muitas poças deixadas pelo verão úmido.

O Berghain é uma ramificação do clube techno Ostgut, fechado em 2003. Seus empresários, Norbert Thormann e Michael Teufele, conseguiram adquirir uma antiga usina termoelétrica, nos terrenos da antiga estação oriental de Ostbahnhof, e a reformaram para seus fins. O prédio industrial de estilo neoclássico dos primeiros anos da República Democrática Alemã os empolgou. O fato de que nem todos conseguem chegar ao club aumenta o status mítico do Berghain. Como não tenho mais idade para ir a boates e me preocupei com minha volta para casa, consegui me meter na lista de convidados de Norbert Thormann. Mesmo assim, minha companheira e eu decidimos pegar a fila da entrada, ainda curta à meia-noite. Queríamos ter uma ideia da clientela do Berghain e dos critérios de seleção do segurança. Parecia que quase todo mundo que tentava entrar lera os comentários *on-line* e seguira o conselho de evitar roupas espalhafatosas e excêntricas. Todos estavam em fila, comportados e discretos, a maioria dos homens de jeans, tênis e camiseta, as mulheres um pouco mais coloridas, mas só algumas com vestidos ou minissaias, e nem um par de saltos altos à vista; alguns homens, na expectativa de horas – ou dias – de dança, até já se exibiam de camiseta regata. Falavam cada idioma imaginável, mas, mesmo assim, era evidente certa uniformidade na multidão: todos tinham entre vinte e trinta anos, eram bem-humorados e tranquilos – uma turma agradável e simpática procurando diversão, e não problemas.

Os seguranças já chamavam atenção mesmo de longe. Eram três e cada um aparentemente tinha uma função diversa, embora não ficasse inteiramente claro para os clientes qual seria exatamente essa função. O árbitro que concedia ou rejeitava a admissão, por outro lado, impunha respeito e era impossível deixar de vê-lo: Sven Marquardt – não um brutamontes, mas um roqueiro pós-punk barrigudo, barbudo, com o cabelo grisalho num rabo de cavalo. Os piercings de aço no lábio, brincos pesados e grossas correntes de ferro no pescoço emprestavam-lhe certo senso de imprevisibilidade. Colocava-se na frente da entrada como uma estátua, mal se mexendo. Sempre que dois ou três clientes tinham permissão para entrar, seguia-se uma pausa dissimulada. O soberano da entrada avaliava a dupla seguinte, absorvia as informações transmitidas por suas roupas, expressões e linguagem corporal e organizava os dados, comparando e avaliando segundo critérios de que só ele conhecia. Com um sinal imperceptível, comunicava sua decisão aos auxiliares – seria um gesto de mão ou cabeça, ou um piscar de olhos que significava um sim ou um não?

São incontáveis as histórias e boatos sobre Sven Marquardt na cena de Berlim. Um grupo de clientes habituais que não queria esperar por horas e entrou na curta fila da lista de convidados me disse que Marquardt os deixa entrar, embora seus nomes não estejam realmente na lista. Um deles disse a Marquardt que era cozinheiro de KaterHolzig – o maior concorrente do Berghain. Outro no grupo, porém, foi solicitado a se retirar depois de ser revistado e flagrado com um saco de cocaína. Segundo minha fonte, Marquardt podia se dispor a fazer vista grossa, mas um de seus colegas decidiu honrar o preceito do estabelecimento. Pelo visto, a equipe bem azeitada operava segundo a política de que ninguém jamais devia questionar as decisões dos outros.

O casal bem a nossa frente foi rejeitado na porta e se afastou para o lado sem protestar. Educadamente, Marquardt lhes desejou boa noite quando eles saíram. Evidentemente, nos perguntamos o que havia nas roupas, olhares e aparência do casal que pesasse a balança com tal crueldade contra eles. Afinal, dissemos a nós mesmos, os dois devem ter feito algo errado para não passar no teste. Infelizmente, não os vimos de frente. De minha perspectiva, só notei certa frouxidão na camiseta e o cabelo algo embaraçado do homem. Um tanto perplexo, interrompi minha linha de raciocínio. Ao tentar entender os critérios do segurança, eu já me identificava com o processo de seleção. Não seríamos nós dois – minha companheira, com seu casaquinho de couro vermelho, e eu com meu terno preto de linho – igualmente suspeitos? Em especial, considerando que eu era uns bons trinta anos mais velho do que o cliente médio, mesmo aos olhos de um juiz generoso? Absurdo, disse a mim mesmo – a verdade é que não havia critério algum! Tudo faz parte do ritual de dar ou rejeitar a admissão e, quanto mais arbitrário for, melhor funciona.

Em geral, Sven Marquardt costuma ser solicitado a falar de seus critérios de seleção em *talk shows* e entrevistas. Evidentemente, teve inteligência suficiente para se recusar categoricamente a responder a essa pergunta. O que mais se aproxima da verdade é que provavelmente esses critérios são um mistério até para ele. Pode ser que seu olho treinado consiga pegar possíveis brutamontes e encrenqueiros. Mas o principal no procedimento deve ser apenas criar uma barreira que isola o mundo do templo Berghain. Os visitantes devem passar em um teste antes de ser admitidos à montanha de cimento escura e misteriosa – um teste para o qual eles não têm como se preparar. É o que basta para que o lugar – uma combinação dos nomes de dois bairros de Berlim, Kreuz*berg* e Friedrichs*hain* – assuma um caráter mítico. De pé à soleira do Berghain, não se pode deixar de pensar no castelo de Kafka, a que o pobre K. teve acesso negado – também sem justificativa nenhuma, aliás.

"Você não se parece em nada com alguém que vem ao Berghain com frequência", disse Sven Marquardt a minha companheira enquanto a submetia a seu teste visual. Não havia como saber se ele se referia a alguma característica positiva ou negativa. "É verdade", ela disse, "mas estou na lista de convidados." Que pena, pensei comigo mesmo, agora jamais saberemos se teríamos conseguido entrar mesmo sem esta prerrogativa. Enquanto Marquardt gesticula para os auxiliares nos deixarem passar, não resisto a lhe perguntar discretamente. Ele teria deixado um cara como eu entrar mesmo que não estivesse em lista nenhuma? Marquardt olhou-me por um tempo, sem de fato me ver. Depois disse: "É, acho que sim."

Depois de entrar, fomos dominados pela mesma satisfação idiota que acomete a todos que passam em um teste: conseguimos! De repente, não fazemos mais parte das massas lá fora, cuja fila crescia a cada minuto. Estávamos ali dentro, fôramos aceitos! Evidentemente, nosso triunfo era partilhado pelo jovem casal alguns degraus adiante, que se juntou a nós na janela, rindo e acenando para a multidão abaixo, consideravelmente inchada e de pé na névoa intrusa, ainda querendo passar no teste. "Olha quanta gente tem lá fora! Só vão conseguir entrar daqui a duas horas. (…) Se conseguirem!"

O interior do club incita sentimentos exaltados, alimentados pela emoção de ter atravessado a soleira. Interrompidas apenas por algumas escadas e mezaninos, as paredes despojadas se erguem cerca de 20 a 30 metros para outra civilização, cujo batimento cardíaco é definido pelo martelar da eletro music. De imediato, a batida do baixo procura eco dentro de seu corpo. Na luz baixa, que só revela uma sugestão de silhuetas, o espaço enorme lembra uma catedral gótica, em cujas galerias podemos dançar e tomar coquetéis. As paredes altas com janelas reforçam a impressão de um espaço sagrado, governado por uma religião desconhecida. Subindo a escada de aço, chega-se a outro nível, adornado de balcões de bar, pistas de dança e consoles de DJ. Cada um desses níveis, transbordando numa massa de corpos que se contorcem em uníssono com a música, pode ser visto do nível superior, que por sua vez serve de palco multiuso. Isso resulta na ilusão de um teatro de grande capacidade, em que cada um dos andares apresenta simultaneamente vários rituais com músicas diferentes. A qualquer momento, um protagonista da pista pode se transformar em espectador e vice-versa. O fato de que não há interferência entre as várias correntes de eletro music comandadas pelos caros disc jockeys é um dos golpes de mestre do projeto desse templo do entretenimento. Seguindo o conselho de nossos filhos adultos, levamos protetores de ouvido. Mas o assalto dos decibéis foi inteiramente suportável e não sentimos necessidade de usá-los. O preço de um gin fizz ou de um Campari com laranja também era módico: bem menos de dez euros – podendo ser pago até pelos estudantes agraciados com bolsas e empréstimos estatais alemães da lei BAFöG.

Ao fundo, os dois palcos se dissolvem numa confusão labiríntica de corredores, que criam intencionalmente a proximidade física e levam a salas menores, nichos e recantos com sofás. Ao que parece, é neste labirinto e nas salas escuras do térreo que acontecem os excessos orgiásticos às primeiras horas da manhã e que, junto com os seguranças, contribuíram para o status mítico do Berghain pelo mundo. E, como é frequente no caso desses mitos, a fantasia supera consideravelmente a realidade: basta um único exemplo de excesso para gerar uma lenda duradoura. Nas circunstâncias, ao andarmos pelo club, não notamos nada que corroborasse esse aspecto da reputação do Berghain. Por outro lado, o dono de outro club me disse que a liberalidade em algumas boates de Berlim de fato supera os boatos. Aparentemente, não há outro lugar no mundo em que a polícia seja igualmente complacente a esse respeito. Apenas traficar drogas nas casas noturnas é passível de processo; mas o consumo é tolerado.

Vimos uma massa rapidamente crescente de jovens nas pistas abandonando-se livremente ao comando dos alto-falantes. O que as pessoas fazem ao som de techno e eletro music não pode ser chamado de dançar, pelo que sei. Mais parece um andar extasiado sem sair do lugar, uma oscilação de corpos ao ritmo prescrito. Basta a falta de espaço para dissuadir qualquer dança individual, movimentos audaciosos ou improvisações acrobáticas. Ninguém nem mesmo percebe os demais, porque as luzes estroboscópicas fracionam todo movimento em quadros congelados. Se os gestos de alguém são suaves, agitados ou saem inteiramente do ritmo, não importa – só o que resta de qualquer dança, de qualquer corpo, é uma série de instantâneos de um segundo. O êxtase coletivo que aos poucos toma posse depende de paciência e das horas balançando-se no ritmo.

Nesse mar de solavancos de braços e pernas, ninguém se destaca por sua roupa, estilo de dança particular ou comportamento incomum. Muitas mulheres dançam com as bolsas penduradas à altura dos quadris – afinal, onde deviam guardá-las? Alguns homens dançam com suas parceiras com um cigarro na mão, uma garrafa de cerveja na outra, as mangas dos casacos dos dois – se tiverem algum – amarradas na cintura. O conceito por trás do Berghain não recompensa o impulso de se destacar. Desde meus primeiros dias em Berlim, nunca me importei com a tradição da cultura geracional, dividida estritamente por faixa etária. Sempre que entrava em uma casa da moda em Nova York ou Paris, via-me cercado de representantes dos três sexos e de todas as idades. Pelo que me lembro, em Berlim sempre houve restaurantes, bares e casas noturnas para gente em seus vinte, quarenta e cinquenta anos. Não que eu me sinta de qualquer forma agudamente rejeitado ou excluído por quem tivesse menos de trinta no Berghain. Mas não posso deixar de me sentir como alguém que não pertence ao lugar.

"Vem, vamos dançar", estimulei minha namorada. "Não tem sentido ficar olhando, choramingando ou resistindo. (...) Se você não sapatear com todo mundo aqui, está perdida!" Exigiu paciência e muito tempo para que o aparato cerebral se reduzisse ao cérebro reptiliano e o corpo individual se fundisse com a massa de corpos. Mas, por fim, nós também conseguimos entrar naquele estado abençoado, livre de dúvidas, e pudemos imaginar que dançaríamos daquele jeito, sem sair do lugar, por horas, ou até mesmo dias.

Então, aconteceu algo inesperado. Uma mulher de uns trinta anos, que estivera tentando em vão conseguir que seu companheiro sentado perto de uma janela do canto fosse dançar, me deu um beijo no rosto e anunciou: "Você é o melhor homem de todos aqui." Eu estava aturdido e demasiado mergulhado em transe para reagir, mas o mesmo aconteceu com minha namorada. Outra mulher dançava com ela e gritou acima da explosão do baixo: "Vocês são o casal mais bonito na boate toda. (...) É demais que estejam aqui!"

Lá se foi a cultura geracional! Longe de querer excluir a geração mais velha, os jovens na verdade nos receberam em seu templo! "E", foi o frio veredito pronunciado por meu filho, um *clubber* experiente, quando mais tarde lhe contei sobre a cena, referindo-se à popular droga, ecstasy, que quase ninguém sai sem tomar, porque promete euforia contínua. Sem esconder minha decepção com sua conclusão ajuizada, retorqui que as drogas só intensificam sentimentos que já estão presentes.

"Vamos sair para tomar o café da manhã", avisei ao segurança ao sairmos do club naquela luminosa manhã de domingo, deixando em aberto se voltaríamos ou não em uma hora. O carimbo nas costas de nossas mãos teria validade até a tarde de segunda-feira. Marquardt me lançou o mesmo olhar que me dera ao me deixar entrar. Não traía nada – nem interesse, nem repúdio. Como ele aguentava ficar parado na entrada por oito a dez horas, avaliando as pessoas? Ele também tomava ecstasy? "A propósito", continuei, "estou escrevendo um livro sobre Berlim e gostaria de entrevistar você um dia desses!" "Terá que entrar em contato com o meu agente", ele respondeu, entregando-me seu cartão.

Ao que parecia, não há profissão em Berlim que pode lhe garantir a fama.

O agora lendário Bar25 foi uma típica criação berlinense pós-milenar. Tudo começou com um trailer Nagetusch 1968 prata. Seus dois donos o converteram em um bar do qual serviam uma seleção de uísques – com música techno berrando ao fundo. Batizaram o boteco móvel de Bar25 – o "25" refere-se à velocidade máxima do trailer em milhas, isto é, 40 quilômetros por hora. Os negócios prosperaram, e os empresários procuraram um local fixo para o bar. Sob a estação do S-Bahn, de Jannowitzbrücke, encontraram um terreno com uma cerca improvisada. Era o lado ensolarado do rio Spree e, como parte da antiga área de fronteira, igualmente acessível a berlinenses orientais e ocidentais antes da queda do Muro; a fronteira real e fortemente protegida ficava no meio do Spree. A única construção era uma garagem abandonada na margem do terreno, antes pertencente à agora extinta Wasserschutzpolizei da Alemanha Oriental, uma força policial especial, responsável pela patrulha das vias fluviais da cidade.

Pulando a cerca, os dois vendedores ambulantes de bebida começaram a coletar madeira da área para a construção rudimentar de uma boate provisória, no estilo de um *saloon* de western – feito inteiramente de madeira. Desde o primeiro dia, conhecidos e outros simpatizantes de Friedrichshain e Kreuzberg apareceram e ofereceram ajuda. No início, havia duas dezenas de ajudantes; logo, eram cento e qualquer coisa. A inauguração do clube, em 24 de junho de 2004, transformou-se numa festa que durou oito semanas.

Depois da festa, com a ajuda de alguns convidados, o trabalho de carpintaria e bricolagem continuou. Enquanto alguns melhoravam a boate, outros levantaram cabanas. De início, não havia plano mestre para a montagem, em rápida expansão, da montagem das cabanas de madeira que brotavam semana após semana. Todos podiam construir o que quisessem e criar seus próprios espaços, usando material que encontravam ou levavam. Como o terreno era grande – cerca de 12 mil metros quadrados – e cada vez aparecia mais gente para ajudar, a colônia improvisada logo se transformou numa espécie de povoado, com o clube no centro. A princípio, não se pretendia que a boate fosse para convidados de fora, mas uma espécie de ponto focal para a vida dos "moradores do povoado". Destes últimos, quase nenhum tinha emprego fixo, poucos aspiravam a carreiras burguesas e todos eram mais ou menos desempregados; eram este povoado e este club que eles queriam criar. Para conciliar cada projeto de construção dos muitos colaboradores, um pequeno grupo teve que traçar uma espécie de plano geral. Assim, ao longo do ano, tomou forma um *playground* para jovens adultos, com restaurante, área de medicina alternativa e sua própria emissora de rádio; também foram acrescentados teatro, cinema ao ar livre e lona de circo.

À medida que se ampliava o leque de ofertas, o público e o pessoal da casa também mudava. Eram necessários profissionais que se apresentassem nos vários palcos – DJs, bandas, cozinheiros, projecionistas, diretores. Os fundadores conseguiram atrair ao clube um bando muito pitoresco de aficionados, que, na maioria, vinha de Kreuzberg e de Friedrichshain. Com a crescente fama do club, quem trabalhava de terno escuro e gravata de repente também queria se juntar a eles. Qualquer um que aparecesse com "capacidade de experimentar" era admitido, explica Christoph Klenzendorf, um dos dois fundadores do trailer, atraído à filosofia da vida comunitária: "Se quiser fazer alguma coisa, faça! E faça com amor e paixão!"

Os fundadores do Bar25 começaram com a carteira vazia e um inventivo coquetel energético de euforia e protesto. O protesto seguiu a habitual convocação às armas do bairro contra extensos planos de urbanização na margem do Spree – em resumo, contra a gentrificação, um termo que tem origem na história social inglesa em referência à expulsão da "população nativa" de um bairro por construtoras e seus clientes. Mas ao contrário dos manifestantes permanentes do campo anarquista, os empresários do Bar25 habilidosamente combinaram aqueles protestos a seus próprios interesses concretos. Queriam conservar a antiga margem silvestre do Spree, que eles descobriram e cultivavam, e continuar a expandir o povoado. Porém, os conflitos com extremistas black blocs eram inevitáveis. Em várias ocasiões, vestidos de capuz, os anarquistas formavam um front ameaçador na frente do club, exigindo saber das intenções dos empresários e sua visão de mundo. Convidá-los e lhes oferecer bebidas costumava apaziguá-los.

A negociação com a proprietária do terreno, a empresa de coleta de lixo de Berlim, por outro lado, mostrou-se significativamente mais complicada. A empresa, que era dona da cidade, anunciou de repente sua intenção de vender a propriedade ao bem financiado grupo Mediaspree, que planejava construir luxuosos prédios de apartamentos, escritórios e hotéis naquela parte ensolarada da margem do Spree. A sobrevivência do Bar25 estava ameaçada. Diante desse apuro, os empresários descobriram que o cultivo das relações públicas desde o início tinha suas compensações; formaram uma rede não só com jovens políticos berlinenses, mas também com amigos influentes da boate em todo o mundo. Graças a esse lobby, conseguiram adiar várias vezes o despejo já programado. Obtiveram assinaturas de simpatizantes influentes de seis continentes em uma carta de protesto.

Christoph Klenzendorf passou os anos pós-reunificação nos novos bares da moda e em festas de porão e bunker. Ia de um show improvisado a outro em seu bar móvel. No delírio daquelas noites, originou-se o desejo de "criar lugares novos e bonitos". Com o Bar25 na margem do Spree, ele e seus colaboradores realizaram esse sonho, quase como num conto de fadas. Quando, em 2008, começaram a chegar as primeiras ordens de despejo, os fundadores perguntaram a si e depois à cidade: por que estamos sendo despejados? Por que justo nós temos que partir? Não fazemos parte da cultura da cidade, uma atividade que não é subsidiada por ninguém, mas traz dinheiro à municipalidade e contribui para sua reputação de cidade festiva?

A empresa de coleta de lixo de Berlim, porém, conseguiu dar uma justificativa irrefutável: o terreno em que o Bar25 fora construído e onde garantira diversão por quatro anos era poluído e necessitava urgentemente de descontaminação – uma fábrica de enxofre estivera em operação ali durante os anos da Alemanha Oriental. Nada poderia ser feito: tudo forjado em quatro anos de esforços individuais deveria ser inteiramente derrubado e sem compensações.

Os donos do clube sem clube bolaram um plano ousado. Dando uma olhada na margem cercada do rio, encontraram uma fábrica de sabão obsoleta. Chegaram a um acordo com o proprietário para alugar o prédio e a propriedade circundante por 18 meses, uma solução que só fazia sentido se eles voltassem depois ao antigo terreno da boate. E embora não houvesse motivos para alimentar esta possibilidade, eles acreditavam nela. Mas, primeiro, precisavam reformar a fábrica de sabão para seus fins. Mestres da arte de viver, que consideravam um pecado olhar um futuro mais distante do que a manhã seguinte, transformaram-se em empreendedores e investidores dedicados da noite para o dia. Conseguiram colocar mais de cem colaboradores a bordo do projeto. Esvaziando o prédio, renovaram as estruturas de sustentação, abriram dezenas de janelas nas paredes, instalaram um restaurante gourmet no último andar e uma sala para bandas e artistas abaixo dele e construíram um parque de diversões ao ar livre na margem de rio irregular, repleto de bares, balcões de comida, áreas para sentar e reclinar, e nichos retirados para os amantes. Despejaram um total de um milhão de euros em instalações que só poderiam usar por 18 meses, o que também significava que só tinham 18 meses para reaver os custos e evitar a falência. E assim fizeram: "Chegamos ao ponto de amortização", contou Klenzendorf, não sem orgulho.

Quando fui pela primeira vez ao clube – agora conhecido como KaterHolzig –, com meu filho e seus amigos, parecia que tinha chegado a uma civilização desconhecida: meio ilha pirata, meio museu etnológico, Departamento de Povos Indígenas. O terreno sinuoso, confinado por uma cerca improvisada de 2 metros de altura, é marcado por uma chaminé sem uso e duas torres de fábrica, novas em folha, pertencentes à empresa de eletricidade Vattenfall. A fábrica de sabão, remodelada em templo de entretenimento, ergue-se ao céu como uma fortaleza, com suas janelas de cortes assimétricos nas paredes. Só a série de luzes de um S-Bahn de passagem do outro lado do rio me lembrou de que eu estava no meio de Berlim – perto do antigo posto de controle da Heinrich-Heine-Strasse, pelo qual passei tantas vezes durante os anos do Muro sem olhar nem uma vez para os lados.

Não conseguimos chegar à pista de dança. Havia uma festa de casamento acontecendo lá dentro, que, pelo que descobrimos, começara na quinta-feira e devia durar até a tarde de terça. Não foi tanto o casamento em si que restringiu nosso acesso, mas o presente de casamento: uma mesa larga, generosamente servida com cada droga da moda no mundo: speed, cocaína, ecstasy etc. Os convidados do casamento, assim soubemos, eram bem-vindos a se servir do que quisessem. Fazia sentido para nós que o privilégio fosse reservado aos convidados. Afinal, o "dote" devia montar a um total de seis dígitos só para cem convidados. A certa altura, a noiva em farrapos brancos tombou na porta, rindo, mas seus convidados de imediato a puxaram de volta para a festa.

Quando contei sobre isso a uma amiga de Nova York, ela me surpreendeu com uma pergunta: "O que os pais fazem nesse tipo de casamento?" Em Berlim, ninguém mais faz perguntas assim.

Enquanto estávamos longe dos problemas, na barraca de pizza, um clubber se juntou a nós, contando sobre um recorde pessoal com orgulho patente: depois de 37 horas ali, só agora bebia sua primeira vodca. Estava convencido de que, depois de outra vodca e mais alguns refrigérios, aguentaria outras 37 horas.

Outro jovem, que trabalhava como cozinheiro na KaterHolzig, encarregado dos pratos de vegetais – de folga, disse ele, depois de ter sido responsável pelo preparo das refeições, com os braços cobertos de gordura até os cotovelos –, contou de seu sonho: uma carreira de disc jockey. Já havia se apresentado em boates menores e confiava que logo poderia trabalhar exclusivamente como DJ. Os DJs de maior sucesso, pelo que soube, cobravam entre dez mil e vinte mil euros por apresentação; alguns até ganhavam setenta mil euros. Um desses astros, Paul Kalkbrenner, por exemplo, ia de um continente a outro em seu jato particular. Quando criança na Alemanha Oriental, ele ouvia obsessivamente a rádio RIAS 2 (uma popular emissora de rádio que transmitia do setor americano em Berlim Ocidental), ajudava a editar as transmissões de música e, aos 15 anos, apareceu em um clube juvenil em Berlin-Lichtenberg com uma pilha de vinte discos de vinil. Apresentara-se ali, mas tinha de parar toda noite às onze horas para pegar o último bonde para casa. Hoje, Kalkbrenner se apresenta em estádios de futebol e imensas arenas para shows de música. Viaja pelo mundo com uma equipe de vinte pessoas, e a única coisa que ainda carrega é sua pequena mala Rimowa. Naturalmente, continuou o cozinheiro e futuro DJ, os astros de hoje lançam seus próprios discos. O GEMA, grupo de direitos musicais da Alemanha, não pode atingi-los com suas cobranças porque os DJs criam novos mixes a partir da música dos outros e da deles.

Hoje em dia, explicou ele, se um DJ famoso no mundo todo quiser ter importância na cena internacional, deve se apresentar em Berlim pelo menos uma vez por mês. Afinal, o techno foi inventado em Berlim, o eletro, em Frankfurt.

Não consegui ver o interior da KaterHolzig naquela noite; eu teria que voltar – e em breve.

Afinal, a data de fechamento da boate estava cada vez mais próxima. Os donos intensificaram as conversas com parlamentares e executivos do setor de turismo de Berlim, envolvendo-os em discussões sobre o futuro da cidade. Como querem que Berlim seja daqui a vinte anos?, perguntaram. Querem que se torne como Manhattan ou Londres, onde só banqueiros, milionários e alguns artistas podres de ricos ainda podem pagar pelo aluguel? Será que todos os imóveis devem ser vendidos a quem possa pagar mais, de modo que só hotéis, apartamentos de luxo e torres de escritórios acabarão sendo construídos? Quando uma propriedade é colocada à venda, a cidade não devia considerá-la de valor social e cultural?

O debate chegou à mídia e por fim também ao Parlamento. "O engraçado", conta Klenzendorf, que cresceu num ambiente de esquerda, "é que a CDU de repente apareceu em nossa porta." Jovens representantes do Partido Democrata Cristão, que governa Berlim junto com o Partido Social-Democrata, viram a chance de fazer nome como defensores dos *ravers*. Junto com os Verdes, levaram a discussão adiante no Parlamento. Uma campanha pública contra o crescimento urbano extensivo na margem do Spree fortaleceu a posição do clube. Acabou por evoluir uma aliança inesperada entre esquerda e direita. "Os dois projetos mais discutidos da cidade", opinou Klenzendorf com certa megalomania, "foram o novo aeroporto internacional planejado e o

KaterHolzig." A prefeitura finalmente cedeu à demanda por uma "moratória nas vendas". Sem a garantia de que poderiam fazer o que quisessem do local, a MediaSpree e outros investidores interessados recuaram. Os únicos licitantes que ficaram foram os investidores hippies, que só conheciam a expressão "segurança no planejamento" pelos jornais. No outono de 2012, uma decisão atingiu todas as linhas partidárias: o clube recebeu o direito de preferência na compra. Mais importante, porém, foi introduzida uma nova cláusula para a venda de propriedades municipais. Até então, a legislação em Berlim ditava que somente era possível desfazer-se do imóvel pertencente à cidade pelo preço mais alto. No futuro, fatores sociais e culturais também seriam levados em consideração.

Mas como o KaterHolzig ia arrumar os quase 10 milhões de euros necessários para comprar a propriedade? Os empresários sugeriram um arrendamento perpétuo ao Senado. Segundo esse modelo, a prefeitura permaneceria dona da propriedade e, em troca de uma taxa de arrendamento, garantiria à boate seu uso por 99 anos. A prefeitura rejeitou a proposta. Os empresários procuraram, então, um comprador que adquirisse o ponto e lhes alugasse no lugar da prefeitura. Encontraram uma fundação suíça – um fundo de pensão chamado Abendrot, um desdobramento do movimento antinuclear que procurava uma forma segura de investir o dinheiro dos associados. Os suíços vieram, deram uma olhada no clube e em seu projeto e selaram o acordo na mesma noite.

"Assim, agora pagamos aluguel à fundação suíça em vez de à pobre cidade de Berlim", observa Klenzendorf.

O KaterHolzig fecharia antes do final de 2013; o novo clube do outro lado do Spree foi inaugurado com o nome de Holzmarkt. Tendo previsto a mudança, a equipe do KaterHolzig usara principalmente componentes desmontáveis na reforma da fábrica de sabão – qualquer coisa que não fosse o teto, piso ou parede podia ser desaparafusado, retirado e transportado para o outro lado do rio. Uma cooperativa operacional, composta por 13 pessoas, decide o que será construído e onde. Mas sua tarefa é limitada a determinar uma plataforma para vários espaços; a construção caberá a entidades independentes de propósito específico. O próprio Klenzendorf, com sete colegas, lidará com a questão dos eventos. Outros estão construindo um hotel com 120 quartos – um "hotel especial", é claro, "onde a recepção acolherá com um macaco no ombro os hóspedes famintos por aventura". Também planejam um albergue para estudantes e um centro start-up, bem como estúdios de arte e de música (que produzirão seus próprios selos), estúdios de terapia física, cabeleireiros e varejistas. Os terraços de todas as instalações serão dedicados a "cultivos suspensos" – isto é, agricultura e piscicultura. A ideia, em resumo, é criar um povoado autossuficiente no meio da cidade – uma espécie de *Gesamtkunstwerk*, ou obra de arte universal.

Klenzendorf responde com hesitação à pergunta relacionada à contabilidade: é claro que, a essa altura, são poucos os profissionais envolvidos. Mas está convencido de que eles também passarão seu tempo livre na boate e que, nesses momentos, o mais tardar, eles se lembrarão de sua filosofia de vida, baseada frouxamente no lema de Pippi Meialonga, que é: Faça as coisas como você gosta. É o único jeito de ter certeza de que elas acabarão certas!

O bar de aproximadamente 70 metros quadrados, com o nome perturbador de Kumpelnest – mais ou menos "ninho do camarada" –, pertence a uma categoria completamente diferente de vida noturna. Só sua localização – na Potsdamer Strasse, a oeste, historicamente um lugar de prostituição – o predestina a uma turma bem mais pitoresca. Desde a queda do Muro, a rua perdeu muito de seu encanto torpe. Seus poucos pontos de diversão – o *vaudeville* Wintergarten, novos cassinos e antigos bares de esquina – distam tanto entre si que a maior parte da rua fica morta à meia-noite. Mesmo assim, o Kumpelnest é um dos lugares mais animados em Berlim. Diz um boato que só abre às três da madrugada, mas, quando chegamos lá pouco antes desse suposto horário de abertura, o lugar já estava apinhado. Qualquer um que tema o contato pele a pele e corpo a corpo não deve nem mesmo se dar ao trabalho de ir. O espaço, decorado com papel de parede escuro de desenho dourado e ornamentado, cria uma proximidade forçada entre os fregueses, o que certamente provocaria pânico em massa em qualquer outro lugar. Pode se esquecer de se sentar; as banquetas e projeções feito sofás pelas paredes do bar sempre estão ocupadas. Mexer-se sem sair do lugar é parte necessária da estratégia de sobrevivência no Kumpelnest. A música techno também dita os movimentos dos presentes, mas, ao contrário do Berghain, o Kumpelnest não vive do carisma de sua arquitetura ou da fama de mais quente casa noturna de Berlim – vive do carisma e da extroversão de seus frequentadores. Todos que se espremem, se remexem e se sacodem ali tiveram trabalho com a imagem e a exibem. Se estiverem de jaqueta de couro, camiseta regata, paletó vermelho de terno, calções largos ou um top ousado combinando com uma minissaia cintilante, também exibirão sempre algum acessório para marcar sua individualidade: um chapéu maluco, um cachecol absurdo, meias sem precedentes. *Eu sou eu, o resto é diferente* – é a mensagem. Pensando bem, Sven Marquardt, o segurança do Berghain, combinaria perfeitamente com este lugar. Mas, em vez disso, continua a vigiar a entrada de sua boate para que não passe da porta ninguém que possa competir com ele e suas roupas.

    Ouvi várias línguas além do alemão na Berghain e no Kater-Holzig – principalmente inglês, italiano, francês e japonês. Os clientes com que nos espremamos nessa manhã específica no Kumpernest pareciam vir da cada parte do mundo. Afegãos, italianos, turcos, palestinos – mas, a não ser pelos americanos, todos conversavam em alemão, principalmente com sotaque de Berlim. Esta era uma experiência nova para mim. Já fazia pelo menos vinte anos desde que fiquei até a manhã em uma boate da moda em Berlim, na Lehniner Platz. Ali também havia incontáveis "estrangeiros", como eram chamados na época. Mas ficavam entre eles e respondiam num alemão ou inglês estropiado a quem lhes falava. Algo de fundamental mudou no tempo entre minha última noitada e esta. Todos os "estrangeiros" de vinte, trinta e quarenta e poucos anos que encontrei no Kumpelnest falavam alemão com perfeição; não precisavam fazer o menor esforço – tivessem ou não passaporte alemão, eram todos locais, falantes nativos, que por acaso tinham a tez diferente. O alemão era sua primeira língua, eles estavam à vontade em Berlim e neste bar em particular.

Em seu meio, outras "minorias" também se sentiam em casa. Duas mulheres mais velhas se empoleiravam em lugares junto à parede, à espera de um último cliente. Um representante do terceiro sexo, lutando para chamar a atenção das pessoas no espaço apinhado, enfim conseguiu fazer um solo sobre uma pequena plataforma, angariando aplausos calorosos. E havia outra coisa que me agradou no bar. Não seguia a regra de Berlim de ser um "bar geracional", era lar de notívagos de todas as idades. Estava-se entre sua própria espécie aqui – qualquer que fosse sua própria espécie, jovem ou velha, que quisesse se divertir noite afora. E então – deve ter sido lá pelo amanhecer – duas mulheres de aparência sobrenatural, vestidas de branco, entraram em cena: uma criatura com pelo menos um e noventa e cinco de altura e peitos enormes e sua companheira um tanto mais baixa, que ainda era pelo menos meia cabeça mais alta do que eu.

O bando pitoresco de fumantes na entrada ficou petrificado de assombro e deu um passo para o lado; dentro do bar, a multidão se separou enquanto os dois travestis entravam como rainhas. Pegaram um lugar junto ao balcão, pediram uma bebida, viraram de um gole só e saíram. Alguém chamou um táxi. As duas rainhas entraram, a alta deixando por um segundo o rastro de sua perna supercomprida dobrada para fora antes de puxá-la para dentro do táxi e bater a porta. Logo que elas se foram, fundiram-se os espaços que se abriram na multidão, e todos voltaram a se espremer e se mexer no mesmo lugar.

Justo quando minha namorada e eu saíamos do Kumpelnest, o sol inesperadamente rompeu os céus de cimento daquele verão cinzento. Nós dois nos surpreendemos com o ânimo e a completa desinibição com que mais uma vez conseguimos nos perder no pântano da vida noturna de Berlim.

O Bunker, na Albrechtstrasse, onde foram dadas as primeiras festas da cena club de Berlim depois da queda do Muro, fez uma carreira incomum por si mesmo. Como uma relíquia de outra era, a monstruosidade quadrada de 18 metros de altura, com suas paredes de 2 metros de espessura e janelas de seteira, fica entre edifícios caros de apartamentos e o Deutsches Theater, a uma caminhada de cinco minutos da estação Friedrichstrasse do S-Bahn. Trabalhadores escravos construíram o Bunker para os nazistas em 1943. Mesmo enquanto os Aliados começavam a bombardear Berlim, o arquiteto aparentemente ainda encontrou tempo para acrescentar seus toques de estilo. O telhado lembra as ameias de uma fortaleza italiana do século XV. Em maio de 1945, os russos o capturaram, e o bunker se tornou uma prisão de guerra. A partir de 1957, a Alemanha Oriental o usou para armazenar frutas tropicais e frutos secos.

Assim que o Muro caiu, os primeiros DJs já estavam ocupando o prédio, enchendo os espaços com sua música. O lugar, que anteriormente havia servido como abrigo antibombas para dezenas de milhares de civis, agora se tornava um centro de diversões para o underground de Berlim. Os organizadores que mais tarde partiram em busca de casas noturnas bem-sucedidas, como a Ostgut e a Berghain, praticaram suas primeiras festas ali. Um dos últimos a fazê-lo teve a estranha ideia de apresentar o Bunker como o Clube da Cruz Vermelha, embora fosse obrigado a abandonar o nome depois que a Cruz Vermelha lhe enviou uma carta de alerta; ele encontrou um jeito de contorná-la com o nome Ex-Kreuz-Club – o "Clube Ex-Cruz". Em seguida a várias sanções, o Bunker tornou-se foco das chamadas *fuck parades*, que protestavam contra a "repressão à subcultura de Berlim" e encerravam seus encontros diante das portas de ferro trancadas do Bunker. Esta cena, porém, mais motivada pela sede de aventura do que pelo verdadeiro protesto, logo se transferiu para antigas fábricas, torres de resfriamento, túneis abandonados e outras ruínas, que não faltam em Berlim.

Em 2003, a história do Bunker deu uma típica guinada berlinense: um rico executivo de publicidade da cidade ocidental de Wuppertal, chamado Christian Boros, comprou o prédio e o converteu num museu para sua coleção de arte contemporânea. Durante a reforma, fez questão de incluir um apartamento de cobertura para ele e sua pequena família no terraço de 900 metros quadrados.

Entrar no bunker de arte de Boros era uma experiência estranha. Quando criança, eu só conhecia os bunkers como lugares para onde se corria quando as sirenes de alarme tocavam, anunciando um ataque de aviões em voo baixo.

Boros restaurou o prédio de cinco andares com certa reverência – se podemos dizer que existe uma emoção dessas para com os bunkers. Em vez de mandar rebocar as paredes, ele as pintou de branco, para que a camada original das vigas de concreto ainda pudesse ser vista. Abas de ventilação, portas de ferro e até filtros de verificação para a detecção precoce de possíveis ataques com gás venenoso foram preservados. Mesmo os vestígios desbotados de tinta preta da era das boates foram reverentemente conservados nas "salas escuras". A modificação decisiva, que libertou amplamente o Bunker de sua atmosfera opressiva, são as grandes aberturas escalonadas no teto das salas. Ao subir de um andar para outro, sempre se podem ver os espaços em exposição dos andares inferiores. Estas aberturas criam espaço para respirar e certa sensação de liberdade tanto para as obras de arte quanto para os visitantes do espaço antes confinado.

Foram os sons no Bunker de arte que mais me surpreenderam. Se Boros intencionalmente quis produzir tal efeito, foi uma decisão inteligente. Porque qualquer um sentado em um bunker no meio de uma guerra não consegue enxergar quase nada – e não quer enxergar nada; só presta atenção aos sons, ou, nas circunstâncias, na ausência deles: o silêncio angustiado entre centenas de mulheres e crianças, gritos altos quando bombas caem por perto, a espera por um sinal de que o perigo passou.

É claro que os sons que ouvi cerca de setenta anos depois no bunker de arte de Boros eram de natureza inteiramente diferente. Logo depois de entrar, inquietou-me uma instalação sonora de Alicja Kwade. Um jovem estudante de arte explicou de onde vinha o som: a artista havia instalado microfones em várias lâmpadas fluorescentes no teto, que transferiam o ruído de frequência das luzes a alto-falantes e a chapas de aço onduladas. Em outro andar, podia-se ouvir o tiquetaquear do tempo. O som vinha de um relógio grande, cuja face Kweade escondera por trás de um espelho curvo.

A instalação *Quarto da Adolescente*, de Klara Lidéan, também se anunciava primeiro pelo som. Se passasse por uma porta em vez de por um buraco retangular na parede, descia um machado assim que você soltava a maçaneta. No canto da sala, havia um beliche de ferro pintado de preto, em que se expunham e imortalizavam objetos de pesadelo de uma vida infeliz de estudante – também pretos e feitos de ferro: uma pilha de livros, mochila, computador. E, já no térreo, podia-se ouvir um crepitar constante dos andares superiores. Vinha de uma máquina de pipoca no quarto andar, que usa um secador para estourar cada grão e que aparentemente assim continuará até que toda a sala se encha de pipoca. A pipoca é de cultivo orgânico, garante-me o estudante de arte, o que me inspirou a servir-me de um punhado, embora eu nunca tivesse realmente comido pipoca. Mas quando fui me servir pela segunda vez, distraí-me com um irritante barulho de limagem perto da explosão de grãos de milho, provocado por um pneu de carro girando interminavelmente em atrito contra a parede do Bunker. Segundo o estudante de arte, continuaria assim até que tivesse se triturado de vez.

Talvez por motivos relacionados com a história pessoal, as peças que mencionei aqui sejam as que principalmente envolveram meus ouvidos. Mas também havia numerosas obras de arte que desafiavam a visão: a espetacular *Árvore 2011*, por exemplo, reunida e montada a partir de numerosas árvores e restos de árvores pelo artista chinês Ai Weiwei. Ao que parecia, várias balaustradas do Bunker tiveram que ser desmontadas a fim de que a árvore de 6 metros de altura pudesse ser içada a sua posição no quarto andar. A árvore sem folhas de Ai Weiwei, composta de madeira morta de pântano e atarraxada, de fato me parecia ter a forma primordial de uma árvore, mesmo com sua inegável linhagem chinesa.

Em Berlim, ao que parece, no fim tudo se torna ou arte e/ou memorial, quer se esteja lidando com o Holocausto, os bombardeios da Segunda Guerra Mundial ou a divisão da Alemanha. E talvez isso seja bom. Boros fez um trabalho inteligente e impressionante ao montar suas salas de exposição incomuns. Apesar disso, mesmo que eu pudesse pagar, nunca teria um apartamento com uma vista espetacular construído para mim no teto de um bunker. Seria lembrado com demasiada frequência das visões e sons das centenas de milhares de pessoas que antigamente procuravam abrigo nos andares abaixo da cobertura. Mas estas são as angústias de um homem de setenta anos. Christian Boros e sua família pertencem a outra geração. E, como tal, desfrutam do que o ex-chanceler da Alemanha Helmut Kohl certa vez chamou de "a bênção do caçula".

A PROPÓSITO, O QUE ACONTECEU COM O MURO?

Enquanto estava de pé, o Muro de Berlim era a estrutura mais famosa e mais mal-afamada da cidade. Entretanto, apenas um ano depois de 9 de novembro de 1989, grande parte dele já havia desaparecido – pulverizado ou vendido pelo mundo. Na melhor das hipóteses, os turistas perto do Checkpoint Charlie hoje podem encontrar alguns vendedores de rua negociando moedas, medalhas, máscaras de gás e casacos do uniforme do sistema desaparecido.

Um Memorial Nacional do Muro de Berlim foi inaugurado na Bernauer Strasse vinte anos depois da queda do Muro. O local foi objeto de controvérsia durante bastante tempo. Ali aconteceram mais de trezentas tentativas de fuga (a maioria fracassada); foi ali – devido ao terreno especialmente sólido – que se construíram vários túneis de fuga. Os legisladores da cidade queriam preservar uma parte relativamente longa de fronteira para manter viva a memória de pelo menos este ponto remoto da cidade reunificada. Mas os moradores do lado ocidental da Bernauer Strasse tinham um forte argumento contrário: tiveram a vista do Muro por 29 anos; não queriam passar o resto da vida olhando para ele.

Surgiram objeções válidas também do lado oriental. Na era da Alemanha Oriental, a administração da Sophienkirche (igreja de Santa Sofia) teve que aceitar guardas de fronteira controlando os visitantes a seu cemitério e patrulhando entre os túmulos. Quando o Muro foi construído, mais de mil mortos foram transferidos para novos túmulos; além disso, parte da área de fronteira provavelmente foi estabelecida sobre uma cova coletiva preexistente para soldados mortos em ação na Segunda Guerra Mundial. Nos dez primeiros anos depois da construção do Muro, os moradores do Leste só tinham permissão para visitar os túmulos dos parentes com um "certificado de sepultura", enquanto os berlinenses do Oeste eram inteiramente proibidos de visitar seus mortos. Quando o Muro finalmente veio abaixo, a princípio nem os berlinenses do Leste nem do Oeste queriam mais ser lembrados dele.

O Memorial do Muro na Bernauer Strasse é uma solução conciliatória. Uma parte do Muro original foi preservada; várias lacunas são marcadas por postes de ferro verticais da mesma altura, entre as quais os visitantes podem passar para chegar à "faixa da morte" do outro lado. A chamada faixa da morte, porém, mudou a tal ponto que não transmite mais a brutalidade do arranjo original. Um memorial com fotografias embutidas das vítimas do Muro mostra as várias dezenas de pessoas que perderam a vida nesta parte da fronteira interna alemã. Em nome do politicamente correto, os oito guardas de fronteira e membros do Exército do Povo que morreram "a serviço do Muro" – e que por isto foram homenageados como heróis na propaganda política da Alemanha Oriental – também são relembrados. Na verdade, eles perderam a vida tentando impedir fugitivos; na maioria dos casos, foram baleados pelos próprios colegas em fuga. Com uma eficácia arqueológica que beira o absurdo, também foram desenterrados os restos – ou melhor, as fundações – das instalações de segurança de fronteira. Uma escavação revela: os vestígios insignificantes das fundações do sistema de iluminação, mas não o sistema de iluminação em si, que garantia uma luz forte como a do dia mesmo à noite; os suportes da cerca de fronteira no chão, mas não a cerca em si, que disparava um alarme quando tocada; as fundações do posto de guarda, mas não o próprio posto, de onde os guardas de fronteira mantinham vigilância. Para aqueles que conheciam a área da fronteira, estes restos em exibição são estranhamente inofensivos. Por que as estações que eles invocam não foram restauradas ou recriadas para dar uma impressão mais realista da insanidade de um Estado que se murou voluntariamente? A evocação mais impressionante da área de fronteira é uma parede oblíqua vermelho-ferrugem instalada especificamente para o memorial. Significativamente mais alta do que o Muro em si, simboliza bem melhor seu caráter insuperável do que os vestígios da área de fronteira.

Talvez o memorial mais vibrante seja o chamado Mauerpark – literalmente, Parque do Muro – que separa de Prenzlauer Berg, na Alemanha Oriental, o distrito alemão ocidental de Wedding. Só o que resta ali é uma seção de aproximadamente 200 metros do *Hinterlandmauer* – o muro que os fugitivos da Alemanha Oriental tinham que escalar a fim de chegar ao cordão sanitário do verdadeiro Muro. Desde então, este trecho de muro foi inteiramente coberto por grafite em cores berrantes.

No mínimo, é um sinal de vida que os arredores da antiga faixa da morte tenham se transformado em uma enorme área verde de recreação para um público principalmente jovem. Hoje em dia, brechó, anfiteatro, muro de escalada, teatro de marionetes, grupos musicais e um parquinho atraem milhares de visitantes todo fim de semana. O remanescente pop do muro tornou-se um fantasma recreativo, por assim dizer, observando de forma protetora os acontecimentos pitorescos. Antigamente, no fim de toda noite de domingo, os gramados enlameados ficavam tomados de garrafas de cerveja. Nesse meio-tempo, uma espécie de cultura sanitarista criou raízes ali. Desde que Joe Hatchiban começou a dar festas de karaokê no anfiteatro e a distribuir sacos de lixo ao público depois delas, o Mauerpark transformou-se no

Tiergarten – a versão berlinense do Central Park – para um público jovem. Mas, como sempre acontece quando uma grande área urbana é aberta em Berlim, seu uso futuro está em disputa. Há campanhas públicas para reservar a área para atividades recreativas e como um "pulmão" para a cidade. Somente depois de um acordo para a ampliação do parque foi que os urbanistas, diante de uma crescente escassez habitacional, obtivessem permissão para construir um prédio residencial com seiscentos apartamentos na extremidade norte do Mauerpark.

Com mais de 1.400 metros, a chamada Galeria do Lado Leste é, de longe, a maior seção restante do Muro. Na realidade, porém, também faz parte do antigo *Hinterlandmauer*; em outras palavras, só foi possível pintar ali depois que o verdadeiro Muro caiu. Após a reunificação, o Conselho de Ministros da Alemanha Oriental encomendou a uma série de artistas conhecidos internacionalmente, pintura e grafite de várias imagens impressionantes ao longo do muro. Mas, como o *Hinterlandmauer* foi feito de material mais barato, ao contrário do verdadeiro Muro de concreto reforçado, não aguentou a ação do tempo. A Galeria do Lado Leste esfarelou e ruiu. E, assim, teve início um dos atos de preservação de patrimônio que parece só poder ser planejado e implementado em Berlim. O reforço de aço do *Hinterlandmauer* em desintegração foi exposto para tratamento contra corrosão. Os espaços resultantes foram preenchidos com concreto especial, rebocado e preparado para pintura. Os artistas dos pedaços danificados foram convidados a Berlim e solicitados a pintar novamente suas antigas imagens no muro reformado. Nem todos ainda estavam vivos, outros não foram localizados e outros ainda não quiseram ir. Ao mesmo tempo, 87 dos 115 artistas sobreviventes apareceram para recriar suas partes, recebendo um "pagamento" de três mil euros como reembolso por seu tempo e suas despesas.

Pode-se argumentar que pinturas em galerias ao ar livre, mais cedo ou mais tarde, inevitavelmente, sofrem ação climática e se desintegram. Afinal, ao contrário das pinturas murais em Pompeia ou da Última Ceia de Leonardo da Vinci no convento dominicano de Santa Maria delle Grazie em Milão, os criadores dessas obras de arte as expunham conscientemente à influência do vento e das intempéries – para não falar da possibilidade de serem inevitavelmente pintadas e rabiscadas por colegas praticantes da arte da pichação. Na realidade, vários artistas da Galeria do Lado Leste simplesmente não se animaram com a ideia de reproduzir seu trabalho – em especial pela remuneração oferecida. Também surgiram discordâncias a respeito dos direitos autorais das imagens. A mídia impressa e os editores ganharam dinheiro com livros de arte sobre a Galeria do Lado Leste, sem primeiro ter esclarecido as questões de *copyright*. Mas esses direitos ainda existiam? A quem pertencia o Muro – com ou sem essas pinturas?

Nesse meio-tempo, outros artistas aproveitaram a oportunidade de preencher o espaço. O fotoartista Kai Wiedenhöfer queria colar 35 panoramas em um trecho de 380 metros da Galeria do Lado Leste. Originalmente, pretendia cobrir a seção do Muro colocada a sua disposição com grandes fotografias da fronteira palestino-israelense. Entretanto, devido às diferenças no projeto entre os vários grupos envolvidos, seus planos foram abortados. Aparentemente chegou-se a um acordo sobre o projeto subsequente – instalar fotografias de oito áreas diferentes de fronteira em todo o mundo, inclusive a fortaleza na fronteira entre as Coreias do Norte e do Sul, a fronteira entre a Turquia e as partes gregas de Chipre e o "muro" entre os Estados Unidos e o México – mas também esse prjeto ainda está em debate.

No outono de 2012, encontrei um memorial do Muro digno do nome. Assume a forma – em se tratando de Berlim, que outra seria? – de uma simulação: um panorama pintado pelo artista berlinense Yadegar Asisi. Exibido no interior de uma torre redonda construída especialmente para a seção perto do Checkpoint Charlie, representa tão bem o drama do antigo sistema de fronteira que todos os outros memoriais criados depois da queda do Muro são comparativamente pálidos. O princípio de Berlim – a ilusão, o *trompe l'oeil* – mostrou-se mais poderoso e realista do que todos os lugares "reais" transformados em museus.

Nos anos 1980, Asisi morava perto do Muro e condensou suas emoções e lembranças da época em um instantâneo fictício. Com irreverência, comprimiu em um único cenário dos anos 1980 prédios e cenas que na realidade são distantes no tempo e no espaço. Quando você entra na torre para ver o panorama, a primeira coisa que lhe salta aos olhos é a absurda progressão em curva do Muro. Foi a última versão, a quarta, que o pintor consolidou em um monstro sinuoso que domina a cidade sob os céus escuros de novembro. Naturalmente, Asisi não conseguiu incluir a placa banal de alerta VOCÊ ESTÁ SAINDO DO SETOR AMERICANO, nem a pichação no Muro oeste principal, ou a porta cuidadosamente escondida, que os guardas de fronteira às vezes abriam para recapturar pichadores refugiados da Alemanha Oriental que erroneamente se acreditavam a salvo: só os especialistas sabiam que o lado oeste do Muro, incluindo a faixa de 2 metros de largura ao lado, na realidade estava localizada em território da Alemanha Oriental. Às vezes, a polícia de fronteira usava essas portas para cobrir as pichações antes da visita oficial de autoridades estrangeiras. Entravam no Oeste com trinchas e baldes de tinta branca e, sem ser perturbados pela polícia militar aliada, cobriam as pichações ao longo de um trecho de 20 a 30 metros do Muro – precisamente onde, segundo informações do Serviço de Segurança de Estado, o luminar do Ocidente, cuja visita era esperada, apareceria no pódio para fazer seu discurso obrigatório diante do Muro.

Não é preciso dizer que os artistas do grafite não perderam tempo repintando os trechos encobertos do Muro. Àqueles que mais tarde compraram pedaços grandes e espetaculares do Muro provavelmente nunca ocorreu submeter seus espécimes caros e extremamente pesados a um exame mais atento. Com sorte, podiam ter descoberto obras de arte iniciais e possivelmente brilhantes por baixo das pinturas visíveis.

Voltemos, porém, à pintura de panorama de Asisi. Atrás do Muro voltado para Berlim Ocidental, iluminado pela luz gélida dos postes de rua, o artista mostra a faixa da morte e uma das torres de vigia com seus guardas de fronteira preparados. Podemos distinguir os obstáculos antitanque atrás, a faixa de asfalto para os jipes da guarda de fronteira, as áreas patrulhadas por cães e o *Hinterlandmauer*. O que Asisi não pôde mostrar por seus meios são as armadilhas por baixo da areia: pulando do *Hinterlandmauer*, fugitivos incautos caíam sobre leitos de pregos ocultos, que penetravam seus pés e tornozelos; a cada segundo ou terceiro passo, se emaranhavam em fios com carga elétrica, alertando os guardas na torre de vigia. Mas Asisi conseguiu melhor do que ninguém transmitir a ameaça e a desumanidade do sistema de fronteira. Ao mesmo tempo, também passa algo bem diferente: a impressionante habilidade daqueles que moravam perto da fronteira de aceitar a situação e adaptar-se a ela.

Atrás daquela área, Asisi fez surgir o retrato perfeito de um prédio decadente do século XIX, com o andar térreo murado. Há luz nas janelas apenas nos andares superiores, indicando a presença de ocupantes. Em uma das janelas iluminadas, pode-se distinguir a silhueta de uma mulher, embora não fique claro se ela está olhando "para o outro lado". Os iniciados sabem que só as pessoas leais ao partido tinham permissão para morar diretamente próximo ao Muro e que somente com uma permissão especial tinham acesso a seus apartamentos perto da fronteira. Em alguns casos, eram casais sem filhos dedicados ao regime da Alemanha Oriental, que recebiam crianças de fugitivos entregues para adoção. Com uma precisão magnífica, o pintor apreendeu a desintegração desta fachada de edifício de Berlim Oriental, exposta até os tijolos, mostrando intactos apenas seus ornamentos da virada do século. À esquerda, ele exibe os novos prédios da Alemanha Oriental próximos à fronteira e, ainda mais à esquerda, vários *Platenbauten* dos anos 1980, a que os detratores se referem como a tardia fase gótica da era Honecker. No meio do panorama, a imensa e de certo modo surreal Torre de Televisão se ergue sob o escuro de novembro.

Mas o pintor também retratou o falso idílio no lado de Berlim Ocidental. Há um prédio dilapidado perto da área de fronteira que foi ocupado por sem-teto. Quem está familiarizado com a história sabe que estes sem-teto tinham apenas dois inimigos: a polícia e o Senado de Berlim Ocidental, que regularmente emitia ordens de despejo. Não consigo me lembrar de um só slogan dos sem-teto que tivesse alguma relação com o destino dos alemães aprisionados do outro lado do Muro. Na frente do prédio invadido, pode-se distinguir um sem-teto aquecendo as mãos perto do fogo junto a um trailer. À sombra do Muro, eles cultivavam hortas, bem como um pequeno zoológico de animais inidentificáveis. Os carros vacilantes, o posto de gasolina abandonado da Shell, o bar de esquina de Berlim e o mercadinho turco vizinho – tudo exala a confortável desolação dos anos 1980. À esquerda, no lado de Berlim Ocidental, é visível uma rua estreita, seus edifícios sombreados pelo Muro. Colchões velhos em que ninguém mais quer dormir são carregados para dentro e para fora de um prédio. Crianças chutam bola num muro, que por acaso é o Muro.

Com sua pintura de panorama, Asisi alcançou algo que os urbanistas e funcionários do Memorial de Berlim jamais conseguiram: apreendeu o instantâneo de um bairro em uma cidade dividida, em cujos cantos moradores de ambos os lados se sentiam em casa. Não há nada que sugira os eventos iminentes que logo transformariam o curso da história mundial.

E o que foi feito *do* Muro – do verdadeiro Muro? Aqueles que o erigiram não pouparam em sua construção, usando o melhor concreto reforçado para o que era de longe o exemplo mais caro da arquitetura da Alemanha Oriental. Ao que parece, fornecedores de concreto reforçado e arame farpado da Alemanha Ocidental e da Suécia também ganharam um bom dinheiro. Não é preciso dizer que o verdadeiro Muro não foi derrubado pelos milhares de "pica-paus". Armado com bom equipamento, um amigo meu de Berlim, tecnicamente um perito, trabalhou no Muro por dois dias; depois de muitas horas castigando as articulações, ele ainda não tinha conseguido quebrar muito mais do que apenas alguns pedaços. Vinte anos depois, teve que decidir se jogava fora ou ficava com aqueles nacos, que esteve guardando no porão. Decidiu incorporar os pedaços pesados em uma escultura, para a qual precisou da ajuda de um especialista em lápides, devido ao peso. A escultura agora fica em seu jardim.

Foi preciso usar máquinas de demolição profissional para derrubar definitivamente o verdadeiro Muro. Nesse sentido, é um engano falar em "queda do Muro". Ele não caiu em 9 de novembro nem nos dias que se seguiram; em vez disso, foram feitas inicialmente várias aberturas; depois empresas especializadas aos poucos o carregaram, pedaço por pedaço. Hoje, partes do Muro podem ser encontradas pelo mundo todo; 360 de seus 45 mil pedaços foram selecionados como obras de arte e delas se livraram por até 40 mil marcos alemães. Entre estes estavam 81 pedaços que foram a leilão em Monte Carlo, em 1990. Entre os compradores, estava a herdeira do império do conhaque, Ljiljana Hennessy, que garantiu um pedaço para o parque de sua propriedade rural. Outros proprietários incluem não só a CIA e muitos museus, mas também o ex-presidente da Federação das Indústrias Alemãs (BDI), Hans-Olaf Henkel, e o rei Taufa'ahau Tupou IV, de Tonga. Um pedaço está no campus da Faculdade Comunitária de Honolulu, no Havaí. Outros pedaços podem ser encontrados em pelo menos 125 lugares de todo o mundo, todos devidamente relacionados no *Die Berliner Mauer in der Welt* (O Muro de Berlim no Mundo), organizado por Anna Kaminsky e publicado pela Berlin Story Verlag. Entretanto, a maior parte do Muro foi reprocessada – o aço derretido, o concreto triturado em areia – e usada para construir novas rodovias na antiga Alemanha Oriental. Os motoristas que passam correndo por algumas pistas lisas como vidro das novas estradas federais de hoje não sabem que jazem sob o asfalto as cinzas da monstruosidade de outrora. Qualquer um que vá de carro ao aeroporto Schönefeld de Berlim ou ao mar Báltico está viajando sobre os restos do Muro. Portanto, no fim, em sua mudança de vertical para horizontal, o Muro serviu para alguma coisa boa.

EPÍLOGO

No início de março de 2013, uma manifestação na Galeria do Lado Leste resultou em uma guinada inesperada dos acontecimentos. Slogans improváveis podiam ser ouvidos perto da seção da Mühlenstrasse no distrito de Friedrichshain: "O Muro deve ficar", gritavam grupos de manifestantes, enquanto outros entoavam, em inglês, "Sr. Wowereit, não derrube este muro!" – aproveitando-se de uma frase famosa de Ronald Reagan em 1987, "Sr.

Gorbatchov, derrube este muro!" O motivo para a manifestação foi a tentativa de um investidor de cortar um pedaço de quase 20 metros de extensão da Galeria do Lado Leste a fim de abrir a entrada de uma nova torre de apartamentos. Os planos exigiam que as partes retiradas do *Hinterlandmauer* fossem remontadas em outro local. O investidor tinha um contrato legítimo nas mãos, assinado pelo prefeito do distrito, membro do Partido Verde. Mas os manifestantes, muitos ainda não nascidos quando o Muro estava de pé, grudaram-se à Galeria do Lado Leste e não quiseram ceder nem um único pedaço dela. Apontavam para os milhões de euros em dinheiro dos contribuintes que a cidade acabara de investir na reforma da Galeria do Lado Leste – e agora o patrimônio público deveria abrir caminho para um investidor? O protesto rapidamente cresceu para um comício de massa com cerca de seis mil manifestantes, atraindo a atenção da mídia. Jovens manifestantes recebiam a adesão de berlinenses mais velhos que, agora – vinte anos depois do fato –, queriam a todo custo manter o que restava do muro amaldiçoado. Alguém de vinte anos anunciou por um microfone que mesmo o menor buraco na Galeria do Lado Leste destruiria a sensação de compressão e aprisionamento que reinava ali durante os anos do Muro – uma sensação que interessava a ele conservar. Um representante da sociedade de preservação do patrimônio público chegou ao ponto de dizer que Berlim era "a Roma moderna da arqueologia" e tinha a obrigação de proteger seus monumentos do passado.

O prefeito de Berlim, Klaus Wowereit, fez da questão uma prioridade máxima. Não via motivos, afirmou ele, para que a Galeria do Lado Leste não fosse preservada – conversaria com o investidor e o prefeito do distrito. Mas, no fim, ao romper da aurora, os veículos de construção avançaram novamente, mordendo um pedaço do muro. Os manifestantes não acordaram a tempo para o golpe surpresa do investidor; o prefeito de Berlim fingiu espanto. Esse cabo de guerra certamente continuará por algum tempo.

Não obstante, com ou sem um buraco, parece que a Galeria do Lado Leste será preservada – uma surpreendente reversão na história da tentativa de Berlim de se definir. Pois não há praticamente nada de autêntico neste muro que agora é protegido: o próprio miserável *Hinterlandmauer* não passava de uma sombra do verdadeiro Muro, e todas as pinturas nele datam de depois da queda. Mas decididamente não é melhor manter em Berlim pelo menos um muro falso – um simulacro – do que nada?

O SETOR AMERICANO ABANDONA VOCÊ

O mundo todo se admirou da rapidez com que a cidade reconsolidou suas duas metades e preencheu os terrenos vazios com novas construções, para não falar de bairros inteiros, após a queda do Muro. Mas com a mesma rapidez com que a cidade foi remodelada, também se isolou das estruturas e sistemas que deram forma a sua história recente, inclusive o legado estrutural da potência de ocupação americana, à qual a metade oeste da cidade devia sua sobrevivência democrática depois da guerra. Foi uma rejeição que ocorreu quase silenciosamente. Entretanto, será que a presença dos Aliados ocidentais só salvou a democracia em Berlim Ocidental? Vamos supor que os Aliados tivessem aceitado a captura de Berlim pelos soviéticos, que os americanos não tivessem trocado os departamentos que já controlavam, a Saxônia e a Turíngia, por um dos setores ocidentais de Berlim. Neste caso, provavelmente "a questão alemã" teria sido resolvida de pronto; a Alemanha Oriental poderia ter declarado a cidade não dividida de Berlim como sua capital. Foi apenas a insistência dos Aliados ocidentais em manter uma presença político-militar em Berlim que fez com que o destino pós-guerra da Alemanha e de Berlim permanecesse uma questão em aberto.

Nenhum outro lugar na cidade é um lembrete mais convincente da resistência bem-sucedida dos três setores ocidentais ao bloqueio soviético do que o aeroporto de Tempelhof. A partir de

26 de junho de 1948, por um ano inteiro, a cada 90 segundos, aeronaves da Força Aérea americana e da Royal Air Force abasteciam a meia cidade com combustível, alimentos, material de construção e todos os outros bens essenciais. Os *Rosinenbomber* – literalmente, "bombardeiros das passas", mais comumente conhecidos como "bombardeiros dos doces" – receberam o nome de um presente oferecido às crianças de Berlim pelos pilotos americanos. Em abril de 1945, aos cinco anos de idade, testemunhei a chegada do exército americano em Grainau, na Alta Baviera. Já na época, as forças de ocupação nos mimavam com goma de mascar, balas e chocolate. A tradição foi revivida – ao que parece, sem quaisquer ordens de cima – na iniciativa de um piloto da Força Aérea dos Estados Unidos, chamado Gail Halvorsen. No início, quando seu avião ainda era o único que entregava guloseimas, ele se anunciava às crianças em terra agitando as asas, o que lhe granjeou o apelido de Onkel Wackelflügel, ou tio Balança Asas, entre seus jovens fãs. Outros pilotos logo seguiram o exemplo. Antes de pousar em Tempelhof, jogavam às crianças – que àquela altura esperavam ansiosas num monte de entulho em Neukölln – lenços com todo tipo de guloseimas suspensos por diminutos paraquedas caseiros.

Foi com a Ponte Aérea Berlim que, pela primeira vez, o Ocidente fez frente às exigências de seu antigo aliado, a União Soviética. Graças a sua organização perfeita, às habilidades de voo de pilotos britânicos e americanos (que despejavam suprimentos em Berlim-Tempelhof a intervalos de segundos e praticamente sem nenhum acidente) e ao contrabloqueio bem-sucedido dos Aliados ocidentais, Stalin encerrou o bloqueio soviético em maio de 1949. Incontáveis filmes, de *Cupido não tem bandeira*, de Billy Wilder, a *Asas do desejo*, de Win Wenders, que mostra os túneis subterrâneos do aeroporto, contribuíram para o status mítico do Tempelhof, antigamente o maior aeroporto comercial do mundo.

O aeroporto ainda era usado já no novo milênio, até que o Senado de Berlim decidiu fechá-lo, em 31 de julho de 2007, em favor do novo e planejado Aeroporto Internacional Berlim-Brandemburgo (BER). Uma campanha pública fez aprovar um referendo contra o fechamento do Tempelhof. Embora 530 mil berlinenses falassem em favor de sua manutenção, não conseguiram resistir à maioria dos moradores que se opunham. Surpreendentemente, a maioria dos votos para manter aberto o aeroporto veio dos moradores do distrito de Tempelhof-Schöneberg, os mais afetados pela poluição sonora das aeronaves, junto com uma leve maioria de berlinenses ocidentais. Foram derrotados por uma clara maioria dos distritos da antiga Berlim Oriental.

Esta foi uma das maiores decisões que deram à cidade reunificada gosto do poder de sua metade oriental. O que provavelmente pesou na balança contra o Tempelhof, para os berlinenses do Leste, foi o fato de que eles não associavam nenhuma lembrança positiva – afinal, o bloqueio soviético isolou os berlinenses ocidentais, e não eles, de todos os suprimentos. E não foi sua liberdade, mas a dos berlinenses ocidentais, que os bombardeiros dos doces defenderam. A maioria dos berlinenses orientais provavelmente ainda via o aeroporto de Tempelhof como lhes fora apresentado pela propaganda comunista: um antigo aeroporto nazista transformado em base para "o imperialismo norte-americano" depois da guerra. Para *eles*, o aeroporto "doméstico" era o Schönefeld; em 1945, tropas soviéticas ocuparam os terrenos e as instalações da empresa aérea Henschel, ali sediada, começando, dois anos depois, a transformá-los no aeroporto da "capital" da Alemanha Oriental. Hoje, o Schönefeld está sendo parcialmente integrado ao novo Aeroporto Internacional BER localizado em seu lado sul.

No verão de 2012, visitei o campo de Tempelhof, que se estendia dos dois lados das duas pistas. Já de longe, os novos usuários do velho aeroporto chamam atenção. Em vez de aeronaves, o céu de Tempelhof se enche de pipas e praticantes de kite skate. O asfalto largo e ainda intacto fervilha de patinadores, ciclistas e mães e pais empurrando carrinhos de bebê; de vez em quando, aventureiros em modestos veículos caseiros de rodas grossas ziguezagueiam pela grama, impelidos por velas tremulantes. De longe, alguns antigos aeroplanos ainda estão estacionados na frente do velho terminal, e não podemos deixar de perguntar como serão retirados dali – presumivelmente, não será por ar.

Separados do tráfego do público no campo de pouso, os chamados prados de feno foram reservados para espécies "em alto risco de extinção", "protegidas por toda a Europa", o que inclui aveia selvagem, campânulas, erva-peganhosa e festuca-encarnada, bem como borboletas, aranhas, besouros, pequenos mamíferos e aves. Em particular a cotovia, segundo uma placa informativa, exige um habitat tranquilo a fim de procriar. Para proteger e louvar a cotovia, foi armada uma série de estelas de madeira encimadas por representações em relevo de aves levantando voo ou pousando – um projeto pioneiro de setenta meninas em idade escolar, concluído com ajuda de cinco escultoras. "Instrumentos de voo, áreas de voo de gralhas e placas de voo" também estão em exibição ali – tudo feito em madeira e exposto em colunas de 5 metros de altura do mesmo material. Existem áreas especiais reservadas a tudo que é caro ao coração de ambientalistas e jardineiros comunitários: áreas para cães, campos de minigolfe, quadras esportivas. Entretanto, procurei em vão por uma placa que explicasse como lidar corretamente com os dejetos caninos.

Os jardineiros amadores sentiram-se em casa em algumas áreas cercadas, exibindo e regando amorosamente suas plantas cultivadas em cestos de compras e recipientes de plástico do tipo usado em supermercados para transportar comida e material de construção. Ao que parece, a municipalidade proibiu os jardineiros de plantar qualquer coisa diretamente no campo de Tempelhof, resultando no surgimento de um bando de jardineiros ambulantes, que podem colher e transferir a qualquer hora abobrinhas, tomateiros e apiários. As expressões "arte" e "setores criativos" – aplicados com tanta generosidade por Berlim – têm forte evidência aqui. Existem "projetos de arte e exposição" a cada passo – o "pioneiro projeto de campo urbano sem fins lucrativos", por exemplo, que cria uma "ligação entre a cidade e a natureza", como se gaba um cartaz. Por outro lado, o projeto de arte intitulado *Parallelen* (Paralelas), do artista de vanguarda Harun Farocki, por outro lado, está abandonado no campo de Tempelhof – a não ser pela presença de um único segurança. Antigo artista do cinema da geração de 68, Farocki cometeu um erro pelo qual os moradores se recusam a perdoá-lo: espera que as pessoas paguem para ver sua instalação! Quem quer se associar a ambientalistas precisa atender a um requisito básico: ingresso gratuito!

Há cartazes por todo o lado mencionando jardineiros que nada ganham, "praças" e "agricultura urbana". Entretanto, nem uma só placa pela pista, que dirá um memorial original, rememora os bombardeiros dos doces que pousaram ali a cada poucos minutos entre 1948 e 1949.

Em uma viagem a Bucareste, fiquei surpreso ao ver principalmente campos de batata, pastos para gado e pomares a caminho da cidade ao sair do aeroporto. Quando falei nisso com um amigo em Bucareste, arquiteto cosmopolita, ele achou graça. "Você não soube? A 'agricultura urbana' é a última mania na arquitetura moderna da cidade. Graças a nosso retrocesso na Romênia, de repente estamos na vanguarda da vanguarda!"

Ao que parece, Berlim está em vias de superar Bucareste.

A embaixada dos Estados Unidos cometeu um erro quando decidiu desativar outro ícone pouco sedutor da presença americana em Berlim: a Amerika Haus, na Hardenbergstrasse, a vitrine mais importante de Berlim Ocidental para a cultura americana nos anos da Guerra Fria. Mais do que qualquer outro diplomata americano associado com a história dos Estados Unidos na cidade, o ex-embaixador John Kornblum atribui a decisão a questões de segurança. Ao que parece, não é possível proteger suficientemente o prédio, localizado numa diagonal da estação Zoo, esta rebaixada de uma verdadeira estação ferroviária a uma mera parada do S-Bahn.

Com todo o respeito, eu protestaria que a obsessão com segurança que se apoderou dos Estados Unidos depois do 11 de Setembro, neste caso, é injustificada. Não consigo imaginar que seria necessário fechar a Hardenbergstrasse e a estação Zoo para um aparecimento de Richard Ford, Jonathan Franzen, Siri Hustvedt ou Paul Auster. Outro argumento que ouvi com frequência faz ainda menos sentido para mim: os Estados Unidos não precisam de uma associação cultural como o Goethe-Institut; Hollywood e a Apple já divulgam a cultura americana pelo mundo – sem qualquer financiamento governamental. Felizmente, porém, há mais na cultura americana do que produtos altamente vendáveis. Quando estudante, eu lia o *New York Times* na Amerika Haus em Berlim; foi ali que vimos nossas primeiras telas de Jackson Pollock, ouvimos jazz e experimentamos a vanguarda da dança moderna. E são precisamente obras provocadoras e impopulares como estas que convidam as pessoas a olhar para além das noções preconcebidas e dos clichês sobre os Estados Unidos. É verdade que a Amerika Haus, com seu teto em laje e salão de entrada com janelas de vidro e paredes de mosaico, nunca foi uma beleza. Porém – junto com os ovos que foram atirados e se esparramaram por suas vidraças em 1966, durante uma manifestação contra a Guerra do Vietnã – este pequeno prédio faz parte da história americana em Berlim.

Também não consigo fazer as pazes com o fechamento, ou transferência, da Biblioteca Memorial Americana, um presente dos americanos aos berlinenses. Quando a pedra fundamental foi deitada em 1952, o prefeito na época, Ernst Reuter, descreveu a biblioteca como um duradouro símbolo comemorativo da resistência do povo de Berlim ao bloqueio soviético. Em uma parede decorativa no saguão, ainda podemos ler uma frase maravilhosa – generosamente rededicada – do terceiro presidente dos Estados Unidos, Thomas Jefferson: "Esta instituição irá se basear na liberdade infinita da mente humana. Pois aqui não temeremos seguir a verdade, aonde quer que nos leve, nem toleraremos nenhum erro, visto que a razão é livre para combatê-lo."

Quando estudantes, foi ali que lemos as versões originais em inglês de livros da geração Beat, bem como do movimento Black Panther e de revolucionários latino-americanos. A biblioteca sempre foi um pouco menos organizada, mas também menos burocrática, do que da Universidade Livre: era mais fácil ter acesso aos livros, mas em geral era impossível localizar os volumes relacionados no catálogo. A culpa não devia ser apenas da negligência; também se devia à proximidade com a fronteira. Antes da construção do Muro, a biblioteca também foi usada por berlinenses do Leste ávidos por informações. De acordo com uma história famosa e verídica, um usuário de Berlim Oriental pegou um livro emprestado da biblioteca no início de agosto de 1961. Com a subsequente construção do Muro, foi impedido de devolver o livro por 28 anos. Ao que parecia, durante todo esse tempo, ele ficou incomodado com o prazo há muito vencido da entrega do livro. Um dia ou dois depois da queda do Muro, o bom homem foi à Biblioteca Memorial Americana para devolvê-lo.

Agora, o Senado de Berlim quer transferir o acervo para uma suposta biblioteca central, a ser construída no campo de Tempelhof. Ninguém tem ideia de onde a cidade endividada encontrará dinheiro para o projeto de estimação do atual prefeito, Klaus Wowereit. O opositor da CDU sugeriu abrigar a planejada biblioteca central, incluindo o acervo da Biblioteca Memorial Americana, no Centro Internacional de Congressos (ICC), tomado de amianto, perto da Torre do Rádio. O prédio precisa desesperadamente de reformas. Isto permitiria à cidade economizar muito dinheiro, uma vez que a reforma do ICC custará 320 milhões de euros – exatamente o custo do projeto da nova biblioteca central planejada para o terreno do antigo aeroporto.

Essa proposta pode fazer sentido no contexto da mania reinante de renovação, que lançou a cidade do fechamento de algo à abertura de outro. Mas por que, em nome dos céus, uma cidade com mais de 60 bilhões de euros em dívidas quer fechar uma biblioteca que funciona em favor de um novo prédio pelo qual não pode pagar? E será que os membros da Câmara Municipal de Berlim perderam completamente seu senso do valor dos prédios e espaços icônicos? É claro que é possível transferir a Biblioteca Memorial Americana para o ICC ou para o aeroporto de Tempelhof; posicionar um bombardeiro de doces no gramado diante do aeroporto Schönefeld, onde nenhum avião desses jamais pousou; ou recriar o Checkpoint Charlie no distrito de Berlim-Spandau. Mas depois que o local de um memorial se vai, ele desaparece para sempre.

O FANTASMA DO AEROPORTO INTERNACIONAL BER

O novo Aeroporto Internacional Berlim-Brandemburgo (BER) é o maior, mais ambicioso e mais caro projeto da Berlim reunificada. Ao mesmo tempo, também é um dos maiores escândalos da cidade. A ideia de um novo superaeroporto surgiu logo depois da queda do Muro. Foi resultado das ilusões de grandeza que tomaram os políticos da cidade à época; tendo aprendido sobretudo a obter subsídios do governo federal, eles agora se instigam a ter planos grandiosos, a pensar grande e a concretizar grandes projetos.

Com um sorriso irônico, um amigo, o polonês Andrzej Wirth, escritor e estudioso do teatro, contou-me sobre a linha aérea polonesa LOT, que oferecia um voo diário e direto entre Varsóvia e Nova York. A classe executiva estava sempre lotada. Importantes companhias aéreas, inclusive a Delta, a Lufthansa e a Air Berlin repetidamente tentaram criar um serviço semelhante de Berlim, mas sempre terminaram cancelando a conexão porque só encontravam clientes para a classe econômica. Berlim tem riqueza de ideias, *start-ups*, casas noturnas e toda a sorte de mestres da arte de viver – mas não tem uma classe executiva.

De quem foi a ideia do aeroporto internacional?, perguntava uma matéria sobre o BER no jornal *Die Welt*, em 31 de julho de 2012, chegando à conclusão: "Ninguém mais sabe!" Afinal, Berlim já não tem três aeroportos em funcionamento: Tegel,

Tempelhof e Schönefeld. Desde o início, o empreendimento se transformou em uma farsa provinciana com bilhões em jogo, todo um elenco de atores combativos e guinadas surpreendentes na trama. O prefeito de Berlim Klaus Wowereit era presidente do conselho supervisor, cujos membros também incluíam o primeiro-ministro de Brandemburgo, Matthias Platzeck, e o diretor-executivo do aeroporto, Rainer Schwarz. Os dois políticos veteranos não dedicavam muito tempo a seus novos deveres empresariais – o conselho supervisor só se reunia quatro vezes por ano.

Tudo começou com a aquisição preventiva de 120 hectares de terra arável da Flughafen Berlin Brandenburg (FBB), que também administrava os três aeroportos de Berlim. Os especuladores que souberam do plano foram mais rápidos do que a FBB, comprando de seus donos as propriedades em questão e aumentando o preço. Agricultores que viviam de subsídios agrícolas da União Europeia ficaram milionários da noite para o dia. Logo que a aquisição foi feita, ficou evidente que o desenho do aeroporto precisava ser completamente reorientado – de um dia para outro, a propriedade cara perdeu valor e mais uma vez estava disponível para cultivo. A corporação do aeroporto tinha uma dívida de meio bilhão de euros antes mesmo que o terreno sequer fosse cortado.

Nesse meio-tempo, foram considerados outros locais. Intrometeram-se ambientalistas que temiam que o aeroporto colocasse em risco a sobrevivência de uma espécie rara de grou. Consultando os arquivos, os moradores descobriram que os aviões não voariam reto logo após a decolagem, mas se desviariam 15 graus de sua rota – o que significava que sobrevoariam partes inteiramente diferentes do que indicavam os planos. Os cidadãos também se sentiram traídos pela desinformação da corporação do aeroporto com relação ao controle de ruído. Iniciaram-se campanhas públicas, que se transformaram em manifestações. Uma balsa carregando opositores do projeto flutuou à margem de um lago particular, lar do executivo do aeroporto Rainer Schwarz, e o bombardeou com 85 decibéis – o nível aprovado para tráfego aéreo. Usando um dispositivo de medição de ruído, uma policial cuidou para que o barulho não ultrapassasse este nível.

Todavia, os preparativos para a construção do aeroporto continuavam. A primeira data-alvo foi marcada: 30 de outubro de 2011.

Àquela altura – à altura da crise financeira –, os bancos não estavam mais dispostos a conceder empréstimos para a construção do aeroporto, e os investidores privados recuaram. Os bancos exigiam contrapartida dos acionistas públicos – os estados de Berlim e de Brandemburgo, e o governo federal, que agora tinha que garantir um empréstimo de 2,4 bilhões de euros. Não havia como cumprir a data de inauguração originalmente planejada; a data-alvo foi empurrada para 3 de junho de 2012.

Por acaso, um elemento estrutural – do qual os berlinenses ouviram falar pela primeira vez, e talvez também os políticos do conselho supervisor – trouxe dificuldades inesperadas: o sistema de exaustão de vapores. As abas que supostamente removeriam a fumaça venenosa dos prédios, na eventualidade de um incêndio, não funcionavam. Para cumprir a data-alvo de abertura, o diretor técnico sugeriu uma "interface homem-máquina": contratar setecentos trabalhadores sem qualificação, que se postariam pelo sistema de exaustão de fumaça durante a festa de inauguração e abririam as abas manualmente, no caso de uma emergência. O conselho supervisor considerou a proposta chapliniana uma boa solução e ateve-se à nova data-alvo. Mas em 8 de maio, quatro semanas antes da planejada inauguração, Klaus Wowereit declarou, em nome do conselho que presidia, que o aeroporto não poderia ser inaugurado porque o Conselho de Controle Técnico e as autoridades de construção não haviam aprovado o sistema de proteção contra incêndio. E, assim, Berlim foi poupada do espetáculo de uma celebração de abertura com setecentos auxiliares contratados para garantir o funcionamento de um sistema supostamente automático.

O estouro no custo do sistema de exaustão de vapores aumentou o orçamento em meio bilhão de euros; ainda por cima, os moradores obtiveram judicialmente disposições para uma melhor proteção contra ruído, o que acrescentou outros 600 milhões de euros. Não incluídas nesse cálculo, porque ainda não haviam sido negociadas, estão as indenizações por danos reclamadas pelas linhas aéreas e outras empresas que contavam com a inauguração em junho de 2012. As linhas aéreas se viram obrigadas a transferir toda sua logística de manejo de bagagem de volta ao Tegel. Centenas de lojas, que por um ano estiveram se preparando para abrir no novo aeroporto, tiveram que dispensar funcionários e fazer novos planos; algumas faliram. Os trens operados pela Deutsche Bahn tiveram que correr constantemente de um lado a outro pelos túneis da estação subterrânea do BER, sem passageiro algum a bordo, só para evitar a formação de mofo. Nesse meio-tempo, os moradores perto do antigo aeroporto de Tegel, cujo fechamento fora planejado muito tempo antes, começaram a se revoltar. O Tegel fora projetado para 7 milhões de passageiros por ano, mas agora lidava com 17 milhões. O nível de ruído aumentara junto com o número de aviões, e os moradores buscavam compensação monetária. Todos esses processos combinados provavelmente custaram à corporação do aeroporto várias centenas de milhões de euros a mais. Não é preciso dizer que a terceira data-alvo – 17 de maio de 2013 – também não poderia ser cumprida. A inauguração foi mais uma vez remarcada, desta vez para 27 de outubro de 2013.

Depois do anúncio desta nova data, vieram à luz novos defeitos no sistema de proteção contra incêndio, que já estava em processo de reforma e, em dezembro de 2012, o presidente do conselho Klaus Wowereit admitiu que também não podia garantir a nova data de inauguração. Todavia, outro ciclo foi colocado em movimento: sempre que um prazo é adiado, o custo aumenta, o que, por sua vez, ameaça o novo prazo. Naturalmente, os especialistas já começam a descobrir novos problemas: o novo aeroporto não tem balcões suficientes de *check-in*; a distância entre os portões é curta demais, levando a um congestionamento de passageiros; as oito transportadoras de bagagem previstas não têm capacidade; não há pistas suficientes (duas!). Enquanto isso, o quarto prazo limite também foi descartado e, como precaução, nova data ficou de ser anunciada. A autoridade do popular prefeito de Berlim, Klaus Wowereit, cujo nome há muito fora ventilado como candidato a cargos mais importantes, sofreu bastante em consequência de seu papel na construção do aeroporto. Em vez de se retirar do cargo de presidente do conselho supervisor e admitir que havia perdido a mão, ele se fez de um completo em um discurso proferido no Parlamento de Berlim: não tinha motivo para se culpar; tudo tinha que acontecer como aconteceu, o desastre na realidade fora um sucesso, Berlim se orgulhava de seu novo aeroporto. A piada que agora corria por Berlim seguia essas linhas: "Ninguém pretende abrir um aeroporto" – referência à alegação feita em junho de 1961 pelo chefe de Estado da Alemanha Oriental da época, Walter Ulbricht, de que "ninguém pretende construir um muro". Ao que parece, 70 mil berlinenses se registraram para comparecer à "inauguração" na data-trote de 1º de abril de 2026. Um piadista propôs o centenário do prefeito como data de inauguração definitiva. Considerando que Wowereit está perto dos sessenta anos, parece-me bastante justo.

É questionável a sensatez de fechar o Tempelhof e, por fim, o aeroporto de Tegel. Não sei de uma única cidade grande na Europa que não tenha pelo menos dois aeroportos em operação.

"A verdadeira questão", declarou o recém-nomeado executivo do aeroporto BER, Hartmut Mehdorn, em março de 2013, "é que Berlim talvez não precise de dois aeroportos!" Mehdorn pôs a mão num vespeiro. Choveram-lhe críticas de todos os lados: o ministro do Interior, o prefeito de Berlim e a corporação do aeroporto tentaram recolocar o novo gerente na linha. Citaram contratos irrevogáveis e intermináveis processos judiciais; segundo o acordo, o Tegel teria que ser fechado seis meses depois de o BER tornar-se operacional.

Em um levantamento, uma maioria esmagadora de berlinenses expressou simpatia pela ofensiva de Mehdorn. Não havia fim à vista para a contenda – que dirá uma data de inauguração para o novo aeroporto. Segundo outra piada popular que circulou em Berlim, a cidade tinha três aeroportos – mas infelizmente nenhum deles funcionava. Este gracejo mordaz não faz justiça ao magnífico aeroporto de Tegel, cujo fechamento foi programado há muito tempo e enquanto isso lida com mais do que o dobro de passageiros para o qual foi originalmente projetado. Ainda assim, como crítica aos caóticos esforços de planejamento, a piada tem seus méritos.

Qual é o problema dos alemães?, perguntou a imprensa internacional. Uma nação famosa no mundo todo por sua "boa engenharia" e eficiência, incapaz de construir um aeroporto para sua capital com um sistema de proteção contra incêndio funcional? Nesse meio-tempo, os berlinenses se entretêm com programas especiais da televisão local investigando por que praticamente todos os grandes projetos administrados por políticos (vejamos: a Filarmônica do Elba em Hamburgo e a estação de trem 21 de Stuttgart) fizeram água ou acabaram custando o dobro do planejado. *Uma* resposta vem à mente: se o custo real desses grandes projetos fosse anunciado desde o começo, provavelmente nunca teriam decolado.

É um dos paradoxos de Berlim que os projetos criativos e envolventes tenham tido sucesso aparentemente por si mesmos, enquanto os maiores planos para a capital do mundo se enrolam em provincianismo e diletantismo. Sob a égide do senador de Finanças Thilo Sarrazin, a empresa de abastecimento de água de Berlim foi vendida a empresas privadas – como resultado, os berlinenses agora pagam pela água mais do que os moradores de qualquer outra cidade alemã. A Deutsche Bahn, operadora do S-Bahn de Berlim, possivelmente o mais importante emblema da cidade depois do Portão de Brandemburgo, otimizou de tal forma o sistema de metrô que vem entrando em colapso regularmente há anos. No todo, parece que as famosas/infames virtudes prussianas encontram melhor recepção hoje no sul antiprussiano – na Baviera, em Baden-Württemberg e na Saxônia – do que na Berlim reunificada. Por enquanto, Berlim está feliz por ainda ter o pequeno mas brilhante aeroporto de Tegel, projetado pelo arquiteto Meinhard von Gerkan quando tinha 25 anos idade. Quanto ao novo aeroporto internacional, projeto do mesmo von Gerkan, permanece no estado de incompletude que mais agrada à cidade.

O LEGADO DA STASI

O Partido da Unidade Socialista (SED), da Alemanha Oriental, desenvolveu o maior – em relação ao número de cidadãos – e mais absurdo serviço secreto da história. O Staatssicherheitsdienst, ou Ministério da Segurança de Estado, conhecido como "a Stasi" no vernáculo, foi o maior empregador do país, com 100 mil funcionários permanentes e 90 mil dos chamados empregados informais. Ao longo de décadas da história da República Democrática Alemã, centenas de milhares de cidadãos ofereceram-se à Stasi como colaboradores informais – em outras palavras, como delatores. No outono de 1989, quando participantes do movimento pelos direitos civis atacaram as sedes locais do ministério no interior do país, deram com dezenas de milhares de arquivos em cada cidade de porte razoável da Alemanha Oriental. Se todos esses arquivos fossem colocados lado a lado, tomariam cerca de 110 quilômetros.

Em seu conto "El rigor en la ciencia" ("Do rigor na ciência"), o escritor argentino Jorge Luis Borges especula que uma cartografia precisa e completa da Terra exigiria uma representação na escala de um para um. Mas este mapa seria inútil porque, como a própria Terra, ele não possibilitaria nenhuma visão de cima e seria impossível abri-lo.

Erich Mielke, chefe da Stasi, parece ter em mente um projeto semelhante para inspecionar o país. Instilou em seus subordinados o lema "Em princípio, todos são suspeitos". Com base nesta regra fundamental, qualquer coisa que os suspeitos – isto é, os cidadãos – fizessem, dissessem, pensassem ou planejassem era do interesse do Ministério de Segurança de Estado. A ilusão de Mielke levou à criação de um abrangente catálogo dos movimentos dos cidadãos da Alemanha Oriental dentro e fora do país. Todavia, como essa enorme quantidade de dados não foi digitalizada, mas registrada à mão ou mecanicamente com máquinas de escrever, era impossível organizá-la claramente. O material coletado excedia em muito a capacidade daqueles que o avaliavam – em outras palavras, a maior parte jamais foi lida. O resultado foi que até alguns declarados "inimigos do Estado" continuaram ocultos – não porque os delatores não os denunciassem, mas porque os avaliadores não conseguiam colocar a leitura em dia. Provas importantes às vezes eram tragadas no mar de informações irrelevantes.

O maior fracasso da Stasi de Mielke foi não ter cumprido a mais sublime tarefa de qualquer serviço secreto: prevenir, ou pelo menos prever, o colapso do país que a agência era encarregada de monitorar. Seu único "sucesso" duradouro foi o envenenamento interno da sociedade da Alemanha Oriental. O pessoal de Mielke conseguiu criar um clima de desconfiança e suspeita por todo o país, utilizando-se de um sistema elaborado de chantagem e suborno, fofocas maldosas, destruição de carreiras, sentenças de prisão arbitrárias e *Sippenhaft* (ou responsabilização por parentesco, pela qual famílias inteiras eram consideradas responsáveis pelos atos de qualquer um de seus integrantes). Os vizinhos não estavam a salvo uns dos outros, nem irmãos de suas irmãs, esposas de seus maridos, pais dos filhos, professores dos alunos e vice-versa.

O princípio fundamental com respeito à onipresença da Stasi em meio a meus conhecidos da Alemanha Oriental era uma variação sarcástica das palavras de Cristo: onde se reúnem cinco ou seis, um deles é informante da Stasi. Este vírus da desconfiança afetou praticamente cada dissidente que conheci em Berlim Ocidental antes da queda da Alemanha Oriental.

Foi longa e acalorada a controvérsia na Alemanha sobre se o legado monstruoso de Mielke – os arquivos da Stasi – deveria ser preservado e aberto ao público, ou destruído. Pela segunda vez depois da guerra, estava em questão a responsabilidade pessoal de cada cidadão. Para abrandar o debate, pronunciou-se o chanceler federal na época, Helmut Kohl, dizendo que não podia ter certeza de que ele próprio não teria se tornado informante da Stasi se tivesse sido criado na Alemanha Oriental. Na época, eu também não sabia se podia responder a esta pergunta sem nenhuma sombra de dúvida. Mas acreditava que, se de fato eu tivesse me tornado informante da Stasi e traído meu melhor amigo, então poderia e deveria ser julgado um fracasso.

No início dos anos 1990, meu amigo, o escritor de Berlim Oriental Jurek Becker, que morou em Berlim Ocidental antes da queda do Muro, recebeu o telefonema de um conhecido próximo de seus tempos de Alemanha Oriental. O interlocutor, um médico do Charité, o maior hospital da Alemanha Oriental, tinha esperanças de ser recontratado lá. Uma nova regra fora recém-introduzida para a renomeação de servidores e funcionários públicos da Alemanha Oriental: precisavam apresentar um atestado de que nunca trabalharam para o Ministério de Segurança de Estado. Certamente Becker devia se lembrar dele, disse o interlocutor, e poderia confirmar que ele nunca foi um seguidor, que dirá dedo-duro. Seria de grande ajuda, continuou o médico, se Becker lhe desse apoio e telefonasse à administração do hospital para afirmar que ele nunca suspeitou de que o médico fosse informante da Stasi.

Só alguns meses antes, Jurek Becker começara a examinar seus arquivos da Stasi. Autor de *Jakob der Lügner* (*Jakob, o men-*

tiroso), Becker era um escritor reconhecido internacionalmente mesmo durante os anos da Alemanha Oriental. Por conseguinte – e porque ele assinou uma carta de protesto contra a expatriação do cantor Wolf Biermann, o dissidente mais famoso da Alemanha Oriental – a Stasi ficou de olho nele por um bom tempo. Seu arquivo consistia em aproximadamente vinte fichários com cerca de trezentas páginas cada um. Quando o médico telefonou, Becker tinha chegado ao décimo sétimo fichário sem ter dado com o nome do homem. Assim, concordou em fazer o favor e falou bem dele à direção do hospital. Alguns dias mais tarde, Becker sacou o décimo oitavo fichário e começou a ler. Várias dezenas de páginas imediatamente saltaram a seus olhos: relatórios detalhados deste mesmo médico à Stasi sobre a saúde do paciente Jurek Becker, sobre suas piadas – infelizmente ao mesmo tempo engraçadas e mordazes – a respeito dos líderes da Alemanha Oriental e opiniões de resto questionáveis. "E então?", perguntei. "Você telefonou novamente à direção do hospital para informar-lhes?" Jurek deu de ombros e riu. Ele sempre se opôs à delação, segundo disse, e assim não podia ele mesmo dedurar o informante. O médico conseguiu o emprego.

    Outras vítimas de informantes não aceitaram com tanta tranquilidade a traição que sofreram. Ao ler seus arquivos da Stasi, outro amigo, o escritor Hans Joachim Schädlich, descobriu que o irmão mais velho, o historiador Kalrheinz Schädlich, que ele viu duas a três vezes por semana durante décadas, era colaborador informal da Stasi desde 1975. Este irmão apresentara relatório ao Ministério de Segurança de Estado sobre quase cada uma de suas visitas. Interessava muito menos a Hans Joachim Schädlich se e em que extensão esta duplicidade o havia prejudicado do que os danos inacreditáveis que provocou na relação com o irmão. Como o irmão mais velho recusou-se a admitir a traição, fingindo surpresa, os dois jamais se reconciliaram.

Joachim Schädlich tentou se refazer do choque escrevendo uma narrativa fria, deliberadamente baseada no distanciamento emocional. Com seu jeito lacônico inimitável, resumiu a tentativa de superar o incidente: "O que tenho a dizer sobre isso, disse em meu texto 'Die Sache mit B'. [O Assunto com B]. O que meu irmão tem a dizer sobre isso disse quando não falou nada. Acabou-se. Para mim."

Mas o problema não havia acabado para o irmão mais velho. Em dezembro de 2007, quase vinte anos depois da dissolução da Alemanha Oriental e da Stasi, ele se suicidou com um tiro, em um banco de parque de Berlim.

A história dos atores antes casados Ulrich Mühe e Jenny Gröllmann é outro exemplo espetacular do efeito venenoso que tinha a Stasi na vida íntima de cidadãos da Alemanha Oriental. Jenny Gröllmann era uma atriz de teatro e cinema de sucesso na Alemanha Oriental antes de assumir papéis principais em várias produções da Alemanha Ocidental. Em obituários escritos pelos colegas, Gröllmann é louvada como a "Romy Schneider do Leste". Também foi comparada a Catherine Deneuve e Claudia Cardinale – em resumo, aos olhos de muitos colegas, Jenny Gröllmann tinha a essência de uma estrela mundial.

Ulrich Mühe, cuja carreira decolou com sua lendária produção de Berlim Oriental de *Macbeth*, ficou famoso graças ao papel principal em *A vida dos outros*, de Florian Henckel von Donnersmarck, filme premiado com o Oscar. Nesta produção, ele interpreta um agente da Stasi cuja intensa espionagem dos amantes suspeitos Georg Dreyman, um dramaturgo, e Christa-Maria Sieland, atriz, o coloca em conflito com sua posição. Identificando-se cada vez mais com as vítimas, ele se apaixona pela atriz e acaba trabalhando contra seus empregadores da Stasi. Originalmente, von Donnersmarck esperava rodar cenas na abjeta prisão da Stasi de Hohenschönhausen, que agora é um memorial. Assim, escreveu ao diretor, Hubertus Knabe, pedindo permissão. Quando visitei o memorial, Knabe contou-me sobre a carta de von Donnersmarck. Ele leu o roteiro com atenção, disse Knabe, e acabou por rejeitar o pedido do diretor, pois não sabia de um só caso nos arquivos do Centro de Documentação e Informação em que um agente da Stasi assumisse o lado de sua vítima.

Knabe queria minha opinião a respeito. Discordei de sua decisão. Afinal, argumentei, o filme era uma ficção, não um documentário, e um cineasta tem o direito de ultrapassar a realidade. Até hoje, só foi examinada uma parte dos arquivos da Stasi. E mesmo que se revelasse que nem um único "bom" agente da Stasi foi encontrado em qualquer um deles, tal personagem ainda era possível, e inventá-lo era uma provocação legítima. Como o protagonista de *A lista de Schindler*, de Spielberg, uma exceção como esta envergonharia por muito mais tempo a massa de subordinados obedientes do que a descrição de um caso comum.

Hubertus Knabe defendeu sua opinião. Pelo que sei, von Donnersmarck teve que filmar as cenas correspondentes em estúdio. Seu filme provou que ele não precisava depender nem de um agente "típico" da Stasi, nem da verdadeira prisão Honenschönhausen para retratar a perfídia do sistema da polícia secreta.

Quando Knabe e eu tivemos essa conversa, não havia como saber que a história contada pelo filme acabaria por parecer relativamente inofensiva se comparada com o drama que se desenvolveu entre Ulrich Mühe e Jenny Gröllmann. Para um livro associado ao filme, o diretor Florian von Donnersmarck entrevistou Mühe. Na entrevista, Mühe acusou Gröllmann, ex-mulher e mãe de sua filha, de ter sido informante da Stasi. Devido ao sucesso internacional do filme e à celebridade de seu protagonista, a acusação ganhou o mundo. A atriz, que desde o início negou com veemência as acusações, começou uma descida a um inferno de suspeita pública e autojustificação.

A existência de um arquivo da Stasi que relacionava seus supostos contatos e relatórios falou contra as alegações de inocência de Gröllmann. Ela declarou sob juramento que nunca teve contato algum com a Stasi, pelo menos não "que soubesse" – referindo-se ao fato de que os agentes da Stasi costumavam não se revelar como tal a quem sondavam. Nos relatórios a seus superiores, em que geralmente destacavam seus "êxitos", os espiões da época costumavam fazer parecer que os interlocutores haviam colaborado de boa vontade. Como o ex-marido se recusava a desmentir sua declaração, Gröllmann não teve escolha senão processá-lo. Conseguiu provar em tribunal que seu suposto recrutador, Helmut Menge, indicara nos relatórios reuniões com ela que nunca poderiam ter acontecido: Gröllmann estava no palco do Teatro Gorki por ocasião de seis das supostas reuniões. E ainda por cima, este mesmo Helmut Menge falou em favor dela à imprensa. Revelou que sempre se apresentou a Jenny como detetive e nunca lhe contou que trabalhava para a Stasi; havia até inventado partes de seus relatórios para impressionar os superiores. Além disso, Gröllmann jamais assinou uma declaração de compromisso. Ao que parece, Menge era fã da atriz, levando-lhe flores em várias de suas estreias, sem incluir o custo nos relatórios de despesa que fazia à Stasi.

Ainda assim, a opinião qualificada do historiador Jochen Staadt, da Associação de Pesquisa da Rede SED, da Universidade Livre de Berlim, declarou Jenny Gröllmann culpada: "Os registros disponíveis do Ministério de Segurança de Estado, de diferentes proveniências, mostram inequivocamente que a Srta. Jenny Gröllmann era uma colaboradora extraoficial do ministério."[1]

A controvérsia em torno do famoso casal divorciado, com ampla cobertura da mídia, arrastou-se por dois anos e passou por vários tribunais, transformando-se em um verdadeiro banho de sangue. É claro que a relação de Jenny Gröllmann com seu recrutador, Helmut Menge, também era um convite à especulação. Por que ela se encontrava com o suposto "detetive"; o que aconteceu entre os dois? Seria possível que Helmut Menge fosse o "bom" agente da Stasi que não aparece nos arquivos, apaixonado pela mulher que arregimentou e agora lhe fornecendo um álibi depois do fato? Ou ele fazia isso por motivos ideológicos – como um defensor empedernido do sistema, dedicado a proteger seus colegas até o fim? Ou seria o contrário: seria Helmut Menge, como colocou o jornal, um "agente sedutor" – um daqueles lendários "Romeus" treinados pela Stasi – que tentou Jenny Gröllmann a colaborar?

Uma espécie de romance serial surgia dos artigos de jornal, reportagens de televisão e finalmente dos livros que davam credibilidade ora às afirmativas de Jenny Gröllmann, ora às de Ulrich Mühe. Ao que parece voluntariamente, os campos opostos seguiam os antigos padrões: a maior parte da mídia liberal, inclusive *Der Tagesspiegel*, *Der Spiegel*, *Stern* e o *Süddeutsche Zeitung*, apoiaram Gröllmann – com certo ceticismo –, enquanto a mídia conservadora – liderada pelos jornais do Grupo Springer e pela revista *Focus* – batia seus tambores pela versão dos acontecimentos de Ulrich Mühe. O *Frankfurter Allgemeine Zeitung* rompeu com a legião de defensores conservadores de Mühe e colocou-se ao lado de Gröllmann. O caso proporcionou a tela ideal para projetar especulações e "crenças fundamentais" há muito estimadas.

No fim – tarde demais –, o debate transformou-se em um longo ajuste de contas atrasadas com a questão de se e até que ponto mereciam confiança os arquivos no Centro de Documentação e Informações da Stasi.

Em abril de 2008, decidindo sobre o caso apresentado pelo então marido de Gröllmann contra os jornais que imprimiram os boatos, a Kammergericht, a corte suprema de Berlim concluiu que a acusação da Stasi contra Jenny Gröllmann não tinha fundamento. Na mídia, só era permitida uma "notícia de suspeita", desde que também fossem relacionadas provas em apoio à inocência de Gröllmann. Daí em diante, ninguém podia imprimir a alegação de que Gröllmann fora informante da Stasi.

Protagonistas da controvérsia, Ulrich Mühe e Jenny Gröllmann não viveram para ouvir o veredito da corte suprema. Jenny Gröllmann morreu de câncer em agosto de 2006. Menos de um ano depois, em julho de 2007, também faleceu Ulrich Mühe – e também de câncer. Em dezembro de 2006, obrigado pelo veredito de um julgamento anterior, ele assinou uma declaração indicando que não repetiria as acusações contra a ex-mulher. Mas, depois de assiná-la, citou uma frase de Heiner Müller: "As palavras caem irrecuperavelmente nas engrenagens do mundo."

Um ano depois, Helmut Menge morreu – também de câncer.

A única coisa que ainda falta neste ciclo de apoio público são conjecturas sobre se a Stasi era capaz de provocar câncer. A resposta a este enigma tem que ser que a própria Stasi era o câncer.

Mas a tragédia não terminou com a morte de Mühe e Gröllmann. Em 11 de julho de 2012, um dia antes do aniversário da morte de Ulrich Mühe, faleceu sua terceira mulher, a atriz Susanne Lothar. Era filha de um famoso casal de atores da Alemanha Ocidental e entrou na vida de Mühe como seu "novo grande amor". Os dois filhos deste casamento eram adolescentes quando a mãe faleceu. Vários jornais se perderam em especulações sobre o alcoolismo de Susanne Lothar, sua instabilidade cada vez maior depois da morte de Mühe, seu possível suicídio.

Eu conheci Ulrich Mühe, embora tenhamos nos encontrado apenas algumas vezes – em uma estreia de gala, numa festa de aniversário e no tênis clube Rot-Weiss. Às vezes, ele me ligava para marcar a data de uma partida, falando com sua voz excepcionalmente amável e particular modéstia. Dos dois, ele era o jogador um pouco mais fraco e costumava se desculpar por telefonar. Entre os viciados em tênis, é fácil para o jogador com menos prática desenvolver a vaga apreensão de que o parceiro mostra generosidade quando concorda em jogar. Isso estava fora de questão em nosso caso. Só disputamos "partidas amistosas" e nenhum dos dois era particularmente rigoroso com a pontuação. Mesmo assim, Mühe e eu em geral tínhamos diálogos insólitos ao telefone: "Estou perfeitamente ciente de que minha *backhand* não é páreo para a sua." "Mas você comete duplas faltas com menos frequência do que eu!" "Acho que seu serviço melhorou muito! E sua *forehand* é terrível..." "Uli, se Federer me convidasse, eu diria que tenho um compromisso importante. Mas, para você, é claro, eu tenho tempo. (...) É uma honra!"

Depois que jogávamos, conversávamos sobre os boatos e fofocas correntes, sobre nosso amigo em comum Heiner Müller, nossos respectivos projetos. Durante esses papos, sempre notei a modéstia de Ulrich, sua discrição quando se tratava de coisas relacionadas com ele e outras pessoas – ele era o oposto de exibido. No tênis, como no trabalho, tendia a esconder seus talentos. Na realidade, foi a discrição com que interpretou os muitos papéis principais, a intensidade tranquila e despretensiosa, que fez dele um dos atores mais impressionantes de sua geração.

A ideia de que o Uli que eu conhecia acusara a ex-mulher de uma traição desta magnitude, sem bons motivos, e usara a suspeita para promover seu próprio sucesso mundial não combina com a imagem que tenho dele. Só posso imaginar que ele próprio acreditava genuinamente na culpa da ex-mulher. Mas isso não significa que sua suspeita fosse justificada. Suspeitas e emoções brutais antes não manifestadas podem ganhar supremacia no divórcio. E era precisamente este o único – e diabólico – poder que a Stasi exercia: semear boatos, estimular suspeitas, infiltrar-se e minar a vida particular das pessoas. É impossível descartar que Ulrich Mühe, na batalha pela custódia da filha e na decisão relacionada a seu futuro lar, tenha adotado a suspeita do envolvimento de Gröllmann com a Stasi: se você pode denunciar a ex-mulher e mãe de sua filha como informante da Stasi, todos os outros argumentos e a dor parecem se tornar fúteis. Mas, para mim, é difícil acreditar nessa versão.

Confesso que também conheço bem Claus Jürgen Pfeiffer, sucessor de Ultich Mühe na vida de Jenny Gröllmann. Pfeiffer passou os últimos 17 anos da vida de Gröllmann com ela – e com a filha de Gröllmann e Mühe, Anna. Sua primeira reação ao arquivo, segundo me contou, foi a surpresa incrédula. Mas ele não negava que o inquietou, sendo como era virgem da Stasi e alemão ocidental que confia em documentos. "Mas diz ali – preto no branco", ele falou à esposa. E ela respondeu: "Também não sei por que diz isso ali." Por outro lado, ele não conseguia imaginar Jenny como delatora da Stasi. Sempre a viu como um espírito livre, cheio de contradições, é verdade, mas a ideia de que ela teria trabalhado para a Stasi simplesmente não combinava com a imagem que tinha dela. O comportamento de Uli Mühe também o deixou perplexo. Pelo que ele sabia, Mühe nunca tentara discutir a questão com Gröllmann – que teria sido a reação mais natural ao surgimento desse tipo de suspeita; em especial porque as acusações contra Jenny não se relacionavam com o período em que estiveram casados, mas à década de 1970, quando ela nem conhecia seu futuro marido, Uli Mühe, e morava com outro homem. Na verdade, Mühe admitiu em várias ocasiões que a esposa, pelo que ele soubesse, nunca contara nada sobre ele à Stasi. Porém, como a entrevista a Von Donnersmarck foi logo depois da estreia mundial de A *vida dos outros*, em 2006, os boatos ganharam vida própria. Os outrora marido e mulher nunca tiveram uma conversa particular a respeito do assunto. Em vez disso, assumiram os advogados e a imprensa.

Um dia, quando o circo da mídia estava a todo vapor, recorda-se Claus Jürgen Pfeiffer que seguia no bonde, quando o advogado de Mühe telefonou para o celular de Jenny, informando-lhe que Mühe queria "discutir as coisas". Pfeiffer decidiu tomar nas próprias mãos o caso da esposa gravemente doente, entrando com um processo contra a alegação de Mühe – feita na entrevista de 2006 a von Donnersmarck – de que Gröllmann fora informante da Stasi. Ele testemunhou como seu círculo de amigos em comum aos poucos se desfez. Enquanto alguns se colocavam ativamente ao lado de Gröllmann e contra sua condenação prematura por alguns membros da imprensa, outros encontraram um ou outro pretexto para dar no pé quando a conversa descambava ao caso e nunca mais voltavam. Foram necessárias semanas de conversações e pesquisa para revelar o arquivo como uma miscelânea de alegações insustentáveis e distorções, insinuações e falsificações, inclusive telefonemas interceptados de Jenny que passaram por conversas com seu recrutador. Aparentemente, explica Pfeiffer, o recrutador sofria de uma necessidade compulsiva de escrever. Manter ocupados em tempo integral os espiões da Stasi também era uma "medida de criação de empregos socialista" – eles queriam ou precisavam entregar constantemente material aos superiores para convencê-los de seu caráter indispensável. Pfeiffer tocou o processo até sua vitória, levando-o à corte superior.

Depois de seu caso inicial contra Mühe, Pfeiffer processou os jornais que reproduziram a alegação de Mühe de que Gröllmann foi delatora da Stasi. Por conseguinte, o processo mais difícil, em andamento mesmo depois da morte de sua mulher, não tem mais nenhuma relação com as acusações de Ulrich Mühe e von Donnersmarck, mas com questões relacionadas à liberdade de imprensa. Sem querer admitir que erraram, em circunstância nenhuma, os grandes jornais e revistas que se dedicaram a culpar Jenny contestaram as decisões do tribunal, obrigando Claus Jürgen Pfeiffer a levar o caso aos tribunais superiores – desta vez para combater as supostas alegações de infalibilidade dos jornais. O marido de Jenny enfrentou e venceu também esta batalha. Fez isso sobretudo para defender da difamação a mulher e sua filha, Anna – mas também porque recusou-se terminantemente a ceder à avaliação de uma revista de grande circulação de que o medo de outro julgamento seria suficiente para apaziguar o pobre marido de Gröllmann. Em 18 de abril de 2008, com o veredito do Kammergericht de Berlim validado pelo Bundesgerichtshof, o Tribunal Federal de Justiça da Alemanha, sem possibilidade de recursos, Pfeiffer atingiu seu objetivo. Entretanto, não era um perdão absoluto. Em um mundo de mídia especializada em desmascaramentos e na autoafirmação, a decisão da suprema corte que proíbe a alegação de um fato, mas ainda permite "noticiar" uma "suspeita" relacionada, só confere proteção parcial. É o veredito que involuntariamente presta uma homenagem atrasada ao aspecto mais diabólico do veneno da Stasi: depois que uma suspeita é registrada e publicamente estabelecida, é impossível erradicá-la.

Claus Jürgen Pfeiffer afirma estar inteiramente convencido da inocência de sua mulher. Mas, acrescenta ele, os últimos 5% de certeza numa questão como esta dependem inteiramente da fé nos próprios instintos e na pessoa que se ama. Sem estes 5% de fé, observa ele ironicamente, não se consegue aguentar uma história de amor como essa.

Pfeiffer não esconde a crença de que Florian von Donnersmarck usou o escândalo para divulgar seu filme e obrigou Ulrich Mühe a dar a entrevista. Uma coisa é certa: foi a entrevista que desencadeou o furor midiático de suspeita contra Jenny Gröllmann; quando a mesma suspeita foi verbalizada no jornal *SUPERillu* dois anos antes, não provocou nenhuma reação da mídia. Von Donnersmarck repetidas vezes sugeriu que havia uma "história verídica" por trás de A vida dos outros. Parece ter convencido o ator principal a divulgar sua "verdadeira história" bem a tempo da estreia do filme. A entrevista não pode ter sido fácil para Ulrich Mühe – ele sabia na época que a ex-mulher morria de câncer. Assim como sabia von Donnersmarck.

Depois da morte de Jenny Gröllmann e Ulrich Mühe, Claus Jürgen Pfeiffer escreveu uma carta – que continua sem resposta – a Florian Henckel von Donnersmarck:

> Julgo intolerável sua tentativa de romantizar os últimos meses de vida dele [de Ulrich Mühe], contra o pano de fundo das lágrimas derramadas em nossa casa devido ao comportamento dele e seu. Não posso aceitar sua objeção de que Uli não concordou levianamente em dar a entrevista. Sua alegação de que ele só falou com você hesitante e com longas pausas silenciosas e sua conclusão de que foi difícil para ele falar dessas coisas só tornam ainda mais grave toda a questão. Suspeitando, ou pelo menos considerando a possibilidade de que isso poderia levar a algo terrível, ele, entretanto, falou. Por que ele, a vida toda supostamente um defensor da verdade, não começou sua investigação no mais óbvio dos lugares – com Jenny, que morava a cento e cinquenta metros de sua casa? (...) É inacreditável o argumento que você usou para convencer seu amigo Uli a dar a entrevista para o livro – de que a imprensa de qualquer maneira traria os boatos à luz e que, assim, seria melhor que o próprio Uli explicasse detalhadamente agora, sem nenhum limite às palavras. Matar alguém a pancadas porque, de qualquer forma, outra pessoa o fará mais tarde é uma das linhas de raciocínio mais revoltantes que já encontrei. Redimir a si mesmo e a Uli, não tentar legitimizar

seu comportamento depois do fato é de péssimo gosto para você. Bastaria uma conversa, bastaria um interesse sério nas circunstâncias, e Uli teria podido encontrar a paz.[2]

Depois que o filme ganhou um Oscar, censuras como esta aparentemente não conseguiram moderar a euforia de seu diretor. Na volta de Hollywood, von Donnersmarck recebeu os jornalistas que esperavam no aeroporto de Tegel erguendo seu Oscar e exclamando, "Nós somos o Oscar!"

Foi uma paráfrase imatura de uma brilhante manchete que apareceu em *BILD* depois que o cardeal Ratzinger foi eleito papa, proclamando: NÓS SOMOS O PAPA.

Erich Mielke, chefe da *Firma*, como a Stasi era popularmente conhecida, parece ter ficado igualmente alheio aos efeitos devastadores do veneno que ele semeou como ficou diante de sua própria impotência durante o ano da revolução. Ao contrário de seu subordinado mundialmente famoso e de dotes literários, Marcus Wolf, que encontrava o chefe pelo menos duas vezes por semana e lhe foi inquestionavelmente dedicado por décadas, Erich Mielke não criou uma lenda nem deixou nenhum vestígio na paisagem da mídia. Nos poucos retratos que existem dele, parece um camponês baixote e atarracado de olhinhos astutos. Nada se sabe de qualquer paixão oculta ou sombria em sua vida privada. Tampouco se destacou por ser particularmente inteligente ou por qualquer outro talento. Não era bom orador e raras vezes escrevia frases completas, no máximo rabiscando algumas palavras-chave nos documentos que lhe eram entregues – palavras-chave que resultavam em consequências terríveis. Não tinha charme nem carisma. Quase todas as centenas de milhares de empregados permanentes e autônomos o temiam, poucos o respeitavam, nenhum o amava. Levou uma vida de casado sem nada de extraordinário com a mulher, Gertrud, com quem teve um filho chamado Frank; também adotaram uma menina de nome Inge. Suas únicas paixões conhecidas eram a caça e um desejo inequívoco e insaciável pela ordem. Seu maior amor parece ter sido o cachorro – um Yorkshire terrier chamado Airen.

Quatro dias antes da queda do Muro, em 5 de novembro de 1989, Erich Mielke fez seu último aparecimento em público. Durante a sessão do Volkskammer, o Parlamento da Alemanha Oriental, o homem, cuja presença fez tremerem os cidadãos da Alemanha Oriental por décadas, gaguejou: "Eu amo... Mas amo todas... todas as pessoas... Mas eu amo!"

Após um instante de surpresa incrédula, o Volkskammer recebeu a declaração com uma gargalhada libertadora. Depois de ser sentenciado a seis anos de prisão por um ato de violência antigo – em 1931, Mielke comprovadamente assassinou dois policiais alemães na Bülowplatz (agora Rosa-Luxemburg-Platz), em Berlim, crime pelo qual foi condenado em 1993 –, o velho logo foi considerado "inepto para detenção" e liberto. Mielke morreu nove anos depois da reunificação – em 21 de maio de 2000. Pouco antes de sua morte, os enfermeiros de sua casa de repouso o encontraram gritando com subalternos invisíveis e ordenando que encontrassem seu cachorro Airen. Aparentemente, ele não se lembrava mais – ou se recusava a acreditar – que a mulher, Gertrud, o abandonara, assim como ao apartamento que eles dividiram, e doou seu amado cão a um abrigo de animais. Mielke estava tão sozinho na morte quanto fora em vida.

UM "INIMIGO DO ESTADO" VIRA CHEFE

Entre aqueles a quem a Stasi inicialmente vigiou estava um estudante de Jena de nome Roland Jahn. Em 1976, durante um seminário na Universidade de Jena, ele protestou contra a expatriação do cantor Wolf Biermann. O líder do seminário, um colaborador da Stasi, delatou-o e a universidade iniciou uma ação disciplinar contra Jahn. Mas queriam que sua expulsão da universidade fosse realizada de forma "democrática": o próprio grupo de alunos devia dar entrada no pedido. Durante uma reunião particular com Jahn, os colegas estudantes lhes garantiram que votariam contra a expulsão. Mas, quando chegou a hora de votar, todos – com exceção de um – fizeram exatamente o contrário. Depois disso, sussurraram suas desculpas: "Entenda, por favor, meu pai é um figurão do partido...", "Minha mulher está esperando nosso segundo filho...", "Estou do seu lado, mas minha vaga na universidade...!" Para grande surpresa de todos, nada aconteceu com Ulli Waller, o único que se colocou ao lado de Jahn e que se esperava que também fosse punido. Pôde continuar seus estudos sem ser incomodado. "Às vezes, ser honrado não tem preço", explica Jahn, "mas você só descobre isso depois dos acontecimentos."

Jahn ficou decepcionado com os colegas estudantes, mas não os condenou inteiramente. Afinal, ele sabia que seu protesto colocaria em perigo não só ele, mas também seus pais. Até ser expulso da universidade, ele sempre mostrou consideração pelo pai, que tinha um cargo de importância na Zeiss, em Jena. Assim sendo, o pai o pressionou: "Fique quieto. (...) Dizer o que pensa vai lhe custar caro!" Ou: "Vale mesmo a pena arriscar o emprego de seu pai e a felicidade de nossa família com seus protestos?"

No comício oficial do Dia do Trabalho seguinte, em 1º de maio de 1977, Jahn distinguiu-se pelo acessório incomum que carregava. Em vez da bandeira vermelha ou de uma faixa com um slogan patriótico, erguia uma placa em que não havia nada escrito. As crianças apontavam seu dedinho para a placa em branco e gritavam: "Olha, papai, não tem nada ali!" Vários adultos se aproximaram de Jahn e perguntaram o que ele tentava dizer com aquilo. Jahn lhes falou que fora expulso da universidade porque se opusera à expatriação de Biermann e explicou que protestava contra sua expulsão. Neste protesto, queria mostrar à universidade e aos colegas estudantes que eles o deixaram em brancas nuvens. Alguns interlocutores lhe deram uma cotovelada e cochicharam: "Rapaz, acho ótimo que você esteja fazendo isso!"

Foi o primeiro ato público de protesto de Jahn. Embora a placa fosse muito menor do que os cartazes e as faixas que outros carregavam, atraiu uma atenção significativamente maior. Pela primeira vez, diz Jahn, ele ficou surpreso com o forte impacto que um indivíduo, usando de meios mínimos, pode causar numa ditadura.

Em setembro de 1982, Jahn foi preso por ter em sua bicicleta uma pequena bandeira polonesa que dizia "Narodni Polski", comprada por ele numa papelaria por 80 centavos. Com um pincel atômico, acrescentou a palavra "Solidarność" acima do texto impresso e a tradução em alemão por baixo: "Solidariedade ao povo polonês" – um lugar-comum que ele costumava ver no jornal do partido, o *Neues Deutschland*. Mas, combinada com a palavra polonesa "Solidarność", também o nome do movimento de protesto polonês, o lugar-comum tornou-se uma manifestação política. Jahn foi sentenciado a 22 meses de prisão por "menosprezo aos símbolos nacionais".

A bandeirinha, explica Jahn, foi o incentivo, mas não o motivo para sua prisão. "Eles o prendem quando estão fartos." Anteriormente, ele havia exigido informações sobre a morte de seu amigo Matthias Domaschk, falecido na prisão em circunstâncias obscuras. Daí em diante, a Stasi não o relacionava mais como um "opositor", mas como "Caso Operacional Central" – *Zentraler Operativer Vorgang*, ou ZOV, em alemão – sob o nome "Weinberg". O ZOV indicava o mais alto nível de perseguição e vários departamentos eram alocados para lidar com esses casos.

Jahn foi preso e contava ser resgatado pela Alemanha Ocidental. Passou a maior parte do tempo numa solitária. Parecia-lhe fantasioso ter esperanças de que fosse libertado na Alemanha Oriental, ou que o movimento de protesto se espalhasse. Durante o julgamento, viu como os juízes controlados pelo Estado o jogaram na cadeia a troco de nada – uma bandeirinha na bicicleta! O que mais pesou sobre ele foram as ameaças feitas durante os interrogatórios: "Consideramos muito improvável que você veja sua filha no primeiro dia de aula dela!" – na época, a garotinha tinha apenas três anos. Seu advogado alemão oriental, Wolfgang Schnur, insistiu para que ele solicitasse um visto de saída para a Alemanha Ocidental. Àquela altura, a Stasi começara a permitir a partida para o Oeste dos dissidentes que se provavam intratáveis e eram muito conhecidos. Se Jahn não pedisse um visto de saída agora e aguardasse pela soltura da prisão anos depois, alertou o advogado, não restaria ninguém no portão esperando para buscá-lo. Sua cara-metade também estaria presa; os amigos teriam emigrado há muito tempo. Mas se ele desse entrada no pedido agora, a sentença podia acabar em apenas algumas semanas. Na época, não havia como Jahn saber que o advogado trabalhava para a Stasi. Depois da abertura dos arquivos da Stasi, Schnur foi condenado por delação.

Jahn já tivera vários breves colapsos na prisão; não era mais capaz de tomar decisões. Contrariando seus instintos, deu entrada no pedido. Depois de seis meses na prisão, Roland Jahn foi liberto "por bom comportamento" –, porém não para a Alemanha Ocidental, como esperava, mas na Oriental. No início ele se perguntou sobre o motivo para aquela guinada nos acontecimentos. Será que a Stasi o considerava particularmente perigoso – ou, ao contrário, particularmente obediente? De repente, ele era considerado "assimilável"? Só depois da soltura, ele percebeu que o motivo para ser liberto nada tinha a ver com ele ou seu comportamento durante os interrogatórios. "Nas ditaduras", explica Jahn, "as decisões relacionadas com o destino de alguém quase nunca são tomadas com respeito a cada caso." Em vez disso, sua libertação se devia a uma mudança no contexto político internacional. Durante a detenção de Jahn, a influência do movimento pela paz na Alemanha Ocidental era cada vez mais influente. Em Bonn, seus defensores protestaram contra o posicionamento de mísseis americanos Pershing e de cruzeiro na Alemanha Ocidental – um protesto que se conformava inteiramente com a política externa da Alemanha Oriental. Um pequeno grupo de manifestantes fez cartazes exigindo a soltura de Roland Jahn e outros prisioneiros políticos na Alemanha Oriental. Os noticiários da Alemanha Ocidental transmitiram essas imagens. Libertar Roland Jahn da prisão em fevereiro de 1983 foi um gesto político com que a liderança da Alemanha Oriental esperava impressionar seu parceiro desejado, vendo claramente um aliado natural no movimento pela paz na Alemanha Ocidental.

Beneficiário assombrado desta situação, Roland Jahn rapidamente valorizou sua nova liberdade. Apenas um mês depois da soltura, junto com amigos, fundou a Friedensgemeinschaft Jena – "Comunidade pela Paz de Jena" – e começou a organizar manifestações em Jena. Os motivos para substituir a antiga divisa "liberdade" por "paz" eram puramente estratégicos; entre os companheiros de campanha, ele não deixava dúvidas de que, com isso, pretendia uma vida de liberdade e justiça.

O grupo de Jena participava das manifestações pela paz organizadas oficialmente na Alemanha Oriental com seus próprios cartazes. A vantagem desta forma de protesto era que os membros do grupo agora eram "apenas" espancados, e não mais presos, pelo pessoal à paisana da Stasi. O exemplo de Jena pegou e logo havia comunidades pela paz em outras cidades da Alemanha Oriental que também participaram de manifestações oficiais com seus próprios slogans. O resultado, porém, foi que os agentes da Stasi agora visitavam Roland Jahn a cada poucos dias para lembrá-lo da solicitação de visto de saída. Jahn declarou que a solicitação extorquida era nula e vazia. Oficialmente, afirmou que preferia ficar em sua "terra natal". Por fim, sob algum pretexto, teve ordens para comparecer à central de polícia. Lá, disseram-lhe que ele seria liberado da cidadania da Alemanha Oriental naquele mesmo dia; voltaria a seu apartamento imediatamente para pegar a bagagem. Seu caso foi o segundo de expatriação compulsória – depois de Wolf Biermann, que teve seu reingresso recusado na Alemanha Oriental após um show em Colônia. Como regra, desejando evitar comparações com os nazistas, que usaram táticas semelhantes, as autoridades da Alemanha Oriental fugiam dessa prática.

Em lugar de obedecer às instruções dos funcionários, Jahn fugiu para a casa de um amigo. Mas uma horda da Stasi o seguiu. Algemando seus pulsos, levaram Jahn à força do apartamento do jeito que estava, de camisa e cueca. Enquanto o empurravam para dentro de um camburão, ele gritou aos vizinhos boquiabertos: "Por favor, não pensem que matei alguém, estão me prendendo porque eu não quero ir para o Ocidente!"

Foi uma situação grotesca: algemado, Jahn foi obrigado a aceitar um privilégio desejado por incontáveis cidadãos da Alemanha Oriental – a partida para o Oeste.

Um comboio o levou à fronteira, onde ele foi arrastado pela plataforma do trem, ainda algemado. Quando perguntou ao agente que o algemou o que ele faria se um destino semelhante se abatesse sobre seu filho, o homem apertou as correntes no pulso de Jahn até ele gritar. O agente só retirou as algemas depois que Jahn estava a bordo do trem.

Sua chegada a Berlim Ocidental, em 8 de junho de 1983, causou sensação na mídia. Nunca antes um cidadão da Alemanha Oriental foi levado à força ao Ocidente. A *Bild* circulou com a manchete: PELA PRIMEIRA VEZ, JOVEM ALEMÃO É RETIRADO À FORÇA DE SUA TERRA NATAL! O clamor gerado pela deportação atravessou todas as linhas políticas. Jahn escreveu cartas de protesto a importantes políticos do Oeste e do Leste; apelou ao presidente das Nações Unidas e exigiu sua imediata repatriação. O governo da Alemanha Oriental ainda não se deixara impressionar – Jahn foi proibido em definitivo de entrar no país que ele não queria abandonar. Embora nem o governo da Alemanha Oriental nem Jahn tivessem como saber àquela altura, este "em definitivo" só duraria mais cinco anos.

Enquanto lidava com a enxurrada de convites recebidos depois da deportação, Jahn se atormentava de preocupação com o destino do pai. Conhecia o suficiente a "firma" para prever que ela faria o pai expiar pelas traquinices do filho. Como àquela altura o pai já tinha se aposentado e recebia uma pensão por invalidez, a Stasi não poderia mais castigá-lo com uma demissão da Zeiss, em Jena. Mas Jahn descobriu que o anjo vingador de Mielke ainda encontrou um jeito de atingir o velho onde mais doía. Desde tenra idade, o pai de Jahn era um jogador de futebol entusiasmado e talentoso. Na juventude, queria seguir carreira de atleta profissional, mas a perda de uma perna na Segunda Guerra Mundial impediu que realizasse esse sonho de infância. Entretanto, não abandonou sua paixão; logo que voltou da guerra, criou o Carl Zeiss Jena Futebol Clube, treinando jovens jogadores. Ao longo de uma vida toda orientando jovens, ele formou 23 jogadores nacionais. Alguns integrantes do clube de Jahn pai jogaram na seleção da Alemanha Oriental em uma partida histórica contra os alemães ocidentais, vencida pelos orientais. Por muitos anos, Jahn pai foi membro honorário número um do Carl Zeiss Jena Futebol Clube.

O pessoal de Mielke cuidou para que o velho perdesse a afiliação honorária e fosse proibido de entrar no clube. Tripudiaram do trabalho de sua vida. Todavia, para o pai de Jahn, o fato de que "seu clube" cedera à Stasi praticamente sem resistência pode ter sido ainda pior do que essa exclusão.

Quando Roland Jahn descobriu o que acontecera, a velha pergunta do pai lhe voltou com toda força: será que seus protestos, que trouxeram tanta infelicidade ao pai, realmente "valiam a pena"? Não teria ele ido longe demais, não teria mostrado muito pouca consideração pelos pais? Na prisão, ele testemunhou antigos amigos e companheiros de batalha, chantageados pela Stasi, cedendo e concordando em fazer concessões. Jurou que jamais se permitiria ser chantageado. O destino do pai mudou sua visão desses "fracassos". Realçou a consciência de que essas pessoas, em muitos casos, não desistiram de sua resistência pelo próprio bem-estar, mas porque pensavam nas consequências para suas famílias.

Ao mesmo tempo, levar em consideração o destino dos parentes era uma questão complicada; a Stasi não obedecia a nenhum padrão fixo. Ao punir dissidentes e seus familiares, a Stasi de maneira nenhuma seguia um programa predeterminado. O problema, explica Jahn, era exatamente que ninguém que desafiasse a ditadura da Alemanha Oriental podia prever antecipadamente o quanto isso custaria a ele e a sua família. Para o pai de Roland Jahn, a resistência do filho teve consequências arrasadoras; em outros casos, não havia consequência alguma. A Stasi agia segundo uma regra empírica: punir um para que outras centenas vivessem com medo. Quem permitisse que esse medo incalculável determinasse seus atos basicamente não conseguia fazer absolutamente nada – entrava em uma espécie de obediência preventiva à Stasi porque, em princípio, tinha que esperar o pior a qualquer hora. "A *Sippenhaft*, ou mesmo apenas a ameaça dela", conclui Roland Jahn, "era o meio mais eficaz de opressão."

Roland Jahn retornou uma vez, ilegalmente, ao país que o expulsou. Voltando de uma viagem a Praga, conseguiu se valer da desatenção dos controladores de passaporte para entrar em Berlim Oriental. Em desafio, pegou um trem para Jena. Por um bom tempo – que para ele pareceu uma eternidade – ficou de pé na entrada do prédio de seus pais, incapaz de se obrigar a tocar a campainha. Não sabia como os pais reagiriam: iriam recebê-lo em casa de braços abertos, ou lhe passariam um sabão? Ele nem mesmo sabia do estado de saúde dos pais. Pensou no problema cardíaco do pai e temeu que o choque de um reencontro inesperado fosse demasiado para ele – que dirá a comoção que certamente se seguiria se a Stasi viesse a confrontá-lo ali e o arrastasse para fora do apartamento. Jahn escapuliu dali como um cachorro enxotado – sua deserção involuntária ao Ocidente se colocava entre ele e a porta de entrada dos pais.

Em seu Trabant, um amigo levou Jahn aos companheiros de batalha em Berlim Oriental, que incluíam Bärbel Bohley, Ulrike e Gerd Poppe e o pastor Rainer Eppelmann. Os quatro deixaram claro a Jahn que ele podia fazer muito mais pelo movimento dos direitos civis da Alemanha Oriental no Oeste – em seus discursos e em seu trabalho como jornalista na mídia ocidental – do que como mártir sob custódia da Stasi. "Você é muito mais valioso para nós no Ocidente do que na clandestinidade aqui." Depois de dois dias e duas noites de discussões exaustivas, levaram Jahn de carro à fronteira. A Missão Permanente da República Federal da Alemanha em Berlim Oriental garantira antecipadamente que ele poderia sair do país sem ser molestado. Caso contrário, se sua mais recente "volta", desta vez "ilegal", fosse descoberta, poderia resultar em uma nova sentença de prisão.

Apenas no momento em que pisou em solo de Berlim Ocidental pela segunda vez – desta vez por sua própria vontade –, sentiu-se livre e em paz consigo mesmo, conta Roland Jahn. Só então sentiu verdadeiramente que tinha deixado a Alemanha Oriental. O cordão umbilical fora cortado e, com ele, a culpa que consciente ou inconscientemente incitava reflexos defensivos em quase todos os dissidentes sempre que os jornais ou partidos da Alemanha Ocidental tentavam apregoá-los como um testamento à superioridade do sistema ocidental. Roland não era nem um "Ossi", nem um "Wessi" – ele era alemão.

Durante os anos de resistência de Roland Jahn, a ideia de uma Alemanha reunificada era tão distante de sua mente como na dos maiores dissidentes na Alemanha Oriental. O desejo de Jahn era nada menos do que o fim da ditadura; queria condições democráticas estabelecidas no país que chamava de lar. Na época, a reunificação dos dois Estados alemães parecia uma possibilidade tão infinitamente distante que não tinha lugar em seus pensamentos.

Em 15 de janeiro de 1990, Roland Jahn participou do ataque à sede da Stasi na Normannenstrasse. O objetivo da campanha era evitar a destruição e remoção dos arquivos, já encaminhada por agentes da Stasi. Um militante do "comitê de cidadãos" tirou um arquivo das prateleiras: um dos muitos volumes que a

Stasi compilou sobre Roland Jahn. Jahn foi o primeiro cidadão alemão oriental a quem deram a oportunidade de ver sua ficha – diante das câmeras de televisão de todo o mundo.

Onze anos mais tarde, em 28 de janeiro de 2011, Roland Jahn foi nomeado diretor da agência responsável pelo processamento do enorme legado em papel da Stasi. A nomeação fez dele o encarregado de 110 quilômetros de prateleiras. Além disso, havia também os arquivos destruídos, que agentes da Stasi jogaram em suas fragmentadoras de papel nos dias que se seguiram à queda do Muro. Incontáveis sacos de lixo foram resgatados e guardados nos extensos pátios internos das sedes da Stasi. Programadores de computador expeditos desenvolveram um processo pelo qual as tiras de papel podiam ser reunidas como as peças de um quebra-cabeças, tornando-se legíveis. O que Mielke deixou foi o legado de um aparato de espionagem monstruoso e paranoico. É um testamento à corruptibilidade das pessoas, à subjugação e à traição; todavia, ao mesmo tempo, também dá provas da coragem moral daqueles cidadãos que resistiram a todos os esforços de engodo e extorsão.

Atualmente, diminuiu a controvérsia ideológica sobre a agência. Autoridades dos ministérios da Interior da Polônia, Hungria e República Tcheca já a visitaram para examinar como os alemães estão lidando com o legado da ditadura comunista. No início, os governos desses países decidiram não preservar nem disponibilizar os arquivos de seus respectivos serviços secretos. O principal argumento daqueles que se opunham ao arquivamento das fichas era de que o esquecimento era mais jubiloso do que o reconhecimento – processar os documentos levaria a um racha na sociedade. Mas logo ficou evidente que foram precisamente o esquecimento e o perdão preceituados que causavam o racha. Era insuportável para as vítimas da opressão comunista ver os informantes e os capangas da opressão assumindo importantes cargos depois das eleições democráticas.

Parece ser uma lei da natureza que, se não forem obrigados a enfrentar o passado, os perpetradores de outrora tentam se fazer de vítimas e ascender a posições de liderança na esteira de uma mudança radical no sistema a que eles antes serviram. Na Alemanha, esta lei é exemplificada pelo estado de Brandemburgo que, como seu vizinho Berlim, era um bastião da espionagem. Quando recontrataram agentes, a coalizão governante, composta de membros do SPD e do Partido de Esquerda (que sucedeu o Partido Comunista da Alemanha Oriental), abriu mão das revelações habitualmente exigidas sobre o passado dos indivíduos na Alemanha Oriental. Esta "generosidade" imediatamente resultou na nomeação de antigos colaboradores da Stasi, bem como juízes e advogados submissos à Alemanha Oriental, a altos cargos na polícia e no aparato judicial do estado depois da reunificação. Uma onda de desconfiança e indignação tomou o país. A única maneira de distinguir suspeitas legítimas das falsas era pelo recurso aos registros na agência de Jahn.

Roland Jahn, agora chefe de uma agência com mais de dois mil funcionários, considera sua "firma" uma escola de democracia. Quer revelar os mecanismos que geram medo e subordinação, mas também trazer à luz exemplos de coragem e resistência moral – dos quais, na realidade, existem bem poucos. E naturalmente é importante para ele provar que a Alemanha Oriental foi de fato uma ditadura – conceito que muitos cidadãos da antiga Alemanha Oriental ainda negam enfaticamente porque, como se supõe, leva a equiparar a Alemanha Oriental com o regime nazista. Mas comparar, argumenta Jahn, não é o mesmo que igualar. Na verdade, só pela comparação é possível diferenciar. Comparar a Stasi à Gestapo leva a uma conclusão surpreendente. A Gestapo tinha no máximo 45 mil funcionários, de uma população de 80 milhões de pessoas. A Stasi, que vigiava pouco mais de 18 milhões de cidadãos, empregava bem mais de cem mil agentes, junto com outros cem mil colaboradores extraoficiais. Ao que parece, os nazistas podiam contar mais com a aquiescência de cidadãos do país do que os comunistas governantes na Alemanha Oriental. Ao contrário da Gestapo, a Stasi só recorreu ao assassinato e à tortura em casos excepcionais. Em vez disso, o serviço secreto de Mielke dependia do poder da suspeita disseminada: cada cidadão tinha motivos para desconfiar do outro. Mielke chegou o mais perto possível de atingir tal objetivo. A agência de Jahn tem lançado uma luz sobre os pré-requisitos para este sucesso, entre os quais o mais importante foi o próprio partido governante da Alemanha Oriental: o Partido da Unidade Socialista da Alemanha, ou SED.

O NOVO RACISMO

Uma das muitas consequências imprevistas da abertura do Muro foi a explosão do racismo violento e manifesto. Houve um aumento de incidentes xenófobos, do tipo que não se via desde a guerra, em toda a Alemanha unificada. Nas cidades de Rostock e Hoyerswerda, na Alemanha Oriental, mas também em Solingen, Lübeck e Mölln, na Alemanha Ocidental, gente de diferentes cores de pele era perseguida e albergues para refugiados eram incendiados. Nos dias depois da abertura do Muro, a frase "Estrangeiros, não nos deixem sozinhos com os alemães" podia ser vista escrita por seu concreto perfurado. A resposta brutal a este slogan nostálgico não tardou, exigindo: "A Alemanha para os alemães!"

No início de 1990, enquanto pesquisava para meu livro *Extreme Mitellage*, dei com uma história estranha, que chamei de "o último saltador do muro". Em 14 de março de 1990, quatro meses depois da queda do Muro, um homem se equilibrou precariamente na crista arredondada do Muro, andando precipitadamente, virou-se de chofre e tomou a direção contrária. Foi só quando se virou pela segunda vez que quem passava por ali percebeu que ele não estava se exibindo. Do lado ocidental do Muro, como uma sombra, um zeloso guarda de fronteira alemão oriental corria junto com ele. Várias testemunhas oculares se aproximaram e perguntaram ao guarda quem ele tentava prender e com base em que lei. Ele resmungou algo sobre "acordos internacionais" – aparentemente, referindo-se a acordos entre alemães – que o obrigavam a deter vietnamitas fugitivos e levá-los de volta à Alemanha Oriental. Pela primeira vez, os espectadores curiosos de Berlim Ocidental perceberam que o novo direito de atravessar a fronteira marcada pelo Muro só era válido aos alemães. O fugitivo vietnamita se aproveitou da discussão entre o guarda e os pedestres para pular do Muro e fugir para Berlim Ocidental. Foi um dos primeiros dos milhares de vietnamitas que procuraram asilo em Berlim Ocidental nos meses e anos subsequentes.

Foi somente depois de uma pesquisa mais extensa que descobri que o primeiro "Estado de Trabalhadores e Agricultores" em território alemão, de que eu muito me orgulhava por seu "internacionalismo", era lar de no máximo 1% de estrangeiros. Até o fim de sua existência, a Alemanha Oriental era a nação com menos estrangeiros da Europa. Metade dos aproximadamente 160 mil imigrantes da Alemanha Oriental vinha do Vietnã, os outros de Moçambique, Angola, Polônia e Cuba. Quando os "Fijis" entraram no país – muitos cidadãos alemães orientais associavam os vietnamitas com as ilhas Fiji, e esse termo errôneo pegou mesmo depois de ser geograficamente esclarecido –, as autoridades da Alemanha Oriental de imediato recolheram seus passaportes, enviaram-nos a barracões residenciais e embolsaram 12% de seus salários como compensação pela "assistência militar fraterna" da Alemanha Oriental aos vietcongues. Fora do trabalho, os "Fijis" praticamente não tinham contato com os alemães; qualquer reunião ou conversa que acontecia depois do fim do expediente tinha que ser denunciada. A maioria dos trabalhadores vietnamitas era de mulheres empregadas na indústria têxtil da Alemanha Oriental. Se engravidassem, tinham que decidir entre um aborto e a deportação. Algumas delas escaparam desse destino pelo suicídio. Os "Fijis" não tinham permissão para sair da cidade sem autorização nem podiam entrar em restaurantes comuns. Uma trabalhadora que conseguiu se tornar deputada no Parlamento regional conta que ficou sentada sozinha, em sua festa de boas-vindas, à mesa na sala lotada durante todo o evento. Os "Mozis" – trabalhadores de Moçambique – não tinham vida melhor. Só os latino-americanos e cubanos desfrutavam de certos privilégios. Com seus violões e canções revolucionárias, alguns encontraram amantes entre receptivas alemãs orientais e assim conseguiram aprender alemão.

Os vietnamitas e africanos da Alemanha Oriental foram os primeiros a sofrer perseguição imediata de neonazistas locais depois da reunificação. Desde o início dos anos 1960, os alemães ocidentais conviviam com milhões de trabalhadores estrangeiros, embora negassem obstinadamente o fato de seu país ter se tornado uma nação de imigrantes. Uma das primeiras e importantes decisões equivocadas dos letárgicos "vencedores" da Alemanha Ocidental foi plantar abrigos para refugiados no deserto alemão praticamente homogêneo da antiga Alemanha Oriental, a fim de distribuir "com justiça" refugiados de todo o mundo, que buscavam asilo no país. Muitos alemães orientais, cujos negócios haviam fechado depois da reunificação, reagiram com uma fúria desenfreada.

Um dos piores incidentes ocorreu na cidade alemã oriental de Rostock. Entre 22 e 26 de agosto de 1992, várias centenas de vândalos atacaram um albergue para antigos operários de construção vietnamitas, atiçados por milhares de espectadores. O prédio foi incendiado, e agressores e espectadores impediram a polícia e os bombeiros de terem acesso ao abrigo. A polícia se retirou, deixando por conta própria os vietnamitas presos no prédio em chamas. Só conseguiram escapar graças a uma saída de emergência no oitavo andar que levava ao telhado vizinho e a uma intervenção renovada da polícia, atrasada demais. Sessenta e cinco policiais ficaram feridos nos enfrentamentos com os vândalos descontrolados, cujo número inchou a aproximadamente mil pessoas. Foi um milagre que ninguém tivesse perecido nas chamas.

A imprensa internacional apresentou os tumultos de Rostock como imagens de terror rememorativas da era nazista. O tabloide *Bild* achou que os estrangeiros mais uma vez castigavam injustamente os alemães. O chanceler federal Helmut Kohl recorreu a uma tentativa absurda de explicação saída da Guerra Fria, alegando que a Stasi incitou e dirigiu os tumultos em Rostock-Lichtenhagen. Além disso, recusou-se categoricamente a visitar as cenas do crime e suas vítimas. Por intermédio de um porta-voz, informou que não tinha em alta conta o "turismo condolente de outros políticos".

Então, nas duas metades da Alemanha, começou a se desenvolver uma mobilização democrática contra a nova (antiga) barbárie, iniciada não por um partido político, mas pela sociedade civil – ou, mais precisamente, por cidadãos que se uniram em protesto. Junto com outros de mentalidade semelhante, Giovanni di Lorenzo, editor chefe do *Die Zeit*, deu o pontapé inicial, organizando uma vigília à luz de velas contra a xenofobia em Munique. Centenas de voluntários ajudaram, e milhares de pessoas participaram. Eventos semelhantes se seguiram em Hamburgo e em outras cidades. Uma verdadeira febre das velas tomou os alemães. As vigílias se tornaram tão populares e com tamanha rapidez que a Associação de Fabricantes de Velas da Alemanha aproveitou a oportunidade para organizar uma mostra das mais belas fotografias da manifestação em Munique; um fabricante de automóveis reagiu ao temido colapso nas vendas de carros alemães no exterior criando anúncios com fotos das vigílias para o mercado estrangeiro. Logo as margens mais distantes do espectro político começaram a elevar as vozes em um contraprotesto furioso. Um militante de esquerda, claramente com inveja do sucesso das vigílias, acusou os organizadores de "sentimentalismo medíocre", sugerindo que só a radical de esquerda *Autonome*, com seu hábito de atirar ovos, era de "verdadeiros" manifestantes; um político ultraconservador de Berlim suspeitou que o centro nervoso de um front popular secreto estava por trás da mobilização dos três milhões de manifestantes das vigílias; Brigitte Seebacher-Brandt, segunda mulher do falecido Willy Brandt, alegou ver uma ligação direta com o espírito dos nazistas no simbolismo da "magia do fogo".

Apesar destas suspeitas, mas também por causa delas, as vigílias com velas tornaram-se um sinal altamente visível da determinação da sociedade civil de enfrentar o surto de barbárie. Encorajaram judeus e estrangeiros residentes na Alemanha a permanecerem no país por opção própria.

Inicialmente, Berlim, a cidade alemã com a maior proporção de habitantes de passaportes estrangeiros (cerca de 900 mil de seus aproximadamente 3,5 milhões de habitantes são de origem estrangeira), foi poupada de qualquer ataque incendiário dramático ou outros grandes incidentes homicidas. Ainda assim, mesmo esta cidade cosmopolita tornou-se local de um número crescente de ataques e assassinatos contra cidadãos não brancos, em geral nos trens e nas estações do U-Bahn e S-Bahn.

Em outubro de 1991, junto com vários colegas e amigos – jornalistas, escritores, artistas, atores, gente de teatro – fundei uma iniciativa chamada Coragem Contra a Xenofobia. Depois de várias campanhas de panfletagem, concentramo-nos nas escolas, onde implementamos atividades contra o racismo e a xenofobia com apoio de professores e alunos. A ideia básica por trás dessas atividades era individualizar imagens abstratas de "estrangeiros", dando-lhes rostos e histórias concretas – na realidade, a maioria dos integrantes de nosso grupo era de berlinenses de origem estrangeira; às vezes, entre nós, falávamos 16 línguas. Todos tinham a liberdade de escolher que forma assumiria sua "aula"; compilamos e avaliamos nossas experiências para servir de modelo para futuras ações.

No curso de nossos aparecimentos, descobrimos que éramos convidados principalmente por escolas de Berlim Ocidental, cujos alunos e professores já haviam criado iniciativas semelhantes. As "escolas problema" – nos distritos de Berlim Oriental de Lichtenberg e Hohenschönhausen, por exemplo – quase nunca aceitavam nossa oferta porque os diretores temiam que aceitar um convite de nosso grupo seria suficiente para estragar a "boa reputação" de suas escolas. Entre os berlinenses esclarecidos, prevaleceu rapidamente o mandamento do politicamente correto, ditando que o problema do novo racismo era distribuído igualmente por Leste e Oeste. Consolidou-se uma espécie de competição de contrição, dificultando a declaração do óbvio: que os novos estados orientais eram particularmente suscetíveis às mensagens do novo racismo antigo.

Uma rivalidade absurda pela coroa da culpa cresceu entre especialistas de formação acadêmica. Depois que alguém apontou para a mentalidade de extrema direita da juventude alemã oriental, mais alguém apresentou provas de que ela era pelo menos igualmente dominante entre os jovens da Alemanha Ocidental e vice-versa. Um olhar à geografia do terror de direita, porém, mostrava, sem dúvida nenhuma, que esta mentalidade, por duas décadas – e as vitórias eleitorais do Partido Nacional Democrata (NPD), da direita alemã –, centrava-se nos novos estados da Saxônia, Alta Saxônia e Turíngia. E se você perguntar a asiáticos ou negros em Berlim que estações do S-Bahn tendem a evitar depois do anoitecer, a resposta é igualmente reveladora. Em novembro de 2012, uma investigação representativa da Fundação Friedrich Ebert, que tem laços com o SPD, concluiu que o percentual de alemães orientais "com uma estrita visão de mundo de extrema-direita" duplicou desde 2002 – de 8,1% a 15,8%. No Oeste, no mesmo período, foi observado um leve declínio – de 7,6% a 7,1%.[1] Segundo o estudo, aproximadamente 39% dos alemães orientais tinham opiniões manifestamente xenófobas, apesar da fração ainda muito baixa de imigrantes (aproximadamente 2%) nos antigos estados do Leste. O estudo também revelou que os novos centros da violência de extrema- direita desenvolveram-se no oeste da Alemanha: no distrito de Ruhr e em Schleswig-Holstein.

Felizmente, cidadãos engajados do Leste e do Oeste não deram a mínima para esse debate acadêmico. Já há algum tempo, campanhas antirracistas se concentram nos chamados novos estados. Praticamente nenhum aparecimento de neonazistas deixou de ser enfrentado – ou mesmo evitado – por uma contramanifestação. Por meio de grupos de cidadãos, vigílias de silêncio e redes antirracistas, um número crescente de indivíduos corajosos recusa-se publicamente a tolerar as ditas zonas nacionais liberadas de extremismo de direita.

No vigésimo aniversário dos eventos ignominiosos de Rostock-Lichtenhagen, milhares de cidadãos de Rostock reuniram-se em nome da solidariedade e da humanidade. O presidente federal da Alemanha, Joachim Gauck, fez um discurso comovente – e se existe alguém que pode falar de forma instigante sobre a liberdade e a responsabilidade é o nativo de Rostock, Joachim Gauck. A Alemanha finalmente mostrava seu melhor lado mais uma vez: uma nação próspera, enfrentando cabisbaixa os pecados de seu passado. Na realidade, naquele dia, não havia sinal da turba xenófoba que tentara queimar os moradores do abrigo para refugiados vinte anos antes. É de se perguntar para onde foi toda aquela gente. Na época do ataque, os racistas de Rostock estavam no auge da idade do vandalismo; em 2012, não podiam ter passado de quarenta ou cinquenta anos. De acordo com a mídia, atualmente dois terços da população de Rostock-Lichtenhagen são de novos cidadãos – em outras palavras, gente que só se mudou para lá depois do pogrom. Alguns cidadãos mais velhos de Rostock preferiram uma explicação diferente: a turba na época vinha de Berlim e da Alemanha Ocidental e há muito tempo rastejou de volta para lá.

Estranhamente, depois de todos aqueles anos, ninguém estava interessado em descobrir o que foi feito dos vietnamitas da Alemanha Oriental.

VIETNAMITAS EM BERLIM

Pouco antes do Natal de 2012, visitei cinco enormes centros comerciais em Lichtenberg, um dos distritos mais a leste de Berlim. Localizados no meio de uma paisagem de armazéns abandonados, fazem parte do Centro Dong Xuan, um shopping center. Em seu interior, toda sorte de serviços é oferecida – tudo, de cuidados pessoais a alfaiates, salões para fazer o cabelo e as unhas, videntes e restaurantes, bem como exemplos cotidianos e excepcionais: vegetais frescos e peixe congelado; vestidos para a noite e de noiva. As paredes são cobertas de cartazes em alemão e em vietnamita, anunciando massagens, serviços automobilísticos, contadores e advogados. O custo do corte de cabelo é de oito euros para os homens e de quatorze euros para lavar, cortar e pentear as mulheres. As cabeleireiras nos salões de muitos empregados são jovens vietnamitas elegantes, com cabelo reluzente de todas as cores – filhas, aparentemente, da geração que incluiu o "meu" último saltador do muro. A maioria delas fala alemão fluente e de imediato convida a um corte de cabelo os transeuntes curiosos que olham o interior de suas lojas. Muitas se formaram no ensino médio na Alemanha e ajudam os pais durante a temporada de Natal. Li nos jornais que mais de 50% dos estudantes vietnamitas na Alemanha frequentam colégios acadêmicos – bem mais do que estudantes nascidos na Alemanha – e que também levam para casa boletins melhores.

A tatuagem mais popular, de longe, é um dragão de ornamentação complexa, anunciado em cartazes, que os tatuadores provavelmente podem imprimir de olhos vendados nas costas dos clientes. Fardos de cachecóis de cores vivas, da altura de um homem, estão à venda, empilhados no chão despojado dos salões de aproximadamente 30 metros quadrados. Não faltam lojas que ofereçam todo tipo de vestuário – embora, naturalmente, a maioria dos tamanhos disponíveis não caiba nos clientes da Europa Central. Os pontos mais movimentados são as lojas de presentes e de produtos gerais, onde se pode encontrar de tudo, de alfinetes de segurança a saca-rolhas e volantes esportivos. Perto da saída do Salão 3, encontrei a loja mais bonita: em um espaço com pouco mais de 20 metros quadrados, todas as flores do mundo estão em exibição em tal abundância que nem a mais leve lasca de parede fica visível. Parado junto à entrada, assombrado, convenci-me de sentir o perfume de todas as flores que cresciam nessa terra de Deus – até que percebi que eram imitações perfeitas.

A atividade no centro comercial era tão pacífica que me foi impossível evocar a gritaria cheia de ódio em Rostock vinte anos antes. Famílias alemãs com filhos, que nesses ambientes pareciam membros de uma espécie um tanto gigante e gorda, espremiam-se pesadamente pelos corredores estreitos, mas com consideração pelos outros, antes de parar para comer alguma coisa num dos restaurantes vietnamitas. Afinal, o mercado Dong Xuan está localizado em Berlim-Lichtenberg, uma zona interdita a estrangeiros. Entretanto foi justamente aqui que os vietnamitas, com tenacidade e intrepidez, parecem ter conseguido demarcar para si um lugar, que se tornou grande e atraente demais para ser alvo de ataques neonazistas. Hoje, moram em Berlim de 20 mil a 40 mil vietnamitas – ninguém sabe o número exato. São considerados um dos grupos de imigrantes mais assimilados da Alemanha. O VietinBank comprou um prédio de cinco andares em Berlim-Lichtenberg e abriu uma agência ali. Porém, nem um único político de Berlim apareceu na inauguração, celebrada na presença do vice-presidente do Vietnã, Nguyen Thi Doan. Por quê? Porque a inauguração aconteceu em um feriado alemão: o Pentecostes. Sem dúvida, todos os políticos de Berlim estavam na igreja naquele dia, rezando pela convivência pacífica por toda a Alemanha.

Em Berlim, algumas histórias com inícios medonhos acabam bem.

ANETTA KAHANE E A FUNDAÇÃO AMADEU ANTONIO

Em 1998, a berlinense oriental Anetta Kahane e algumas almas irmãs fundaram, em Berlim Oriental, uma associação contra a xenofobia e o racismo, batizada em homenagem a Amadeu Antonio. Este angolano foi empregado como operário de construção em Eberswalde, no estado de Brandemburgo. Na noite de 24 para 25 de novembro de 1990, um grupo de cerca de cinquenta jovens de extrema-direita atravessou a cidade com tacos de beisebol para perseguir negros. Quando encontraram três africanos em um restaurante, caíram em cima deles. Enquanto dois moçambicanos ficaram gravemente feridos, mas conseguiram fugir, Amadeu Antonio Kiowa, de 28 anos, entrou em coma, do qual não despertou. Morreu duas semanas depois.

Hoje, a Fundação Amadeu Antonio faz parte de uma rede de centenas de iniciativas semelhantes. Organiza manifestações e shows de rock contra a violência racista e de direita e tem o apoio de muitas figuras públicas. Cerca de 600 mil cidadãos alemães agora trabalham em iniciativas antirracistas. A Fundação Amadeu Antonio angariou a atenção mundial quando publicou uma lista de todas as baixas da violência racista no país, depois de uma série de assassinatos cometidos por um trio de neonazistas na antiga cidade da Alemanha Oriental de Zwickau, levando a vida de nove turcos que moravam no país por uma década. O número liberado divergia das estatísticas oficiais de criminalidade em um grau chocante: enquanto o número oficial para o período de 1990 a 2011 compreende um total de 63 dos chamados crimes de segurança de Estado, a lista da Fundação Amadeu Antonio indica 183 casos. Inclui uma vítima judia, embora não esteja claro que ele não tenha morrido de ataque cardíaco.

A discrepância entre esses números se deve principalmente às diferentes definições aplicadas aos atos de violência. As estatísticas oficiais de criminalidade excluíam todos os casos que não eram claramente motivados por racismo, segundo definição de seus critérios restritivos. Pressionada pela documentação reunida pela Fundação Amadeu Antonio, a Conferência de Ministros do Interior desde então mudou seus critérios para a determinação de "crimes politicamente definidos"; todavia, continua a contrariar os números da fundação. Com base em pesquisa independente, um relatório do semanário *Die Zeit* chegou a um total muito mais próximo de 152 casos para o mesmo período.

Nada em Anetta Kahane parecia predestiná-la a uma carreira de guerreira contra o racismo e defensora dos direitos humanos. Qualquer tendência missionária, que dirá qualquer sugestão da arrogância moral às vezes vista nos advogados de direitos humanos, é estranha à ruiva baixinha. Ela passa a impressão de ser tranquila, mas não confiante; sua disposição parece tender mais à dúvida do que às verdades incontroversas. Suas maneiras reservadas provavelmente têm algo a ver com o capítulo de sua vida na Alemanha Oriental, uma época em que ela perdeu suas amarras morais. Se você procurar "Kahane" na Internet, depois de apenas dois cliques aparece uma palavra de duas sílabas ao lado de seu nome: Stasi.

Anetta Kahane é filha de comunistas judaico-alemães que emigraram para o Brasil no início do Terceiro Reich, mas voltaram ao país logo depois que a Alemanha Oriental foi fundada.

Um de seus tios era rabino; os pais eram marxistas convictos que se afastaram da religião e queriam participar como leais cidadãos na construção da "primeira nação antifascista em solo alemão". Anetta foi criada no distrito burguês de Pankow, em Berlim Oriental, mas procurou em vão ali um lugar só dela – e na nova nação que seus pais defenderam com tanto entusiasmo. Segundo os pais, diz Kahane, ela era um fracasso. Quando criança, sempre procurava esconderijos no apartamento dos pais sem jamais encontrar um lugar que lhe parecesse certo. Ela se perguntava onde moraria e encontraria abrigo se estivesse viva na época da perseguição aos judeus. E o que teria acontecido a ela se não tivesse a sorte de se esconder.

Os judeus na Alemanha Oriental constituíam uma diáspora mínima e singular. Em sua maioria, este grupo tinha emigrado para Londres, para o México ou para os Estados Unidos durante o Terceiro Reich e voltado com grandes esperanças depois da fundação da República Democrática Alemã. A maioria era secular e não se importava particularmente em se identificar como judeus ou como vítimas do Holocausto depois de chegarem à Alemanha Oriental. Partilhavam esta relutância com os judeus que emigraram para os Estados Unidos nos anos 1950 e 60 e, de sua parte, rejeitavam inteiramente qualquer conversa de um "destino judeu único", preferindo falar do "destino da humanidade". Os judeus na Alemanha Oriental olhavam para o futuro como comunistas e queriam ajudar a construir um novo Estado. O escritor nascido na Polônia Jurek Becker, que passara os primeiros anos de sua vida no gueto de Lodz e nos campos de concentração de Ravensbrück e Sachsenhausen, certa vez me contou uma discussão que tivera com o pai. Por que ele o trouxera para a Alemanha – justo a terra dos assassinos – em vez de para a Polônia, perguntou Jurek Becker. O pai respondeu com uma única frase sucinta: "Diga-me, por favor, em que país os antissemitas perderam a guerra!"

O pai de Kahane combateu nas Brigadas Internacionais e, segundo ela conta, foi um jornalista linha-dura, embora fosse liberal na vida pessoal. Jamais proibia a filha de ver programas da televisão ocidental ou ler um artigo da *Newsweek* que por acaso estivesse à mão. Nos anos 1960, a mãe de Kahane, artista, conheceu o cantor de protesto Wolf Biermann. Quando Biermann foi expulso, em 1976, três semanas depois da morte da mãe, o pai de Kahane ficou abalado mas não disse uma palavra publicamente. Um amigo de Anetta assinou uma carta de protesto e insistiu para que ela fizesse o mesmo. Sua autoestima era tão baixa naquela época, diz Kahane, que ela perguntou a si mesma: "Quem no mundo vai se importar com minha assinatura?"

Centenas de outros jovens anônimos provavelmente se fizeram a mesma pergunta à época e ainda assim assinaram a carta de protesto – com o resultado de que ou não tiveram permissão de continuar seus estudos, ou foram presos. Kahane não estava entre eles.

Na realidade, ela não estava em condições de assinar a carta de protesto porque, dois anos antes, aos 19, se deixara ser recrutada pela Stasi, a cujo serviço continuou por oito anos. Kahane não faz segredo deste seu grande passo em falso na vida. Porém, como ia frequentemente ao exterior e estudava em Rostock, tinha apenas contato limitado com seu recrutador, Hartung. Por conseguinte, só lhe passava informações limitadas e em grande parte banais, sentindo-se culpada por isso – acreditava que tinha "fracassado" até aos olhos dele. A Stasi nunca lhe deu nenhuma recompensa nem presentes. Depois de se desligar da agência, em 1972, Kahane pediu um visto de saída, o que lhe foi negado.

Seus sentimentos quando se lembra deste período, como ela própria conta, dependem "de seu estado mental no dia". Se por acaso estiver mais uma vez deprimida e atormentada consigo mesma e com esta fase de sua vida, ela pensa: "Meu Deus, como você pôde, que diabos você fez?!" Em outros dias – digamos, depois de um show do astro do rock Udo Lindenberg, que se apresenta constantemente em nome de sua fundação – ela se sente rebelde e diz jocosamente a si mesma: "Cara, Kahane, que fracasso você é! Até a Stasi desistiu de você! Eles tinham altas esperanças por você. E você os decepcionou tanto!"

Foram duas experiências que a impossibilitaram de continuar sua colaboração com a Stasi. A primeira foi a campanha de difamação do governo da Alemanha Oriental contra o movimento de protesto polonês Solidarność, com que Kahane simpatizava. A segunda foi sua longa estada a trabalho em Moçambique e São Tomé, no golfo da Guiné, onde trabalhou em várias missões como intérprete. Desde o início de sua missão, um representante da embaixada da Alemanha Oriental deixou claro que ela não deveria ter nenhum contato com estrangeiros. A quem ele se referia como "estrangeiros"?, perguntara ela. "Ora, todos eles!" "Quer dizer os moçambicanos?" "Eles também!" "Mas eles são daqui, não são estrangeiros!" Foi-lhe dito para que ela parasse de discutir o sexo dos anjos. "E os irmãos soviéticos que trabalham aqui?" "A mesma coisa!"

A atitude das autoridades da Alemanha Oriental que trabalhavam na África e de alguns de seus colegas a inquietava profundamente. Mesmo antes de partir para o exterior, ainda na Alemanha Oriental, Kahane nunca conseguiu se livrar inteiramente da suspeita de que vários compatriotas, que professavam ser antifascistas, na realidade eram antissemitas enrustidos. Agora ela era obrigada a reconhecer que justo os instrutores da Alemanha Oriental na África agiam como racistas flagrantes. Alguns eram tão arrogantes e desdenhosos no trato com os africanos que quase parecia que tentavam expor a falsidade de sua suposta "solidariedade internacional". Kahane temia seus conterrâneos, que faziam suas desagradáveis piadas racistas ao alcance de ouvidos africanos.

Quando voltou de Moçambique, ficou claro para Kahane que era hora de uma "faxina". O fracasso do antifascismo da Alemanha Oriental tornou-se seu *leitmotiv*. Fora precisamente o antifascismo em que ela nascera que a tornara suscetível ao recrutamento pela Stasi; agora, era seu próprio antifascismo – não mais o ideológico que ela aprendera, mas um antifascismo que ela própria definia, de acordo com o que viveu – que a despojava de sua fé na Alemanha Oriental. Em 1982, ela rompeu sua colaboração com a Stasi.

Antes mesmo de suas viagens ao exterior, amigos na Alemanha Oriental lhe disseram que eles e seus conhecidos vietnamitas ou africanos eram alvo de neonazistas, de sua perseguição e seu espancamento. Sempre que Kahane falava nesse assunto com os pais e os amigos deles, só lhe diziam que esse tipo de coisa não acontecia na Alemanha Oriental, que Kahane tinha uma "falsa percepção". Não havia espaço para essas observações em seu círculo familiar; ela continuou sozinha com essas histórias e com suas dúvidas sobre sua inteligência e capacidade de percepção. Na realidade, acrescenta com um sorriso irônico, ela nunca teve certeza se realmente merecia algum lugar, algum papel neste planeta.

Foram a dúvida e o desespero que mais tarde a levaram a criar a Fundação Amadeu Antonio. Sempre se perguntava como poderia fazer as pessoas enxergarem algo que constantemente lhe diziam não existir. O movimento de protesto na Alemanha Oriental lhe deu uma chance de chamar a atenção pública para seu conhecimento e seu compromisso para com os estrangeiros e as minorias no país. No verão de 1989, ela escreveu e colou cartazes sugerindo às pessoas que a procurassem para conselhos sobre essas questões, indicando seu endereço em Pankow como local para uma reunião preliminar. Nem acreditou no que viu quando oitenta pessoas apareceram na hora marcada procurando aconselhamento: estudantes de Moçambique e de Cuba, mulheres do Vietnã que trabalhavam como costureiras em fábricas da Alemanha Oriental, veteranos dilacerados dos comitês oficiais de solidariedade da Alemanha Oriental e alguns artistas locais curiosos. Ela pegou emprestada uma mesa extensível com um vizinho e foi em volta dessa mesa, contou, que todos comeram os sanduíches que preparava, ou de pé, olhavam-se, em expectativa. Ela própria não sabia o que dizer; só sabia que precisava a todo custo romper o silêncio. Quando se levantou para se dirigir ao grupo, pela primeira vez na vida sentiu que podia falar com simplicidade e franqueza.

Nas semanas que se seguiram, como muitos outros indivíduos antes sem voz, ela caiu em seu novo papel. De repente, se viu incluída em mesas-redondas em que era tratado o futuro da Alemanha Oriental. Tornou-se comissária para a integração de imigrantes e ajudou a elaborar novas leis e regulamentos durante os últimos dias do Parlamento da Alemanha Oriental. Depois do fim do regime, tornou-se a primeira – e ao mesmo tempo a última – comissária para a integração de imigrantes na municipalidade de Berlim Oriental. Em 1991, fundou os Centros Regionais para Questões Relacionadas a Estrangeiros, Emprego da Juventude e Escolas (RAA e.V.), cuja principal atividade era o patrocínio de vários projetos intelectuais em escolas e outras instituições educacionais. Naquele mesmo ano, recebeu a medalha Theodor Heuss em honra a "manifestantes pacíficos da queda, em 1989, da antiga República Democrática Alemã", em nome de outros e junto com eles. Em 2002, recebeu o prêmio Moses Mendelssohn por seu compromisso com o combate à xenofobia e ao extremismo de direita.

No mesmo ano, seu passado de colaboradora extraoficial a alcançou. Enquanto se discutia seu trabalho de comissária pela integração de imigrantes no Senado de Berlim, vieram à imprensa registros das autoridades da Stasi, dando provas de seus oito anos de trabalho como delatora do Serviço de Segurança de Estado, sob o codinome "Victoria". Mas, segundo Kahane, os fatos contidos nesses registros eram de conhecimento público desde o início dos anos 1990. Na realidade, Kahane nem mesmo precisou retirar sua suposta candidatura, uma vez que ela própria nunca a apresentara. O senador responsável pelo cargo indicara Kahane como candidata por apelo popular antes mesmo que ela tivesse a oportunidade de dizer qualquer coisa – e sua candidatura foi anunciada na imprensa sem demora.

Na época, em 2002, segundo Kahane, ela contou aos colegas mais próximos sobre seu trabalho como colaboradora extraoficial e discutiu a possibilidade de fazer uma declaração voluntária. Havia rompido laços com a Stasi em 1982 e confessaria sua colaboração dez anos depois. Isso resolveria a questão?

No fim, decidiu contra uma declaração voluntária porque sentiu que não havia chance de seu caso receber consideração atenuada no contexto do debate histórico sobre informantes da Stasi à época.

De fato, houve uma mudança grotesca na avaliação pública de culpa e de responsabilidade: se fossem importantes o bastante, os "traidores" – os colaboradores não oficiais – eram apontados, envergonhados e moralmente destruídos em centenas de artigos na mídia, independentemente do que de fato fizeram. Por outro lado, os verdadeiros instigadores da traição – os recrutadores e seus superiores no Partido Comunista e no Ministério de Segurança de Estado – participavam de programas de entrevistas, serenamente distribuindo umas poucas informações. Nem mesmo tinham que se defender, porque ninguém os culpava de nada – afinal, eles só "fizeram o seu trabalho".

Quando jovem, por três anos, a escritora Christa Wolf escreveu relatórios para a Stasi. Este mesmo serviço secreto a vigiou por décadas depois que ela se recusou a prestar serviços adicionais. Logo depois da queda do Muro, Wolf escreveu uma história autobiográfica sobre seus anos na Alemanha Oriental, intitulada "*O que resta*". Inexplicavelmente, no livro, ela não faz muita menção a sua colaboração de três anos com a Stasi – embora as pazes com esta fase de sua vida de maneira nenhuma teriam prejudicado sua prestação de contas; ao contrário, teriam aumentado sua credibilidade e seu valor literário. Uma biografia falha, a história de uma perpetradora que virou vítima, certamente representa um desafio moral maior do que uma hagiografia. Em todo caso, por décadas Christa Wolf deixou de mencionar o próprio envolvimento com a Stasi. É desnecessário dizer que a omissão foi revelada e as seções de cultura do *Frankfurt Allgemeine Zeitung* e do *Die Zeit* bateram no caso. De súbito, não só o silêncio da autora sobre a questão, mas toda sua obra foram considerados fraudulentos – mais desprezíveis do que a organização que a espionou por décadas. Depois do alvoroço por "*O que resta*", Wolf ainda tentava lidar com seu "lapso" por não ter reconhecido os anos de colaboração com a Stasi (de 1959 a 1962), perguntando a si mesma: "Por que me esqueci completamente disso?"[1] Não é de surpreender que a pergunta também tenha se tornado um *leitmotiv* de sua última obra, *Stadt der Engel* (*Cidade dos anjos*), que encontrou sucesso unânime de crítica e tacitamente ajudou a restabelecer a boa reputação de Wolf.

A decisão de Anetta Kahane em não assumir a ofensiva com uma declaração voluntária, confessando suas atividades de delatora foi um erro de curso e aconteceu o que tinha que acontecer. A imprensa usou suas atividades na Stasi contra ela, e um dilúvio de críticas acres tomou os blogs e as seções de comentários associados com os artigos de jornal. Em especial a cena neonazista, que considerava Kahane uma inimiga mortal, deitou e rolou com seu sofrimento. "Uma vez informante, sempre informante", disse a carta de um leitor, enquanto outro escreveu: "Hoje, a comunista Kahane é líder em estatísticas deturpadas sobre os 'crimes da direita'." Outro comentarista traçou um paralelo entre o cabelo ruivo de Kahane e suas opiniões: "Por oito anos, a heroína vermelha, por dentro e por fora", mandou "gente à ruína como delatora da Stasi."

Uma coisa é certa: se ela realmente mandou gente "à ruína", como alegaram blogueiros de direita, isso teria sido revelado. Kahane é uma figura pública. Todo jornalista tem o direito de examinar os arquivos da Stasi de alguém como Kahane.

Quando perguntei, sua resposta foi sucinta: havia duas pessoas a quem ela temia ter prejudicado. Ela conversou com as duas – e seus temores se mostraram infundados. Desde então, a própria Kahane examinou atentamente sua ficha e até encomendou um relatório sobre ela. O fato era que as informações que ela fornecia não resultaram em nenhum ato da Stasi contra ninguém.

Parece-me evidente que alguém que trabalhou para a Stasi e é suspeito de crime público deve ser checado. O fato de que essa pessoa a certa altura do passado forneceu relatórios de informações secretas, porém, não deve ser suficiente para condená-la. Cada caso deve ser examinado para determinar se a pessoa delatou e prejudicou conhecidos ou amigos. Se alguém como Anetta Kahane compensa seu lapso anterior de julgamento criando a maior e mais eficaz iniciativa contra os neonazistas e o extremismo de direita, a sociedade lhe deve reconhecimento por esta realização em nome da democracia. A meu ver, Anetta Kahane redimiu-se com seu trabalho.

A Fundação Amadeu Antonio, que ela ajudou a criar, agora tem, além dos estagiários, de doze a treze funcionários permanentes, cujos cargos são financiados parcialmente pela fundação e em parte pelos vários fundos de projeto. Os projetos precisam ser submetidos e aprovados todo ano; assim, inevitavelmente há uma firme competição entre as centenas de iniciativas em luta por patrocinadores e apoio público. Hoje, a fundação de Kahane tem tanta autoridade que outras iniciativas e o governo federal buscam seus conselhos; tem contribuído significativamente para a ampliação da mobilização da sociedade civil contra os crimes de direita. Mas Kahane é cética a respeito do sucesso evidente dessa mobilização. Em sua opinião, ainda são as iniciativas neonazistas e não as contrárias à xenofobia que "nadam feito peixe na água". Dez anos atrás, ela estava convencida de que a mentalidade neonazista era tão profundamente arraigada nas "pessoas" que as forças de oposição na sociedade civil não tinham chance contra ela. Desde então, a sociedade civil claramente fez progressos, mas principalmente em centros urbanos, como Jena, Leipzig e Eberswalde. Hoje, como sempre, a situação é pior nas áreas rurais – nos estados a leste da Turíngia e da Alta Saxônia. Às vezes, Kahane precisa conter a suspeita de que algumas regiões são assombradas por espíritos ancestrais do mal. Os baluartes neonazistas localizam-se precisamente onde era forte o antigo Partido Nacional-Socialista dos Trabalhadores Alemães (NSDAP). "Mas os antigos nazistas não estão mais vivos", reflete Kahane. "Além disso, hoje há certo grau de diversidade cultural, embora mínimo. Ainda assim, quando comparo os sucessos eleitorais do antigo NSDAP com os do novo NDP, a continuidade regional me salta aos olhos. É como se as encostas das montanhas, as ruas dos vilarejos, as paredes das casas tivessem memória histórica! Mesmo quando garotinha, eu sentia que janelas e paredes me observavam e me contavam histórias – histórias de morte e destruição."

Essa analogia, continua Kahane, ainda é válida para bairros e regiões onde a esquerda antes era forte. Ao que parece, o flagelo do nazismo penetrou bem mais fundo do que o marxismo.

Pelo que vejo, a continuidade moral de Anetta Kahane tem sua origem no seguinte: seu ouvido afinado e sua sensibilidade para a história de violência e perseguição na Alemanha.

Mais para o final de nossa entrevista, peço sua opinião sobre o número crescente de atos de violência que não podem ser atribuídos nem ao racismo nem ao antissemitismo. Como ela classificaria os crimes em que jovens, gratuitamente, desandam a chutar inocentes nas estações do S-Bahn, deixando-os semimortos ou até mortos? Sua fundação documenta também estes casos?

Minha pergunta surpreende Kahane. Não é algo com que ela se preocupe, responde, e com o qual queira se preocupar. Mantém esses casos a distância. Por quê? Depois de uma pausa, Kahane admite que não tem resposta. Mas considera sinal de uma boa entrevista quando ouve perguntas a que não consegue responder prontamente. Afinal, ela e sua organização não são responsáveis por lidar com toda forma de violência.

A NOVA BARBÁRIE

É verdade que a cidade enfrenta uma onda de violência que afronta as categorias habituais. Não sei se números comparáveis de atos semelhantes de extrema violência estão acontecendo em outras grandes cidades, como Paris, Londres ou Nova York; se existem, não são de meu conhecimento. O fato de que as estatísticas de criminalidade de Berlim classificam esses incidentes como "crimes de barbárie" ou "violência entre jovens" torna impossível chegar a conclusões claras sobre sua natureza, seu número, ou os motivos dos agressores. Talvez o relato mais preciso do fenômeno tenha sido a tentativa de um promotor de Berlim em descrever o motivo por trás de um ato de extrema violência, cometido por quatro jovens na estação de Lichtenberg do U-Bahn. Ele caracterizou o fato como "diversão promulgando a violência gratuita contra a parte mais fraca".[1]

Esta definição pode ser vista como a confissão de quem está completamente perdido a respeito, ou mesmo está minimizando os fatos. Afinal, a "diversão" evocada aqui inclui a morte da vítima desta suposta farra. Mas a definição incomum do promotor parece-me a descrição mais adequada de um crime para o qual não há atualmente categoria nas estatísticas de criminalidade. Vejamos, a seguir, uma lista de casos semelhantes.

Em 11 de fevereiro de 2011, na estação de Lichtenberg do U-Bahn, na antiga Berlim Oriental, quatro jovens atacam o ajudante de pintor Marcel R. e seu amigo, quase matando o primeiro com pontapés na cabeça. Um dos agressores depois se curva sobre a vítima inconsciente, roubando seu celular e a carteira, que continha três euros. Depois de semanas em coma, Marcel R. se recupera; o amigo escapa com ferimentos menos graves graças a um transeunte corpulento que veio em seu socorro. A princípio, metade do corpo de Marcel R. está paralítico; os médicos falam de pelo menos dois anos de reabilitação física. Ao que parece, durante o ataque, os agressores vomitavam invectivas, como "nazista de merda" e "odiamos os alemães!" Sugere-se a possibilidade de um ato de vingança com motivação racial. Mas o julgamento deixa em dúvida se essas expressões foram de fato pronunciadas e se podem ser consideradas motivos. A única coisa certa é que os agressores estavam embriagados e já haviam interpelado outros passageiros naquela mesma noite. O ataque, concluíram os juízes, foi "gratuito" e aconteceu "por puro prazer na violência". Três dos agressores eram menores. Eram originários de Quênia, Kosovo, Bósnia e Iraque; as duas vítimas eram alemãs.[2]

Em 23 de abril de 2011, às três e meia da madrugada, Torben P., formado no ensino médio, na rua com um amigo, joga violentamente uma garrafa de Coca-Cola na cabeça de um completo estranho. Quando o homem atacado, sentado num banco, se levanta, Torben P. o derruba com um soco na cara e o chuta repetidamente na cabeça. O amigo de Torben P., embora perplexo, não interfere. O agressor afasta-se da vítima por alguns segundos, mas de repente se vira e, partindo numa corrida, pula mais uma vez em sua cabeça, dando-lhe chutes repetidos. O golpe letal e final só é evitado graças a uma testemunha ocular corajosa, que se coloca no caminho de Torben P. Os agressores e a vítima não se conhecem; são todos alemães.[3]

No início da manhã de 17 de setembro de 2011, Giuseppe Marcone, cozinheiro, e Raoul S., estudante, estão a caminho de casa. Na estação Kaiserdamm do U-Bahn, em Charlottenburg, a oeste da cidade, dois homens de Neukölln os abordam, ambos sem profissão e desempregados. Estavam bebendo vodca "porque não conseguíamos pensar em nada melhor para fazer", disse mais tarde Ali T. ao juiz. Agindo como "idiotas embriagados", eles abordam os dois homens e pedem cigarros. Raoul S., companheiro de Marcone, diz-lhes que só tem dois cigarros e parte para a saída com o amigo. Durante o interrogatório, Ali T. afirma que então ameaçou Marcone com uma "briga de homem para homem". Como Marcone não reage, o amigo de Ali T. lhe dá um murro. Os dois homens atacados defendem-se brevemente antes de subir correndo a escada. No tribunal, os agressores confessam ter provocado o confronto e perseguido os dois homens. Com o perseguidor a suas costas, Marcone tenta atravessar as cinco pistas da Kaiserdamm. Corre para um carro que se aproxima. O amigo ouve o baque quando o carro atinge Marcone, corre ao local do acidente e tenta ressuscitá-lo. Vê Marcone morrer. Os perseguidores são turcos nascidos na Alemanha, de Neukölln; a vítima, um italiano.[4]

Nas primeiras horas da manhã de 14 de outubro de 2012, um domingo, na Rathausstrasse, bem perto da Alexanderplatz, a leste de Berlim, sete homens matam a pontapés um rapaz de vinte anos de nome Jonny K. O jovem tentava ajudar um amigo, que saiu depois de uma longa noite de diversão na casa noturna Cancún e pediu um cigarro a um dos sete homens. O grupo ataca o amigo de Jonny K., derrubando-o no chão. Jonny K., sem experiência nenhuma em brigas, tenta defender o amigo. Os sete homens abandonam a primeira vítima e passam a espancar e chutar Jonny K., agora prostrado, até que ele para de se mexer. Um paramédico consegue ressuscitá-lo brevemente; os médicos do hospital declaram o jovem morto e desligam as máquinas.

Jonny K. é filho de pais germano-tailandeses; os sete agressores são alemães de origem turca.[5]

Nenhuma vigília à luz de velas em toda a nação, como aquelas que foram vistas depois dos ataques racistas nos anos 1990, seguiu-se a estes e outros incidentes semelhantes. Os ataques não cabiam no padrão das campanhas públicas contra o racismo e a xenofobia; era difícil classificá-los. Entretanto, o público de Berlim reagiu imediatamente em cada um dos casos – com consternação, tristeza e raiva. Independentemente da origem da vítima, flores e velas foram deixadas no local do crime, centenas de pessoas acompanharam o féretro, patrocinadores encomendaram lápides memoriais e foram criados grupos de cidadãos contra a violência. Os berlinenses estenderam sua empatia a cada uma das vítimas.

O fato de que não há definição oficial para esses crimes impossibilita determinar seu número com precisão. Se termina em "lesões físicas menores", a maioria de ataques como esses nem mesmo é denunciada. Entretanto, a cada ano há um número cada vez maior de crimes violentos "gratuitos" que acabam em lesões fatais ou ameaçam a vida. "O motivo para tais atos em geral é completamente incompatível com os métodos brutais empregados", escreve Kirsten Heisig, juíza do tribunal juvenil do distrito de Neukölln em Berlim, em *Das Ende der Geduld: Konsequent gegen jugendliche Gewalttäter* (O fim da paciência: A coerência no trato de delinquentes juvenis). "A fim de fazer justiça com o conceito educacional por trás da Lei da Corte Juvenil (...) seria útil saber por que um ato é perpetrado sem qualquer consideração por quem seja a vítima."[6] Heisig sente que os relatórios policiais carecem de qualquer indicação ou investigação para este fim e contesta com veemência a alegação paliativa da polícia de que houve uma queda nos crimes violentos cometidos pela juventude nos últimos anos. Um estudo comparativo de longo prazo revelaria números inteiramente diferentes, argumenta Heisig – se levasse em consideração o declínio constante da taxa de natalidade.

Um leigo como eu vê algumas semelhanças nos atos de violência descritos aqui. Quase sempre ocorrem à noite ou no início da manhã, em lugares públicos, ou nas estações do U-Bahn e S-Bahn. As vítimas são homens, alemães de origem estrangeira e o mesmo pode ser dito dos agressores, embora aproximadamente 70% desses últimos provenham de famílias de imigrantes. Os agressores são jovens ou adolescentes do sexo masculino; em geral já ofenderam, abalroaram ou provocaram outros transeuntes ou passageiros antes do ataque. Em quase todos os casos, há envolvimento de álcool e/ou outras drogas do lado dos agressores. A característica mais importante que todos estes atos de violência têm em comum, no entanto, é que os agressores não conhecem as vítimas e não têm nenhuma consideração pelas regras tradicionais de um confronto justo. Não há precedente de conflito entre os oponentes. Só raras vezes podemos discernir algum motivo ou gatilho – um cigarro negado ou um insulto, como "odiamos alemães!", por exemplo. A briga instigada ao acaso não é travada homem a homem, mas assume a forma de muitos contra um ou dois. O grupo atacante não larga a vítima mesmo quando ela está prostrada e indefesa no chão. Durante os interrogatórios iniciais ou no tribunal, os agressores confessarão no máximo se encontrar em um "estado de espírito agressivo"; com mais frequência, porém, alegam que foram atacados e só estavam se defendendo. Quase nunca demonstram o remorso típico de alguém que acorda de ressaca: *Desculpe... Eu não pretendia...* Não consigo me lembrar de nada.

Parece ser uma questão de distração assassina – um lampejo mental que, por alguns segundos, dá a agressores violentos o desejo de poder completo sobre uma vítima ao acaso. O fato de que esses atos de violência costumam ser realizados com uma indiferença temerária pela presença de testemunhas ou câmeras de vigilância atesta a emoção inebriante que parecem envolver. Um bom número desses crimes violentos foi flagrado pelas câmeras, o que também possibilitou resolver alguns deles. Todavia, devido à lei de proteção de informações em vigor na Alemanha, às vezes as gravações são automaticamente apagadas antes que possam ser examinadas.

Durante anos, o povo de Berlim percebeu, horrorizado, que os juízes libertam os agressores logo depois de sua prisão, mesmo quando eles espancaram sua vítima quase até a morte ou a mataram. Os réus só podem permanecer presos quando se considera que há risco de fuga, ou se houver o perigo de que suprimam provas relacionadas com as circunstâncias do crime. Empenhados juízes, policiais e até mesmo agressores reformados com experiência em primeira mão de como o judiciário lida com jovens criminosos violentos costumam observar que, com seus procedimentos de rotina, os tribunais alemães estão despreparados para cuidar desse tipo de crime. Como argumenta uma assistente social, nenhum delinquente juvenil violento, com histórico de agressão repetida, pode levar o sistema judiciário alemão a sério. Jovens agressores, enviados para casa depois de uma tentativa de homicídio culposo ou de matar, nunca têm a oportunidade de compreender a gravidade de seus crimes. Se fossem trancafiados imediatamente, porém – ou se pelo menos lhes retirassem os celulares, sistemas de som e motos –, eles seriam obrigados a confrontar o fato de que fizeram algo terrível, algo imperdoável.

Entretanto, em contraposição ao sistema judiciário criminal anglo-saxão, o código penal alemão não permite tal punição, nova e incisiva. Quando os jovens agressores – que a essa altura em geral são adultos – são julgados e sentenciados a alguns anos de detenção juvenil por homicídio doloso ou culposo, dois anos depois do fato, com os amigos protestando em solidariedade, eles já se sentem e reagem como vítimas do sistema judiciário.

Mas não são apenas os tribunais que lutam para lidar com essa onda de "violência insensata" – o público liberal e de esquerda de Berlim também. É considerado politicamente incorreto observar que a probabilidade de causar graves e perigosas lesões físicas é significativamente maior entre a juventude de famílias de imigrantes do que entre jovens alemães – e que, por sua vez, jovens de origem muçulmana estão representados de forma desproporcional nessa juventude de famílias de imigrantes.

Desde 2008, a juíza Heisig vem lutando pelo reconhecimento desses fatos, enfrentando a burocracia da justiça penal e pressionando por uma aceleração dos processos de modo que a ligação entre um crime e sua punição fique clara aos agressores e tenha um efeito disciplinar. Foi imediatamente denunciada como "juíza impiedosa". Na realidade, ela não fazia nada tão radical como recomendar a redução da idade de responsabilidade penal para delitos juvenis, nem que a pena fosse aumentada. Em vez disso, defendeu que os pais exerçam sua responsabilidade na educação, que supervisionem as atividades diárias e escolares de seus filhos e ajudem a reabilitar socialmente jovens condenados. Ela procurou os pais dos agressores e disse: "Sou eu que estou mandando seu filho para a prisão e não estou feliz com isso." Heisig conta que, depois de alguma resistência inicial, muitos pais e associações islâmicas que ela procurou tiveram uma reação positiva. A burocracia da justiça penal, por outro lado, fez o que pôde para obstruí-la – afinal, acelerar os processos significaria acelerar seu trabalho. Foi apenas em julho de 2010, quando Heisig cometeu suicídio, que sua voz finalmente foi ouvida em todo o país.

Depois da morte de Heisig, vários grupos de especialistas enfrentaram o tema da violência juvenil em Berlim. Provavelmente, o estudo mais abrangente e completo é o relatório de pesquisa "114", publicado em 2011 pelo Instituto de Pesquisa Criminológica da Baixa Saxônia. Concluiu que experiências de discriminação e violência em casa aumentam significativamente a propensão à violência entre jovens de famílias de imigrantes. Mas o estudo também revelou outra descoberta: uma relação clara entre a crença islâmica e a propensão à violência. Dos estudantes muçulmanos não religiosos avaliados, 6,9% indicaram ter cometido pelo menos um ato de violência nos 12 meses anteriores, enquanto 13,5% dos muçulmanos mais religiosos admitiram atos de violência; uma relação inversa entre religiosidade e propensão à violência foi revelada na juventude cristã. O estudo explicou que as "normas de masculinidade" têm grande responsabilidade pela tendência à violência comparativamente alta entre muçulmanos devotos: os muçulmanos religiosos concordam com noções de masculinidade que afirmam a violência com uma frequência duas vezes maior do que os muçulmanos não devotos.

Uma tempestade de indignação caiu sobre Christian Pfeiffer, um dos dois pesquisadores encarregados do estudo. Durante um encontro em Osnabrück, seus colegas alemães o acusaram de "populismo", "incêndio intelectual" e "motivos políticos".

O politicamente correto não foi inventado na Alemanha. Mas parece que esse mecanismo para controlar o que é considerado como pensamento aceitável encontrou um lar aqui. Quando estão em questão temas politicamente delicados, um relato de descobertas de pesquisa basta como sinal de uma visão de mundo suspeita – as observações são tratadas como opiniões. Entretanto, quando deixa de ser aceitável dar nome às causas de um mal, uma sociedade se priva da capacidade de combatê-lo.

TURCOS EM BERLIM

Logo depois da queda do Muro, cenas memoráveis se desenrolaram nas ruas de Berlim Ocidental, perto da fronteira: berlinenses orientais pela primeira vez segurando mapas de Berlim Ocidental – um grande trecho branco tinha sido a única indicação de Berlim Ocidental nos mapas do Leste –, voltando-se a turcos prestativos para saber qual era o melhor caminho para a KaDeWe e a Kurfürstendamm. Os berlinenses turcos recebiam esses visitantes do Leste num alemão fraco ou perfeito e lhes davam as boas-vindas à "sua" cidade. Mais tarde também – durante o período de reciclagem ocupacional –, houve outros contatos de terceiro grau: jovens turcos com educação acadêmica ministravam cursos em que apresentavam aos cidadãos da Alemanha Oriental os fundamentos da democracia alemã ocidental. Às vezes, professores turcos ensinavam alemão aos chamados alemães russos, que chegavam à Alemanha em grande número depois da queda do Muro. Era uma nova realidade: estrangeiros que estavam em casa na Alemanha ensinavam alemão a alemães do exterior.

A escritora e jornalista Necla Kelek conta que, em 1991, tendo recebido seu diploma universitário, viajou aos novos estados federais para preparar ex-funcionários dos governos municipais e distritais do regime comunista para o sistema social da Alemanha Ocidental. Ensinou-lhes leis trabalhistas, sociais e constitucionais. Os participantes de um dos cursos recusaram-se a ser instruídos por professores alemães ocidentais, que julgavam sabe-tudo arrogantes. Segundo a administração da escola, nascida na Turquia, Necla Kelek era "politicamente desimpedida" e mais adequada para estimular a cooperação do grupo intratável. Foi uma medida inteligente e digna de nota. Até então, quase nenhum governo alemão aproveitara o potencial destes novos cidadãos turcos no apoio à reunificação.

"Ainda me lembro perfeitamente de 11 de novembro de 1992", conta Kelek.

> Quando entrei na sala de aula a mim designada, as primeiras filas estavam vazias. Os quase 35 participantes, principalmente homens de meia-idade vestindo cardigãs e ternos, sentaram-se nas últimas filas, com as cadeiras viradas, de costas para mim. O que eu podia fazer? Comecei minha aula sem dar pelo insulto. O tema: O que é o Estado? Tracei diagramas no quadro e falei sem parar. Podia entender como os novos cidadãos da Alemanha reunificada, sentados a minha frente, deviam se sentir estranhos ao ouvir "Wessis" lhes dizendo o que era liberdade, democracia e direitos pessoais. Mas eu tinha orgulho de ensinar precisamente esta matéria.[1]

Foi apenas quando Kelek perguntou aos alunos: "Mas quem é 'o povo'?",[2] escrevendo um grande ponto de interrogação depois da palavra "povo", que alguns alunos adultos viraram-se para ela e riram. "Eram as pessoas que agora eram livres, mas também tinham que aprender a sair da menoridade da qual elas próprias eram culpadas. (Immanuel Kant)".[3]

Todavia, o envolvimento de entusiasmados imigrantes pró-democracia no processo de reunificação alemã foi limitado a apenas alguns casos isolados. Candidatos de origem turca também eram notadamente pouco representados em outras áreas da vida pública – no governo, nas escolas e jardins de infância, na polícia e nas forças armadas alemãs –, uma deficiência que os políticos só recentemente começaram a abordar. Neste aspecto, a sociedade civil fez um progresso bem mais significativo. As antes discutidas campanhas públicas e manifestações contra a xenofobia e o racismo, que se seguiram aos ataques neonazistas em Solingen, Mölln, Rostock e Hoyerswerda, são um forte sinal da coexistência bem-sucedida na Alemanha. Mas talvez nada tenha promovido mais a harmonia entre alemães e turcos do que a ascensão de astros do futebol turco nas muitas ligas de futebol alemãs. Quando craques turcos do futebol, como Mesut Özil ou İlkay Gündoğan, fazem gols para o time da casa, de repente milhares de torcedores sabem pronunciar e até cantar seus nomes – o que, no entanto, não os impede de xingar e vaiar esses mesmos jogadores quando defendem o time adversário. Ao mesmo tempo, muitos turcos consideram Mesut Özil um traidor por ter decidido jogar pela Alemanha em vez de pela seleção nacional turca.

A seleção turca não conseguiu se classificar para a Copa do Mundo de 2006, que aconteceu na Alemanha. Turcos nascidos na Alemanha elaboraram uma bandeira turco-germânica para as partidas – uma bandeira tricolor, preta, vermelha e dourada, com uma meia-lua e uma estrela no meio – para expressar sua afiliação com seu segundo time preferido. Dois anos depois, quando turcos e alemães disputaram uma partida na Eurocopa, alguns torcedores que assistiam ao jogo em Berlim também agitaram a bandeira turco-germânica. Apesar de todos os temores, a partida transcorreu com tranquilidade. Ao verem a chanceler federal Angela Merkel flertar com o primeiro-ministro turco Recep Tayyip Erdoğan no camarote VIP, os expectadores de TV quase se esqueceram de que time realmente venceu.

Mas houve outros incidentes mais alarmantes entre berlinenses nativos e a maior minoria da cidade. Na noite de 11 de setembro de 2001, logo depois do ataque terrorista ao World Trade Center, em Nova York, moradores dos distritos ocidentais de Neukölln e Kreuzberg ficaram assustados com um espetáculo inesperado. Rojões em geral só vistos em Berlim na véspera do Ano-novo foram lançados dos pátios aos céus. Não era uma exibição organizada e compacta de fogos de artifício; era mais uma celebração espasmódica de alegria, uma queima de fogos dos pobres: dois foguetes aqui, três ali. Mas o total, todavia, foi de centenas de rojões lançados aos céus para comemorar o ataque de 11 de Setembro, enquanto a grande maioria dos berlinenses ainda não sabia como expressar seu horror e sua compaixão pelas vítimas.

Nos dias que se seguiram ao ataque, boatos e matérias esparsas na imprensa de Berlim provocaram ainda mais consternação. Por trás de janelas fechadas, romperam gritos e comemorações espontâneas em alguns apartamentos e restaurantes em Neukölln e Kreuzberg. Professores de escolas nesses distritos contaram que alunos muçulmanos continuaram sentados quando convidados a ficar de pé para um minuto de silêncio. Justificaram sua recusa, alegando que nenhum professor pedira um minuto de silêncio depois de um massacre de palestinos por israelenses.

Na época, muitos berlinenses se perguntaram pela primeira vez com quem eles de fato conviviam. Neukölln se orgulha de ter cidadãos de 165 nações coabitando dentro de suas fronteiras. Metade de sua população – 70% no norte de Neukölln –, os turcos compreendem, de longe, a maior parcela de moradores do distrito, constituindo-se o segundo maior grupo composto de nações árabes afiliadas. Os ataques com motivação racial, vistos nos novos estados federais onde estrangeiros eram raros, eram quase inauditos em Neukölln. Ao contrário, os moradores ali falavam carinhosamente de "nossos turcos". Falavam com menos carinho, porém, dos árabes que chegaram à Alemanha décadas depois dos turcos – em geral ilegalmente.

Por um momento prolongado de choque, a mistura de tolerância e vista grossa que caracterizou a atitude básica dos alemães com relação aos imigrantes deu lugar a uma pergunta incômoda: como entendê-los, esses camaradas cidadãos de fé muçulmana que você conhecia do U-Bahn e do quiosque de verduras, mas que raras vezes convidava às festas de aniversário de seus filhos? Eles tinham mesmo um sistema de valores inteiramente diferente? Será que alguns – e quantos, aliás? – ficaram felizes com os assassinatos que inspiraram repulsa na população nativa da Alemanha?

O assistente social Haroun Sweis, que eu conhecia da inciativa Coragem Contra a Xenofobia, deu-me uma resposta pragmática: aos olhos de muitos muçulmanos em Berlim, tudo o que acontecia nos Estados Unidos era simplesmente "ótimo, para começar. Enfim, o arrogante Ocidente sentiu-se compelido a ter algum interesse por seus companheiros cidadãos muçulmanos!" Na realidade, os alemães recentemente começaram a ler o Alcorão, disse ele; sua venda esgotou-se nos meses seguintes ao ataque terrorista.

Ler Necla Kelek nos dá uma resposta bem diferente. Nos últimos anos, seus livros e suas declarações públicas causaram furor tanto na sociedade convencional alemã quanto nas associações muçulmanas.

Necla Kelek não escolheu esse papel. Foi criada em uma família turca secular de Istambul, que emigrou para a Alemanha nos anos 1960. Foi boa aluna, aprendeu alemão rapidamente e imergiu na cultura do Ocidente. Quando menina, leu ...*E o vento levou*, identificou-se com Scarlett e esperou por seu Rhett Butler. Como havia conquistado o doutorado na Alemanha, podia tranquilamente ter seguido o caminho de outros acadêmicos de origem turca, que obtiveram uma posição no mundo universitário alemão. Mas como o consenso dominante nas faculdades relevantes era de que os imigrantes eram as vítimas da sociedade alemã, Kelek e sua história e perspectiva muito diferentes não teriam boa acolhida ali. Pois foi sua própria família, e não o ambiente alemão, que provocou o primeiro baque em sua aclimatação antes tranquila.

Quando Kelek chegou à puberdade, o pai recolheu sua bolsa esportiva – a partir dali, ela não podia mais participar das aulas de educação física nem das excursões da escola, embora educação física e natação fossem suas matérias preferidas. Ao contrário do irmão, ela também não podia mais ir à escola de bicicleta para não "macular" sua virgindade. O irmão ainda tinha permissão de andar de patins, no gelo ou de rodinhas, e de encontrar-se com seus amigos alemães – tudo o que Necla de repente fora proibida de fazer. Ela não podia ter amigos alemães, não podia ir à casa deles nem convidá-los à própria casa. E, quando estava em casa, os amigos turcos e alemães do irmão não podiam entrar.

Necla sentia que os pais a excluíam do mundo em que ela fora criada. Ela participava cada vez menos das aulas, perdia-se em devaneios e se sentava apaticamente na carteira. Na época, Necla Kelek conta agora, ela entrou em "emigração interior". Um dia, caiu da cadeira durante a aula. Quando recuperou a consciência, o professor a mandou para casa. Necla foi para a cama e decidiu não voltar à escola. "Não vou mais lá", disse ela à mãe. "A escola está me deixando doente." Nem a mãe, nem o pai entraram em contato com a escola; também nunca compareceram a reuniões de pais e mestres. Para a mãe, a essa altura Necla só devia ter um objetivo: encontrar um marido assim que fosse possível. A falha dos pais estava em perfeita harmonia com a falsa tolerância da escola, ou sua indiferença. Parecia que ninguém na escola sentira falta de Necla quando ela não apareceu. Embora os pais ainda recebessem do Estado um auxílio à infância, ninguém apareceu para garantir o comparecimento compulsório. Na despedida, seu professor lhe disse: "Leia um bom livro! Afinal, não queremos aborrecer seu pai".

A partir daí, conta Necla Kelek no livro autobiográfico *Die fremde Brant: Ein Bericht aus dem Inneren des türkischen Lebens in Deutschland* (A noiva estrangeira: Um relato interno da vida turca na Alemanha), ela viveu como prisioneira na casa dos pais.[4] Às vezes, escondia o sal ou o açúcar na cozinha e tinha assim uma desculpa para ir ao centro da cidade. O pai, que no início levara a família para a Alemanha por entusiasmo com as ideias ocidentais de liberdade e autodeterminação, cuidava da própria vida. Raras vezes ia para casa e não se preocupava com o destino da filha. No fim de cada mês, ia ao escritório de pagamento da cerâmica onde trabalhavam a mãe e a irmã de Necla para pegar os cheques. Excetuando essas ocasiões, raras vezes dava as caras em casa. O diretor da cerâmica foi o único que finalmente interveio quando a mãe de Necla pediu um emprego ali para a adolescente: "O que você está fazendo aqui? Nem tem 14 anos ainda! Por que não está na escola?" Ele escreveu à direção da escola, colocando enfim em movimento a burocracia alemã. A escola informou o pai de Necla sobre a ausência da filha e ameaçou puni-lo. A professora preferida de Necla apareceu e insistiu que a mãe enviasse a filha de volta à escola imediatamente.

O rompimento definitivo com o pai de Necla veio um pouco mais tarde. Quando ela se recusou a recebê-lo e se trancou no quarto, ele quebrou a porta com um machado e investiu contra ela. Seguiu-se uma luta entre pai e filha. Necla fugiu para a casa de um vizinho. O pai deixou a casa e a família e, logo em seguida, a Alemanha. Nunca mais voltou. Durante anos, Necla Kelek ficou atormentada pela culpa. Culpava-se pelo fato de o pai abandonar a família – até que, depois de anos de terapia, um psicanalista enfim a libertou com a frase: seu pai foi completamente irresponsável.

O livro de Necla Kelek foi uma sensação. Antes de publicado, a situação dos imigrantes turcos aflorava principalmente em relação a uma palavra-chave "trabalhador convidado" – expressão que se referia quase naturalmente a imigrantes homens. Nunca antes o público alemão se preocupara com a situação de meninas e mulheres turcas na Alemanha, nunca antes seu sofrimento fora descrito de forma tão pungente. Também fiquei chocado quando li o livro. Como era possível, perguntei a mim mesmo, que nós, pioneiros e entusiastas de uma sociedade multicultural, nunca percebêssemos que muitas meninas e mulheres muçulmanas viviam como prisioneiras em nosso meio, bem aqui, na Alemanha? Por que nunca nos interessamos pelo destino dessas mulheres que só podiam observar nossas comemorações "multiculti" por trás de janelas fechadas?

Não foi apenas a mídia alemã, mas também os partidos políticos do país que assumiram o tema do livro e celebraram sua autora por trazer esta questão à luz. Além de Kelek, duas outras escritoras rebeldes também deram *insights* sobre a vida das muçulmanas na Alemanha: Seyran Ateş (*Große Reise ins Feuer*, ou Jornada para o fogo) e Serap Çileli (*Wir sind eure Töchter, nicht eure Ehre*, ou Somos suas filhas, não sua honra). Seus livros contavam sobre uma vida de pesadelo no coração da Alemanha, ditada por costumes arcaicos e tribais seculares, que eram coisa do passado nas grandes cidades turcas, como Istambul, Izmir e Ancara – de isolamento involuntário, casamentos forçados, sequestro, estupro e a opressão indiscriminada de mulheres que só podia atender pelo nome de escravidão.

Um assassinato ocorrido em Berlim no ano em que o livro de Kelek foi publicado ampliou a discussão. Uma jovem curda de nome Hatun Sürücü morreu baleada pelo irmão mais novo – menor de idade – porque se recusou a voltar para a família depois de fugir de um casamento forçado e, foragida em face das ameaças da família, insistiu em levar "a vida de uma alemã". Maquiava-se, usava o cabelo comprido, ia a boates, exibia anéis e colares. Na mente dos pais e dos irmãos homens, ela manchava "a honra da família" com seu estilo de vida ocidental. Poucos dias antes de ela receber seu certificado de aprendiz de eletricista, tiros fatais disparados por seu irmão mais novo deram um fim a sua vida. A decisão familiar de ter o irmão como assassino foi resultado de um cálculo cínico: os assassinos menores de idade na Alemanha recebem pena máxima de dez anos de prisão e têm uma boa probabilidade de serem libertos depois de cumprir apenas dois terços da sentença se tiverem bom comportamento.

Na década anterior ao assassinato de Hatun Sürücü, houve em Berlim pelo menos outras 13 "mortes pela honra" – e dezenas pela Alemanha – mas nunca antes causaram tal clamor.

A atenção pública concentrou-se nas duas práticas a que estão sujeitas as meninas muçulmanas na Alemanha até hoje: o "casamento forçado" – todo ano, milhares de meninas eram e são obrigadas a se casar com homens que os pais escolheram; e o costume de trazer "noivas importadas" da Turquia – ano após ano, com os bolsos recheados de dinheiro, mães turcas que moram em Berlim viajam a suas cidades natais a fim de escolher esposas para os filhos. Sem nenhuma proficiência em alemão nem preparação cultural para falar a língua, essas noivas compradas são levadas à Alemanha, onde, em consonância com os costumes tribais, têm uma vida isolada nas famílias de seus sogros, privadas de todo direito. Em resumo, explica a advogada turca Seyran Ateş, os homens turcos que querem se casar e viver de acordo com a *sharia* podem fazê-lo com muito mais facilidade em Berlim do que em Istambul.

Por um bom tempo, os defensores de uma sociedade multicultural ignoraram esses alertas, acreditando que "dissonâncias" culturais como estas desapareciam sozinhas na terceira ou quarta geração. Era uma falsa esperança. Um estudo publicado em

2012 pelo Ministério do Interior sobre a disposição de jovens muçulmanos não alemães entre 14 e 32 anos de se deixar assimilar revelou que o problema se intensificou. Aproximadamente um quarto dos participantes do estudo rejeitou o estilo de vida ocidental e não mostrou disposição para se integrar.

Como aconteceu em levantamentos anteriores, não foi a mensagem, mas o mensageiro – neste caso, o ministro alemão do Interior – que suscitou indignação. De braços dados com associações islâmicas e mulheres acadêmicas do Islã, porta-vozes do Partido Social-Democrata e dos Verdes deploraram a "discriminação" e "suspeita categórica de muçulmanos". Mais uma vez ficou claro que a mera menção de fatos perturbadores automaticamente levanta a suspeita de discriminação.

O fato de uma sociedade muçulmana paralela ser capaz de surgir na Alemanha – e não nos Estados Unidos, por exemplo – exige alguma explicação. Por quatro décadas, os governos conservadores da Alemanha recusaram-se a reconhecer que o país se tornara uma nação de imigrantes. Uma das consequências dessa negação foi a completa falta de cursos de idiomas e de uma política construtiva de assimilação. Para a esquerda alemã, a culpa atrapalhava ainda mais a exigência de que os imigrantes aprendessem alemão: afinal, não podemos obrigar os pobres imigrantes a aprender nossa "língua de assassinos". Quando me mudei para os Estados Unidos com minha família e matriculei meus filhos em escolas públicas de lá, eles tiveram que fazer um curso diário de inglês como segunda língua. Só muito recentemente os jardins de infância e escolas na Alemanha começaram a oferecer cursos semelhantes. Outro fator também entra em jogo: desde a proibição e recrutamento de trabalhadores convidados turcos, em 1973, aproximadamente 2,5 milhões de familiares turcos entraram na Alemanha por intermédio da política de reencontro familiar. A grande maioria deles – principalmente mulheres e crianças – caiu nas redes sociais da Alemanha no dia da chegada e continua envolvida nelas. Falta à Alemanha o instrumento mais importante para a integração de recém-chegados à sociedade: a participação pelo trabalho. O mesmo pode ser dito sobre quem procura asilo – os curdos, no caso de emigrantes vindos da Turquia. Até que se chegue a uma decisão sobre seus pedidos, o que em geral leva anos, os refugiados não têm permissão para trabalhar na Alemanha. Por conseguinte, aqui, também, está ausente o pré-requisito fundamental para uma assimilação bem-sucedida.

Além disso, a diferente localização geográfica e a imagem das duas nações imigrantes também influenciam a disposição dos recém-chegados de se assimilar: como regra, os muçulmanos que saem da Turquia ou das nações árabes para os Estados Unidos querem deixar para trás sua antiga vida e se tornar cidadãos americanos. Não é o que acontece com os imigrantes na Alemanha. Antes de tudo, por um bom tempo, a Alemanha não lhes ofereceu a possibilidade de cidadania; em segundo lugar, o país não se apresentou aos imigrantes como um lar desejável. Quem quer se tornar cidadão de uma nação cujos habitantes – por bons motivos – nem mesmo têm orgulho dela? Além disso: é um voo de apenas duas horas de volta a Istambul.

Por fim, é importante lembrar que a porcentagem de imigrantes muçulmanos na Alemanha é muito maior do que nos Estados Unidos. Comparados com os pelo menos 4 milhões de imigrantes muçulmanos na Alemanha – cerca de 5% da população –, os Estados Unidos têm cerca de 2,4 milhões – perto de 0,6% da população.

Enquanto se limitou ao tema da opressão de meninas e mulheres muçulmanas, Necla Kelek foi queridinha da mídia e recebeu incontáveis prêmios. Isso mudou subitamente quando ela expandiu sua pesquisa e incluiu as causas dessa opressão. Por que, perguntaram Kelek e o público, as mulheres no mundo islâmico nem mesmo começaram a alcançar o tipo de igualdade de gênero vista comumente no Ocidente democrático de hoje? Por que o Islã tem um papel tão determinante na vida diária dos muçulmanos? Por que, ao contrário do cristianismo, ele nunca atingiu a separação entre Igreja e Estado? As paixões se inflamaram sobretudo com a afirmação de Kelek de que o Islã – depois de um período de liberalização durante a Idade Média, que beneficiou todo o Ocidente – isolou-se contra as tentativas de historicizar o Alcorão, fechando assim a porta ao pensamento científico e à modernidade. As associações islâmicas e um grupo cujos membros se intitulam "muçulmanos liberais" soaram o alarme da discriminação; em petições, cartas abertas e artigos, estudiosas alemãs do Islã e mulheres que aderiram ao conceito de "multiculti" acusaram Kelek de pouca erudição e demonização do Islã. De repente, ela foi menosprezada como crítica – até inimiga – do Islã; ela deu má fama aos muçulmanos, disseram, abriu as portas para a islamofobia e os preconceitos reacionários; para falar a verdade, ela mesma era reacionária. Kelek foi denunciada por alegações que nunca fez – por exemplo, de que os muçulmanos precisavam se afastar do Islã antes de ter acesso aos reinos da ciência e do esclarecimento. Foi depreciada como fundamentalista, e as feministas enlouqueceram no contexto de cada debate relacionado com os muçulmanos na Alemanha: as discussões concernentes à construção de novas mesquitas, as caricaturas de Maomé na imprensa dinamarquesa e a diatribe controversa do sucesso de Thilo Sarrazin contra os muçulmanos, *Deutschland schafft sich ab: Wie wir unser Land aufs Spiel setzen* (A Alemanha destrói a si mesma: Como colocamos em risco nosso país).

Essas discussões revelaram um defeito: os muçulmanos seculares – cerca de metade de todos os muçulmanos na Alemanha – não são organizados, não têm uma associação e só têm uns poucos porta-vozes. Em vez disso, eles são representados pelas três maiores associações islâmicas, que recebem da Turquia e da Arábia Saudita uma porção significativa do dinheiro que usam para construir suas mesquitas. Entretanto, no máximo um quinto de todos os muçulmanos que vivem na Alemanha vai regularmente à mesquita.

Kelek não se considera uma revolucionária. Mas não se contentou em escrever a história da pequena Necla, destinada a uma vida de cativeiro sob estruturas arcaicas no seio da Alemanha. Sua pesquisa e seus estudos a colocaram face a face com a realidade de que sua história pessoal não é nada singular. Ao examinar as causas das escandalosas condições que revelou, Kelek topou com dois avalistas dessa situação: os sustentáculos do Islã tradicional e os relativistas culturais alemães, que acreditam que as tradições culturais de um grupo de imigrantes merecem proteção mesmo que infrinjam os direitos humanos. Ela tem enfrentado representantes de ambos os grupos. Ao liderar essa guerra de duas frentes, Necla Kelek não tornou exatamente mais fácil sua vida na Alemanha, sua declarada terra natal. Entretanto, só exige o que deve ser dado: que as muçulmanas na Europa tenham os mesmos direitos de suas contrapartes locais.

Apesar de todas as hostilidades, Kelek e seus companheiros combatentes realizaram muito. Contribuíram de forma significativa para que o casamento forçado agora seja proibido por lei na Alemanha. Importar noivas menores de idade da Turquia – sob o pretexto de reencontro familiar – também é crime passível de punição. Qualquer turca que emigre para a Alemanha a fim de se casar deve ter pelo menos 18 anos e exige-se que aprenda alemão básico. Os cursos obrigatórios de assimilação agora existem e exige-se que todos os estrangeiros que procuram a naturalização – não só as turcas desejando se casar – aprendam certas habilidades básicas da língua alemã e as regras de uma sociedade democrática. Não há dúvida de que estas iniciativas tardias ainda precisam de financiamento e locais adequados. Os professores são pagos como trabalhadores sem qualificação, e os ministros do Interior dos estados federais ainda recusam a despesa dos cursos compulsórios de alemão como segunda língua, tal como os cursos de inglês, que foram obrigatórios nos Estados Unidos por décadas.

Contudo, Necla Kelek e seus companheiros de campanha criaram uma nova base para a coexistência de imigrantes turcos e alemães. No futuro, nenhum partido ou grupo democrático poderá fazer vista grossa a seus argumentos. Ao mesmo tempo, ainda é extraordinário que, no início do terceiro milênio, algumas corajosas muçulmanas sejam necessárias – seguindo os passos de Gotthold Ephraim Lessing e Immanuel Kant – para lembrar os alemães da universalidade dos direitos humanos e dos dogmas fundamentais da democracia.

Outro resultado também é evidente. Em junho de 2013, na esteira dos protestos na praça Taksim, em Istambul, grupos relativamente grandes de turcos, numa manifestação animada, reuniram-se nas ruas de Berlim. Portavam cartazes que diziam TAKSIM ESTÁ EM TODA A PARTE e expressavam solidariedade por seus compatriotas no Bósforo que sentiam seus direitos civis restringidos pelo governo de Erdoğan. Os turcos em Berlim cerraram fileiras espontaneamente com os de Istambul. Alemães de origem turca, que voltaram a sua antiga terra natal para tentar a sorte depois da recuperação econômica dos últimos anos, sem dúvida, também tiveram um importante papel; a mídia alemã não teve problemas para encontrar testemunhas locais dos movimentos de protesto em Istambul ou Ancara que lhes explicassem os eventos em alemão fluente. Muitos berlinenses de repente se sentiram à vontade em Istambul, mesmo que nunca tivessem estado lá: não são os nossos turcos tomando as ruas por lá? Na realidade, o que esteve e está em questão não é nada além dos mesmos direitos humanos e civis que Necla Kelek exigiu tão intensamente em seu primeiro livro.

UM PREFEITO DESPREZA O POLITICAMENTE CORRETO

O prefeito de longa data do distrito de Neukölln em Berlim, Heinz Buschkowsky, nunca esteve à vontade dentro de seu próprio partido, o Partido Social-Democrata da Alemanha (SPD). Com observações divertidas e cáusticas, ele costuma contestar o consenso dos outros integrantes, que fazem vista grossa para o surgimento de uma sociedade muçulmana paralela. Se alguém em Berlim tem um "Berliner Schnauze" – literalmente, "focinho berlinense", gíria para a atitude rude atribuída aos berlinenses – é Heinz Buschkowsky. Suas observações irreverentes e politicamente incorretas são lendárias. "Aqui, em Neukölln, quem não usa seus pagamentos do bem-estar social para cobrir o aluguel nos parece gentrificador." Ou: "Se só o que fizermos for observar, daqui a dez a 15 anos Neukölln Norte não será mais tão diferente de Whitechapel. Hoje, 75% das crianças daqui com menos de 15 anos já vivem dos benefícios da previdência. Temos escolas onde 95% dos pais dos alunos são desempregados. Um emprego proveitoso não é algo que exista no mundo em que vivem estas crianças." Foi sobretudo sua alegação do fracasso do conceito "multiculti" que lhe granjeou a hostilidade da ala esquerda de seu partido e dos Verdes.

Mas Buschkowsky nunca deixou o partido "reabilitá-lo", que dirá silenciá-lo. Sua abordagem sobre os imigrantes muçulmanos na Alemanha pode ser descrita como uma mistura arriscada de empatia e provocação. Ele defende a obediência rigorosa ao comparecimento compulsório à escola, e seu monitoramento, além da punição dos pais que não mandam os filhos para a escola: "Se uma criança não aparece na escola, o auxílio federal à infância não aparece na conta dos pais." Ele defende o emprego de guardas em escolas de risco, para afastar indivíduos sem relação com o ensino e intervir em brigas de pátio. Ao mesmo tempo, defende a supervisão individual de alunos-problema por orientadores e assistentes sociais, que ajudam a dar autoestima a esses alunos e os convencem de que eles podem conseguir, que o mundo pode ser deles – se assim quiserem. É famoso e tem má fama por ter familiaridade com seu distrito e por não se sentir preso à linha do partido. Tudo o que sabe, explica ele, vem de conversas com moradores do distrito. "O que sei não aprendo aqui no gabinete. Aprendo quando vou às escolas e falo com os professores, quando vou a uma creche e converso com os instrutores – afinal, é onde a vida acontece!" Então quando fala com a burguesia instruída sobre suas experiências, continua, descobre que as pessoas o encaram de olhos arregalados como pires, como se ele tivesse vindo de outro planeta, como se fosse um alienígena. "Eles não conseguem imaginar que existe um mundo em que alunos da primeira série ainda são levados à escola em carrinhos porque não sabem andar direito. (...) E que eles não sabem andar porque são sempre empurrados por aí em carrinhos. Que crianças mamam no peito até os cinco anos. Que os professores me contam sobre crianças que não bebem em um copo porque passam dia todo chupando 'saquinhos'. Quando conto isso à classe média instruída, eles se perguntam se já tomei umas e outras pela manhã. Não conseguem imaginar a existência de crianças que nunca seguraram um pincel atômico, que não sabem usar uma tesoura, não sabem o que é argila. Se você lhes disser que nossos alunos da quarta série não sabem ler. (...) Normalmente, um aluno da primeira série sabe ler no final do ano letivo. (...) Então, eles dizem: de jeito nenhum, é impossível!"

Quando Buschkowsky convoca as escolas no meio do ano letivo para perguntar quantos alunos alemães registrados em Neukölln foram matriculados nas escolas locais, sempre descobre que eles foram registrados em bairros mais afluentes – tendo indicado falsas residências ali, usando o endereço de um tio ou uma tia. "Afinal", resume Buschkowsky, "os pais alemães são extremamente engenhosos quando se trata de evitar suas escolas regionais. Tem criança que talvez não seja capaz de correr em linha reta sem se machucar, mas precisa comparecer a escolas especializadas em esporte a todo custo; ou o pequeno Paganini que não sabe com que mão deve segurar o arco do violino, mas *deve* ir a uma escola com um forte programa musical etc."

Buschkowsky conta a história de um grupo de novos moradores de Neukölln – "gentrificadores, é claro!" – que fundou uma creche por iniciativa própria. Fixaram mensalidades tão altas que podiam ficar tranquilos que nenhuma criança de família que recebesse benefícios previdenciários do Hartz IV poderia se matricular. Embora se orgulhassem de sua "solidariedade internacional", seu amor não ia tão longe a ponto de querer ver os filhos de turcos de classe baixa em sua creche chique. Sua máxima era: meu filho não é um "pioneiro da assimilação", nem objeto de experimentos sociais de resultados incertos, muito obrigado. O problema surgiu para os pais depois do jardim de infância: em que escola de Neukölln deveriam matricular essas crianças privilegiadas, que haviam sido mimadas com programas especiais? Juntos, eles decidiram matricular todos os filhos na mesmíssima turma em uma das melhores escolas de Neukölln. Mas agora eram os outros pais que protestavam: a composição da turma não refletia mais a mescla étnica e social da escola. Falou-se em "racismo", "criação de uma elite" e "favoritismo"; a história rodou pela mídia de Berlim. O grupo recorreu a uma alternativa previsível: os pais tiraram os filhos da escola, alugaram um furgão VW e passaram a mandá-los diariamente de Neukölln a uma escola em Rudow.

O que também incitou esta história é que uma jornalista muito indignada do jornal de esquerda *taz* foi obrigada a admitir ter feito o mesmo com o próprio filho: embora morasse em Kreuzberg, tomada de imigrantes, mandava o filho à escola na burguesa Charlottenburg.

Já no início da entrevista, Buschkowsky despreza minha conjectura de que as coisas melhoraram significativamente em sua jurisdição. Se eu tinha esperanças de cair em suas boas graças usando esta abertura, calculei mal. "Sinceramente, não sei em que se baseia esta alegação de que Neukölln vive uma melhora. Não sei de onde você tirou essa ideia. Certamente não se refletiu em nossas creches e escolas." Naturalmente compreendo a exasperação de Buschkowsky. Desde o início de nossa conversa, ele se apresentou como um prefeito lutando como um leão por seu distrito de alto risco. Assim, admitir que a situação melhorou enfraqueceria seus gritos existenciais de alarme aos olhos do público e do senador de Finanças de Berlim, que ainda foge do combate à enorme dívida da cidade. Entretanto, este mestre da dramatização também tem argumentos convincentes. Com relutância, Buschkowsky admite que os primórdios de um enclave artístico podem ser vistos numa parte do norte de Neukölln: "Galerias, pequenos bares, algumas lojas esparsas de guitarras elétricas e luthiers, até grandes espaços compartilhados com múltiplas mesas e acesso à Internet para alugar. (...) Sim, sim, tem agora mesmo! (...) E trailers estacionados em um antigo espaço de fábrica, que um empreendedor de cabelo punk aluga como quartos de hotel." "Dormir em trailers num espaço de fábrica?", pergunto com incredulidade. "Claro", responde o prefeito, "é assim que os jovens fazem hoje em dia!"

Este é Buschkowsky em seu auge: com seu conhecimento prático, ele não perde tempo em espantar nosso jornalista que só conhece o estado das coisas pela cobertura anterior da mídia. "Esses bons começos", continua Buschkowsky, "não revelam quase nada do desenvolvimento de Neukölln. Eu sempre digo que até que o térreo cresça ao quinto andar, tudo é apenas episódico." "Por que o térreo cresceria ao quinto andar?", pergunto. "Ora, é evidente: os estúdios, galerias e butiques ficam no térreo. Mas se os novos inquilinos não criarem raízes, começarem famílias, se não se acomodarem, tudo não passa de fogos de artifício, de um episódio passageiro. Na vida desses jovens colonos, nós, em Neukölln, somos apenas episódicos. Daqui a alguns anos, eles estarão sentados diante do chefe de recursos humanos durante uma entrevista de emprego e dirão: 'Sabia que moro em Neukölln há dois anos? E sobrevivi... Sou um cara durão!"

Pode ser verdade, admite Buschkowsky, que se ouvem muitas línguas em Neukölln, mais do que no passado – não só turco e árabe, mas também francês, italiano e muito espanhol. Mas os novos moradores, observa ele, não mudaram a estrutura do distrito. É claro que há um supermercado orgânico Bio Company na Sonnenallee, que mira clientes dispostos a pagar 60 centavos de dólar por um pãozinho de vez em quando. Mas as novas butiques e bares não são populares em meio à antiga vizinhança de desempregados e militantes da esquerda *Autonome*. Muitos pequenos empresários mantêm as portas de seus negócios trancadas durante o dia porque têm medo de ataques e manifestações; você precisa bater, se quiser comprar alguma coisa nessas lojas. Os arraigados beneficiários do Hartz IV consideram provocação os jovens profissionais que se levantam pela manhã para fazer alguma coisa. "Sim, aí estão os novos boêmios", conclui

Buschkowsky, "mas essas pessoas não estão em condições nem têm vontade de criar uma nova Neukölln. Se lhes perguntar, descobrirá que a maioria só está aqui há cinco ou oito meses. Partirão novamente em cinco anos, no máximo... Muitos talvez em apenas dois."

As condições em muitas escolas de Neukölln, explica o prefeito, ainda são catastróficas: o corpo discente é 80% a 90% muçulmano, com apenas uma fração de alunos nascidos na Alemanha; as crianças nessas escolas conversam em turco ou árabe. Entretanto, na opinião de Buschkowsky, o problema não é a etnia, mas a vida doméstica dos estudantes muçulmanos. Como exemplo de uma "reviravolta" de sucesso, ele menciona o Colégio Albert Schweitzer e sua recuperação. Para começar, o novo diretor nomeado: o professor tcheco Georg Krapp, que conseguiu fazer com que estudantes em Praga completassem o currículo acadêmico do ensino médio alemão. Em consulta ao novo diretor, o turco foi apresentado como matéria, junto com um curso corretivo de alemão – para irritação da Associação de Filólogos Alemães. Na mente dos filólogos, obcecados com o modelo de Wilhelm von Humboldt da escola ideal, quem frequenta uma escola alemã de ensino médio já deve falar alemão e ponto final! Este ideal evidentemente tem pouca ligação com a realidade de Neukölln. Orientadores foram enviados à escola e ela foi transformada em uma instituição de tempo integral, em que os alunos permanecem em sala até as quatro ou cinco da tarde. Em quatro anos, o número de alunos duplicou, o número de formados chegou a quadruplicar e a nota média na formatura era de 2,5 (aproximadamente uma média B) – e isso apesar de a composição étnica da escola não ter se alterado em nada! Hoje, a escola é uma das mais populares e bem-sucedidas de Neukölln.

Buschkowsky me conta uma história cômica da construção de um novo ginásio de esportes para a escola. Os arquitetos de

Berlim o projetaram com uma parede inteiramente de vidro. Buschkowsky lhes perguntou se realmente pensavam que as meninas muçulmanas praticariam esportes por trás dessa parede de vidro – expostas ao olhar dos meninos no pátio da escola. Encarando-o de lábios franzidos, os arquitetos retorquiram que havia funcionado muito bem no bairro deles, Mahlow – um subúrbio residencial exclusivo de Berlim.

Pergunto a Buschkowsky como o Colégio Albert Schweitzer conseguiu alcançar o nível de realização acadêmica, em geral, visto nos distritos burgueses de Berlim, sem alterar a composição do corpo estudantil. Qual é a receita de seu sucesso?

Buschkowsky ri. "Bem", responde ele, olhando-me para avaliar se as palavras escolhidas me fariam encolher, "o fato é que também existem turcos e árabes que não são burros. São essas crianças que precisam de ajuda contra seus pais. As crianças aqui são mantidas na burrice, são emburrecidas pelo ambiente doméstico. Não nascem burras. Nascem muitos turcos e árabes burros aqui como nascem alemães burros em outras partes." A vida doméstica impediu que essas crianças tirassem proveito das oportunidades educacionais do país e ascendessem na escala social – como ele, filho de pais proletários, avançou graças à pressão e ao estímulo constante dos pais. "Hoje em dia, os pais daqui simplesmente não dizem aos filhos: leia este livro! Apague a droga da televisão! Desligue essa porcaria de computador! Essas crianças são prisioneiras na casa dos pais, com televisores ligados 24h por dia. (…) 'Só programas turcos, olha lá!'"

Se o televisor tem tanto uso, observo, pelo menos dará defeito um pouco mais rápido.

"Aí é que você se engana!", responde de imediato Buschkowsky. Filho com habilidades manuais de um metalúrgico, ele me explica que é o liga e desliga de um televisor – seu resfriamento e aquecimento – que provoca a maior parte do desgaste.

Se um televisor está sempre ligado, dura para sempre. "As crianças têm TV no quarto quando chegam aos cinco ou seis anos. Sempre lhes pergunto. Elas têm TV e celulares de duzentos a quatrocentos euros (...) aos cinco, seis anos. Mas quando lhes pergunto quem é membro de uma equipe esportiva, ninguém levanta a mão."

Ter sucesso num bairro como este, explica Buschkowsky, significa levar em conta todo o ambiente social da criança. Significa enfraquecer o sistema de sociedade paralela, dia após dia, hora após hora. Significa supervisionar a vida das crianças depois da escola – em outras palavras, ajudá-las a fazer os deveres escolares depois das aulas. As meninas não deviam chegar em casa a tempo de lavar os pratos. Um professor de jardim de infância lhe disse: "Estamos do lado leste da Sonnenallee" – uma via importante de quatro pistas –, "minhas crianças nunca atravessarão a Sonnenallee para o oeste! Assim, agora começamos a praticar excursões ao outro lado da rua com as crianças!" Em outras palavras, observa Buschkowsky, coisas que para as crianças alemãs são corriqueiras.

Pergunto se não é possível envolver os pais em exercícios assim.

O prefeito reage com ceticismo. Claro, você pode conseguir que uma mãe muçulmana acompanhe o filho numa excursão escolar ao zoológico, que compareça a uma festa na creche ou a uma reunião de pais. Mas não transformaria repentinamente uma mãe da Anatólia em uma euromuçulmana liberal. Os rituais culturais que carregam são simplesmente poderosos demais. Ele me fala de uma creche em Neukölln. Um pai vai buscar a filha, que lhe diz que eles comeram jujuba na escola naquele dia. O pai sabe que a jujuba é feita de gelatina e que a gelatina é tirada dos ossos do porco. Vai à cozinha, molha uma esponja em um forte detergente abrasivo e usa para limpar a boca da filha por dentro, para livrar-lhe a cavidade oral da sujeira suína. No processo, queima quimicamente a boca de sua filha "poluída" a ponto de ela precisar ser levada ao hospital. "Você lida com loucuras assim todo dia por aqui!"

Buschkowsky me conta outra história. A diretora de uma creche em Neukölln confessou-lhe que não suportava mais, queria largar o emprego em que estivera por trinta anos porque se via cada vez mais severa e impaciente a cada dia. E não queria se transformar na mulher intransigente e furiosa que via se tornar no futuro. Seis meses depois, ele a reviu. "Olá, Srta. Singer", ele a cumprimentou. "O que acabou acontecendo, você se demitiu? Consegue ficar longe de Neukölln?" Ela lhe disse que trabalhava no distrito vizinho de Friedrichshain – uma experiência inteiramente nova. Pela primeira vez em trinta anos, as crianças que entravam em sua sala falavam frases completas.

"Assim", conclui Buschkowsky, olhando o relógio, "temos o Colégio Albert Schweitzer e a Escola Rütli. (…) Duas provas de que este distrito tem o potencial que precisamos alavancar. Mas é o que estamos fazendo? Não. (…) Pelo menos, não vejo assim. Temos escolas aqui que, falando com franqueza, tenho vergonha de ficarem em Neukölln. Escolas com professores exaustos, completamente acabados. Que dizem às crianças: 'Vocês não passam de mais um condutor de camelo. Nunca serão alemães. (…) Nem se incomodem em aprender aqui!' Temos professores aqui que batem nas crianças. Toda essa bobagem começou com o prefeito de Berlim, Klaus Wowereit. (…) 'Esse distrito-problema deve ter as melhores escolas e professores!' (…) Não passa de blá-blá-blá idiota. É claro. Sim, e você pode escrever isso, não tem problema nenhum. (…) Vou repetir: é só blá-blá-blá idiota! A verdade é que são os distritos refúgio. Se em algum lugar há professores que ninguém quer mais (…) os estúpidos entre os professores, os fracassados, (…) eles enviam a nós. E é por isso que eles são desqualificados!"

Pode-se criticar Heinz Buschkowsky por sua tendência a exagerar, acusá-lo de vaidade – até chamá-lo de pregador do ódio, como fazem alguns. Mas ninguém pode negar que esse tribuno nato de provocações do povo destrói as falsas certezas dos entusiastas "multiculti", trazendo-os de volta à realidade. Eu, por exemplo, não duvido nem por um segundo que este orador efusivo e dotado ama seu distrito de todo o coração – e sua maioria muçulmana, que é incapaz de ser assimilada ou não está disposta a isso porque vive dos benefícios venenosos da previdência social. Buschkowsky é uma exceção, um caça-níqueis de premiação fácil, capaz de motivar até um jovem anarquista a considerar uma carreira de funcionário público.

SIM, VOCÊ PODE: A ESCOLA RÜTLI

No verão de 2008, um grito de alarme da equipe docente de uma escola em Neukölln chamou a atenção do mundo. Os professores informaram ao inspetor escolar responsável por Neukölln que as condições naquelas escolas tinham se descontrolado a tal ponto que se tornara impossível dar aula com algo parecido com ordem. Os professores eram cuspidos e insultados, a violência e a anarquia reinavam no pátio – as coisas não podiam continuar por mais um dia que fosse. "Por isso, qualquer ajuda que nossa escola receber só pode tornar a situação mais suportável. (...) A longo prazo, em sua forma atual a escola precisa ser fechada e substituída por um novo tipo, com uma estrutura inteiramente diferente."

A escola em questão pertencia a um grupo de instituições secundaristas conhecido como *Hauptschulen*. Tinha 270 alunos, aproximadamente 85% deles de origem muçulmana. Um grande número desses alunos muçulmanos vinha de países árabes e diferia dos alunos turcos em seu índice ainda maior de absenteísmo e propensão à violência.

A *Hauptschule* é uma forma inferior de escola secundarista, que não oferece aos alunos a opção de conquistar um diploma de ensino médio. Há muito tempo é altamente controvertida. No fim da nona ou da décima série, desde que não tenham abandonado os estudos antes, os alunos se formam com um diploma

Hauptschul, o que lhes permite se candidatarem a cargos de aprendiz. Porém, muitos alunos nunca se formam, abandonando a escola mais cedo, em geral terminando desempregados ou em subempregos. Em vez disso, antes que as reformas nesse tipo de escola fossem introduzidas em Berlim, apenas 6% de todos os alunos do ensino elementar se matriculavam em *Hauptschulen*; a grande maioria passava a frequentar colégios que ofereciam um currículo completo do ensino médio. Os *Hauptschulen* se tornaram um receptáculo para os dois ou três alunos mais complicados de qualquer escola do fundamental – situação que garantia mais ou menos o fracasso acadêmico. Até recentemente, cerca de dez mil estudantes frequentavam cinquenta *Hauptschulen* em Berlim. Na sétima série, um máximo de mil alunos ainda estava matriculado.

Muitos especialistas consideram este tipo de escola uma das principais razões para que o sistema educacional alemão seja praticamente impermeável a crianças de meios sociais desvantajosos. Comparadas com a média europeia, as crianças de famílias da classe trabalhadora e de imigrantes na força econômica da Europa têm oportunidades bem menores de se formar no ensino médio.

Mas o grito de alarme da Escola Rütli nunca teria chamado a atenção da imprensa nacional, e depois da mídia mundial, se não fosse por uma manchete errônea – ou, digamos, exagerada – no jornal de Berlim *Der Tagesspiegel*. Dizia: PRIMEIRA *HAUPTS-CHULE* DE BERLIM DESISTE E EXIGE SER FECHADA. Na realidade, os professores não disseram nada sobre "desistência" ou "fechamento". Aparentemente, um dos cossignatários deixou vazar ao público uma carta interna, dirigida ao inspetor escolar; de maneira nenhuma, ele poderia ter previsto a manchete enganosa nem o rebuliço que se seguiu. De qualquer modo, da noite para o dia e por várias semanas, a pequena Escola Rütli, em

Neukölln, e seus 270 alunos tornaram-se o projeto de estimação de um público repentina e extremamente preocupado, além de objeto de incontáveis comentários.

Naquela época, a autoridade encarregada do Departamento de Educação, Juventude e Ciência no Senado de Berlim, Siegfried Arnz, só estava no cargo havia dois anos. Era um homem de experiência prática, que, antes de ingressar na administração escolar, trabalhara como professor e diretor por trinta anos, mais recentemente em uma das mais difíceis *Hauptschulen* de Berlim, no distrito Nord-Tempelhof. Arnz assumiu a escola quando não havia uma só matrícula voluntária. O corpo estudantil era formado por 98% de imigrantes e todos os alunos recém-matriculados haviam sido rejeitados por outras escolas.

Em quatro anos, Arnz conseguiu transformar a escola em uma das mais procuradas *Hauptschulen* do distrito, repentinamente inundada por solicitações de vagas. A receita de Arnz, simples e bem-sucedida, foi a participação: é preciso convencer os estudantes a fazer algo por si mesmos. Não bastam os professores para determinar o que acontecerá na escola; os alunos também precisam ter palavra. Os professores não garantem que os banheiros continuem limpos; os alunos são responsáveis pela supervisão dos toaletes. Não cabe aos professores garantir o cumprimento da proibição de fumar; os próprios alunos designam uma área para fumantes e cuidam para que o resto do prédio seja uma zona para não fumantes.

Na noite de véspera do incendiário artigo no *Tagesspiegel*, Siegfried Arnz passou horas diante de seu computador. Leu a versão na Internet e observou que um maremoto de indignação pública caíra sobre ele em pouco tempo. Com os tabloides liderando o bando, toda a mídia alemã se aproveitou da manchete do *Tagesspiegel*. Arnz, que a essa altura era encarregado da educação no Senado, decidiu não desperdiçar um segundo que fosse tentando descobrir o responsável pelo vazamento. Em vez disso, viu a indiscrição e a manchete equivocada como uma oportunidade de pressionar por reformas fundamentais no ensino, que era o que ele buscava há muito tempo. Ele sempre se opusera ao *Hauptschule* como alternativa de escola. O alvoroço pela Escola Rütli, concluiu ele, era uma desculpa para efetuar mudanças. Ele se referia a esse instante – inicialmente apenas consigo mesmo, mais tarde também em público – como o "impulso Rütli".

Estava claro para Arnz que ele precisava encontrar alguém naquela mesma noite para salvar a escola. Não um típico funcionário público, mas uma figura carismática e – como de qualquer modo seria um funcionário público com direito a pensão – por que não um herói, capaz de transformar a energia negativa da escola Rütli? De seus anos como diretor, ele se lembrava de um colega de sucesso de uma *Hauptschule* no distrito de Reinickendorf, Helmut Hochschild, com quem de vez em quando trocava ideias na época. Antes do fim da noite, Arnz convencera Hochschild a aceitar o desafio. Sentiu os joelhos fraquejarem quando apresentou o novo homem à mídia de Berlim – não apenas toda a imprensa alemã, mas também a imprensa internacional. Dezenas de jornalistas e equipes com câmeras lutavam para se posicionar na sala pequena, lotada bem além de sua capacidade.

Naquele mesmo dia, Arnz, Helmut Hochschild e o senador para Educação à época, Klaus Böger, foram à Escola Rütli. O senador e Arnz começaram por apresentar o novo diretor interino a sua equipe de docentes. A apresentação foi recebida com um silêncio educado. A reunião seguinte, mais importante, era com o conselho estudantil.

Arnz e o novo diretor não fizeram longos discursos. Disseram: vocês sabem qual é a situação aqui na escola; sabem o que os professores dizem. Nem queremos saber o que é verdade e o que não é. O que queremos saber é o seguinte: o que faremos agora? O que vocês querem? O que vai ser?

Ao colocar o corpo docente e os alunos para trabalharem juntos em cada problema, Hochschild conseguiu criar um novo espírito de responsabilidade pessoal que se tornou popular na Escola Rütli. Uma das primeiras coisas que concordaram em fazer foi manter a imprensa longe – porque, agora que a questão ganhara as manchetes, um exército de repórteres mantinha-se à caça de novas histórias todo dia. O *Bild* publicou fotos de uma briga na frente da escola; mais tarde, revelou-se que os repórteres do jornal tinham incitado vários alunos a encenar a briga em questão. Mas a excessiva atenção pública também tinha um lado positivo, conta Arnz. A sociedade civil ofereceu-se para ajudar de várias maneiras, desde trabalho voluntário a doações em dinheiro. A introdução das chamadas empresas de alunos também foi um grande sucesso. Hochschild, que tinha experiência no ensino de *Arbeitzlehre* – uma matéria que envolvia lições práticas e teóricas a fim de preparar os alunos para o emprego – os estimulou a aceitarem o curso e a fundar empresas de estudantes para produzir bens comercializáveis. O lema era "Rütliwear". Os alunos faziam camisetas e outros produtos, que vendiam no mercado semanalmente.

O problema encontrado por Hochschild foi a composição do corpo docente. Como parte da reunificação, os professores com status de servidores públicos do Leste foram redistribuídos mais ou menos ao acaso por toda a região de Berlin. O Senado não refletiu muito sobre a composição do corpo docente nas respectivas escolas. Sem a mais leve preparação ou treinamento especial, professores da Alemanha Oriental, que jamais lidaram com filhos de imigrantes, muito menos com aqueles de credo muçulmano, foram transferidos para escolas onde esses alunos compunham de 80% a 90% do corpo estudantil. Por acaso, a maior parte da equipe docente da Escola Rütli era da antiga Alemanha Oriental. Dito isso, os professores do Leste que ensinavam ali não se distinguiriam exatamente como pioneiros em sua profissão. De seus anos como diretor em outra escola, Arnz recorda-se de um professor, um instrutor "preguiçoso", que comprovadamente negligenciou seus deveres de ensino e de quem Arnz desejava se livrar na época. Poupando-se do processo árduo e em geral inútil de suspendê-lo, como inspetor encarregado da questão simplesmente o transferiu para outra instituição de ensino. E quem foi a primeira pessoa que Arnz viu na manhã em que apresentou Helmut Hochschild aos docentes da Escola Rütli? Ninguém menos do que o professor que tivera esperanças de demitir.

Ao analisar os recursos da Escola Rütli, Arnz e Hochschild descobriram, para sua surpresa, que justo esta escola tinha instalações acima da média. Em particular, tinha à disposição muitos recursos para o ensino de idiomas. Mas de que adiantavam esses recursos, se ninguém se beneficiava deles? A toda escola era exigido apresentar seu próprio conceito de instrução de línguas. A Escola Rütli mal fazia uso desses recursos, que eram consideráveis, se comparados aos de outras escolas em Neukölln, e as habilidades linguísticas de seus alunos eram da mesma forma abissais. O índice notadamente alto de doença entre os professores, que agiam de acordo com o princípio da porta giratória – quando um professor voltava de licença médica, o seguinte alegava doença –, exacerbava tal deficiência.

Um grupo de entretenimento dos Estados Unidos, que soube da Escola Rütli pelo interminável tumulto na mídia, veio em auxílio do novo diretor. Com apoio financeiro, entre outros, do fundo cultural da União Europeia, os Young Americans e sua iniciativa de turnê pelas escolas esteve percorrendo a Europa por algum tempo. Repetidas vezes, conseguiram ressuscitar o espírito comunitário em escolas-problema e em corpos docentes que basicamente haviam desistido, fazendo apresentações musicais com os alunos e os funcionários. O primeiro pré-requisito para o trabalho era que qualquer escola que concordasse com a experiência tinha que suspender as aulas por uma semana e todos os alunos e professores deveriam apoiar o projeto. O segundo pré-requisito era que os pais dos alunos contribuíssem financeiramente para cobrir os custos do projeto e que hospedassem os cerca de 25 artistas em casa.

No caso da Escola Rütli, satisfazer esta segunda exigência estava fora de cogitação. Os pais muçulmanos dos alunos não estavam nem dispostos a acomodar os artistas, nem a contribuir financeiramente. Mas os americanos não se deixaram dissuadir. Concordaram em abrir mão de uma parte significativa da remuneração habitual e em dormir em hotéis baratos. A Escola Rütli lhes parecia a candidata ideal para o projeto: "Rütli tanzt – wir können auch anders" ("A Rütli dança – *Podemos* ser diferentes").

Hochschild, o novo diretor, fez o que pôde para obter o máximo desta ajuda inesperada do exterior. Conseguir que o corpo docente se animasse com o projeto mostrou-se muito mais difícil do que fazer o mesmo com os alunos. Mas não havia tempo para longas tentativas de persuasão. O show aconteceria em uma semana. O princípio do grupo americano era simples e inflexível: qualquer aluno ou professor que quisesse participar podia subir ao palco e fazer seu número.

A apresentação, a que compareceram centenas de outros alunos de *Hauptschule*, foi um sucesso retumbante. Vestidos em camisetas amarelas, vermelhas e laranja, os alunos entusiasmaram a plateia com seus números solo e de dança. Alguns fizeram coreografias de hip-hop, outros roubaram o show com uma música; sempre que os alunos tinham dificuldades, os profissionais americanos cantavam com eles ou encobriam seus deslizes com suas próprias improvisações. Um número surpreendente de professores participou, apresentando junto com os alunos excelentes versões de músicas que incluíram "Let it Be", "I Believe I Can Fly" e "We Are Family". Os Ghetto Jokers – todas as bandas e números só haviam sido criados dias antes da estreia – cantaram: "Ficamos sozinhos em nossa sujeira / e todos os outros acham que é besteira." Um menino de 15 anos se pavoneou com um rap original: "Sou de Neukölln e estou pronto como deve ser; aqui por minha conta, é muito fácil de se ver."

Arnz lembra-se de assistir adolescentes árabes da Escola Rütli ao lado dos americanos da Costa Oeste cantando com toda a alma, como se nunca tivessem feito outra coisa na vida. Aquilo lhe deu arrepios.

Aos poucos, Hochschild conseguiu mudar a composição do corpo docente. Conseguiu permissão do Senado para deixar que os professores relutantes fossem embora. "Quem não pode ficar pode partir", disse ele aos atônitos docentes. Entre os professores, um número muito menor do que ele esperava acabou aceitando a oferta. E aqueles que concordaram em se transferir foram substituídos por novos professores, uma vez que Hochschild desse aprovação. E isso foi o começo: embora uma lei de educação de 2004 garantisse aos diretores voz na contratação de novos professores, na prática a regra quase nunca era aplicada. Hochschild conseguiu contratar professores jovens e entusiasmados, capazes de manter o novo ímpeto na escola. Ao contrário dos Estados Unidos, em que os professores de escolas semelhantes podem ganhar mais, mas só têm contratos de cinco a oito anos, cada professor na Alemanha desfruta de estabilidade vitalícia.

Depois da apresentação, a cobertura da mídia sobre a Escola Rütli também mudou. Manchetes como VOM SCHIMPFWORT ZUR MARKE – DO PALAVRÃO À GRIFE – substituíram as legendas negativas anteriores.[1] As antes ridicularizadas camisetas Rütli entraram na moda e começaram a aparecer nas boates. Depois que a *Hauptschule* se fundiu com a vizinha *Heinrich-Heine-Realschule* (outra forma de ensino secundário), o antes famoso complexo tornou-se uma escola humanitária e modelo celebrado: o Campus Rütli.

Para os alunos, provavelmente a parte mais importante da experiência foi serem vistos por suas preferências e talentos e não por seus pontos fracos. Foi apenas no processo de preparação de seus números musicais que eles passaram a conhecer e a respeitar a si mesmos – e alguns de seus professores. O diretor Hochschild fez o que pôde para garantir que a experiência musical não terminasse depois dessa única apresentação. Na realidade, os grupos musicais, assim como as equipes que haviam desenhado os figurinos e cenários, continuaram seu trabalho e logo apresentavam seus próprios espetáculos.

Com a ajuda do dinâmico prefeito de Neukölnn, Heinz Buschkowsky, um "espaço social" de 50 mil metros quadrados para cinco mil moradores foi construído no complexo, ao longo da Rütlintrasse. Inclui dois jardins de infância, uma escola de música e um centro de educação para adultos que oferece cursos de idiomas para os pais; quadras esportivas estão sendo reformadas e um centro de trabalho foi planejado para o futuro. A principal ideia por trás do projeto remonta ao conceito conhecido como "gestão distrital", baseado na premissa de que as medidas de auxílio individual, como instrução em idiomas, substituição de professores etc., não funcionam sozinhas. Para que uma guinada seja bem-sucedida, todo o ambiente precisa ser levado em consideração – pais, atividades recreativas, supervisão de crianças e adolescentes, contexto criminal. No caso do Campus Rütli, o esquema parece ter dado certo.

Acima de tudo – para grande satisfação de Siegfried Arnz – o plano de estabelecer *Gemeinschaftsschulen* (literalmente "escolas comunitárias", o novo tipo de ensino médio) agora está sendo implementado por toda Berlim. De agora em diante, a cidade não terá mais nenhuma escola do ensino médio que não ofereça aos alunos a possibilidade de conquistar o diploma que lhes dará a opção de fazer seus estudos universitários. Como parte da reforma educacional feita em 2010, 150 *Hauptschulen, Realschulen* (escolas secundárias que têm uma classificação mais alta do que as *Hauptschulen*, mas são inferiores às academicamente orientadas *Gymnasien*), e as *Gesamtschulen* (escolas de ensino médio abrangentes que substituíram o tradicional sistema de ensino médio em três camadas de *Hauptschule, Realschule* e *Gymnasium* em muitas partes da Alemanha) em 12 distritos de Berlim foram transformadas em 120 escolas secundárias integradas.

O sucesso inesperado da Escola Rütli tem muitos defensores e patrocinadores, que mantêm o ímpeto da Rütli com doações em dinheiro, iniciativas privadas e patrocínio. As outras escolas-problema de Neukölln olham com inveja os recursos generosos que foram despejados no Campus Rütli.

"O que precisamos fazer", segundo Arnz, "é conquistar o quanto antes os filhos de imigrantes para os valores de nossa sociedade democrática. Em vinte anos, 85% dos recém-nascidos em Neukölln serão muçulmanos. Se os deixarmos escapulir, teremos um enorme problema nas mãos."

SOCORRO, OS SUÁBIOS ESTÃO CHEGANDO!

Conheci o distrito de Prenzlauer Berg, em Berlim, antes da queda do Muro. Entre os amigos que costumava visitar ali, na época, estavam Klaus Schlesinger, Gerd e Ulrich Poppe. Heiner Müller e sua mulher búlgara Ginka moravam em um apartamento de quarto e sala na Kissingenplatz. Em geral, eu me perguntava quando Heiner Müller encontrava tempo para escrever sua impressionante obra. Ele sempre tinha amigos de visita do Leste e do Oeste, e a maioria levava como presente obrigatório uma boa garrafa de uísque. Em geral, a garrafa era aberta à tarde e nunca durava até o fim do entardecer, quando os convidados do Oeste tinham que iniciar a viagem de volta pelo ponto de travessia da fronteira. A onipresente Volkspolizei garantia que eu praticamente nada visse das ruas e dos prédios que percorria a caminho da Kissingerplatz. Berlim Oriental não passava de um grande túnel, em que a luz só penetrava depois que eu estacionava meu carro na Kissingenplatz.

Após a queda do Muro, voltei uma vez de carro à Kissingenplatz por curiosidade, embora Heiner e Ginka não morassem mais ali. Fiquei assombrado com a extensão da deterioração. Nenhuma das fachadas que chamavam minha atenção haviam sido reformadas desde o fim da Segunda Guerra Mundial. Os suportes abaixo da pequena sacada dos Müller haviam sido devorados pela ferrugem; por instinto, recuei alguns passos por medo de que a sacada desabasse e me esmagasse naquele mesmo instante. Como foi que nunca havia notado aquela decadência em todos os meus anos visitando Heiner? Bastava ver o estado dos prédios para que ficasse claro a qualquer observador imparcial que a Alemanha Oriental estava nas últimas. Mas eu não era um observador imparcial. Em nenhuma circunstância gostaria de fazer o papel do arrogante "Wessi", que obriga seus convidados em Berlim Oriental a enxergar que vivem em um Estado condenado. Quaisquer impulsos semelhantes eram seguramente refreados pela garrafa de uísque que sempre abríamos de pronto.

Morar em Prenzlauer Berg nos anos 1980 fora uma espécie de credo. Prenzlauer Berg era um dos poucos bairros que não sofreram danos na guerra. Oitenta por cento de suas construções – principalmente estruturas residenciais de seis andares, com apartamentos sem banheiros e um toalete comunitário no patamar – sobreviveram praticamente incólumes. O regime comunista desapropriou a grande maioria das propriedades particulares. Só algumas escaparam a esse destino; a Kommunale Wohnungsverwaltung (KWV) – Administração de Habitação Comunitária – gerenciava a maioria dos prédios. Aqueles proprietários que conseguiram manter suas escrituras eram punidos pelo controle de aluguéis, mantendo a renda obtida de seus inquilinos tão baixa que nem mesmo cobria o custo dos reparos. Os prédios se deterioravam com tal rapidez que as autoridades não sabiam mais quais apartamentos ainda eram habitáveis.

Jovens famílias de inquilinos, que acreditavam no "verdadeiro socialismo", foram atraídas aos recém-erigidos *Plattenbauten*, em Hellersdorf, Marzahn e Hohenschönhausen. Ali encontraram apartamentos que exibiam banheiros, toaletes, aquecimento central e tomadas para televisão, embora tivessem teto baixo. Ficou em Prenzlauer Berg uma gente que não se importava particularmente com os padrões de vida nos *Plattenbauten* – ou melhor, que não se importava com os defeitos dos antigos apartamentos: escritores, artistas, intelectuais, oposicionistas, aventureiros – gente que levava um tipo de existência precária. E foi assim que Prenzlauer Berg transformou-se numa espécie de habitat para os não conformistas, que a "firma" de Mielke suspeitava ser de dissidentes. Na realidade, quase todos os protestos em Berlim Oriental – contra a escalada da corrida armamentista, a militarização dos jardins de infância e a fraude eleitoral do Partido Comunista da Alemanha Oriental, que acabou por levar ao grande comício de 4 de novembro de 1989 – começaram na igreja Getsêmani em Prenzlauer Berg.

Um dos últimos resistentes em Prenzlauer Berg hoje é o historiador literário Wolfgang Thierse, antigo membro do movimento de direitos civis e do Novo Fórum.[1] Em janeiro de 1990, ele se filiou ao SPD e se tornou o primeiro presidente do SPD do Leste. Em 1998, tornou-se presidente do Bundestag Alemão e, em 2005, seu vice-presidente, cargo que ocupa até hoje. Nos anos após a reunificação, Thierse destacava-se por sua barba cheia, típica de muitos militantes pelos direitos civis. Na época, barbas como a dele eram tema de um debate profundo. Os suplementos culturais de jornais da Alemanha Ocidental perguntavam se as barbas exibidas pelos dissidentes perpetuavam um orgulho masculino primitivo que caíra vítima da ocidentalização na antiga Alemanha Ocidental e agora talvez merecesse proteção, como uma espécie ameaçada. Outros a viam como vestígio de um tipo de homem que ainda não se libertara de sua antiga herança alemã – ou germânica. No fim, foi o sexo feminino que decidiu o destino da barba da Alemanha Oriental. Homens de barba cheia, por acaso, desfrutavam de preferência consideravelmente menor entre as mulheres. Por conseguinte, a maioria dos barbudos sucumbiu a este processo de seleção silencioso, porém eficiente, dando lugar a variações significativamente reduzidas: a barba original grande e basta foi substituída por uma paleta ampla de cavanhaques e bigodes bem aparados. Aliás, isso também levou à redescoberta do pelo facial entre os representantes do sexo masculino na Alemanha Ocidental. Wolfgang Thierse resistiu a essa pressão evolutiva por um bom tempo, antes de finalmente ceder a um meio-termo. Hoje, seu queixo exibe apenas os restos elegantemente aparados da barba cheia que por tanto tempo impediu que as mulheres acompanhassem os movimentos de seus lábios enquanto ele cunhava frases educadas no mais requintado e puro alemão.

Por quarenta anos, os Thierse moraram em um apartamento localizado num dos endereços mais cobiçados do mercado imobiliário internacional de hoje: a Kollwitzplatz. Ainda alugam o apartamento. Thierse rejeitou a residência oficial no distrito ocidental de Dahlen a que tinha direito como presidente do Bundestag. O único motivo para ele ainda conseguir manter seu apartamento em Prenzlauer Berg, explica ele aos risos, é que ainda tem o antigo acordo de locação dos tempos da Alemanha Oriental. Na realidade, ao longo de décadas e com a ajuda de parentes do Ocidente, ele pessoalmente pagou por cada melhoria feita – aquecimento central, banheiro com ladrilhos, toalete privativo, cozinha planejada. As estantes do chão ao teto, na sala de estar e nos corredores, revelam a marca do caos criativo de um historiador literário erudito e leitor voraz, que impôs sua própria ordem à biblioteca. A cozinha e os fundos do apartamento dão para o muro do maior cemitério judaico no centro de Berlim. Thierse sempre se sentiu atraído a este cemitério. Nos anos da Alemanha Oriental, querendo uma vista dali, ele obteve permissão para abrir duas janelas na parede dos fundos do apartamento. Também conseguiu com o zelador do cemitério a chave de uma das entradas laterais. Em incontáveis caminhadas solitárias por entre os túmulos, ele explorou nomes, dinastias e histórias das famílias judias que uma vez ascenderam à proeminência e à riqueza na cidade e encontraram ali seu lugar de descanso final. Pelas datas nas lápides, Thierse podia identificar a ascensão dos judeus de Berlim nos séculos XVIII e XIX e seu fim abrupto. Um dos túmulos mais recentes no cemitério pertence à pequena Vera Frankenberg. Thierse às vezes via um homem mais velho junto a este túmulo. Entabulando conversa com ele, Thierse soube que a menina foi morta durante um dos últimos bombardeios de Berlim; devido a sua origem judaica, não lhe permitiram entrar no bunker e ela não sobreviveu ao ataque aéreo. Por um bom tempo, Thierse foi assombrado por uma placa memorial junto a um portão, que lhe permitia o vislumbre de um poço estreito. A inscrição dizia:

> SEM QUERER
> A MORTE DOS OUTROS
> FOI SUA MORTE.
> FOI AQUI QUE PACIFISTAS
> ESCONDERAM-SE NO FINAL DE 1944.
> DESCOBERTOS PELA SS
> FORAM ENFORCADOS NAS ÁRVORES
> E NESTE SOLO ENTERRADOS.[2]

Thierse logo sabia mais sobre a genealogia das famílias judias da cidade do que os membros da pequena comunidade judaica de Berlim Oriental. Quando levou Avi Primor, o embaixador de Israel na Alemanha entre 1993 a 1999, em uma visita ao cemitério, este foi incapaz de esconder seu assombro com o extenso conhecimento do ex-alemão oriental.

Já antes da queda do Muro, Prenzlauer Berg cultivava uma mistura única de boêmios pobres. As autoridades da Alemanha Oriental foram rápidas no fechamento do primeiro "Kinderladen", uma espécie de jardim de infância alternativo, antiautoritário, na Husemannstrasse. Depois da reunificação, uma cena artística idiossincrática explodiu nos quintais dilapidados: pintores sem galerias e poetas sem editores convidavam o público a exposições gratuitas e festivais de poesia de protesto. Na época, o bairro não estava no radar de nenhum investidor sueco ou alemão ocidental. Durante a corrida para as primeiras eleições pós-reunificação, o escritor grisalho Stefan Heym caçou votos para o Partido do Socialismo Democrático (PSD), que substituiu o antigo partido da Unidade Socialista da Alemanha (SED), alegando que Prenzlauer Berg se transformaria no maior asilo de indigentes de Berlim – aliás, da Europa. Thierse, seu desafiante social-democrata, declarou que, ao contrário, aquele distrito pouco danificado e relativamente central, com sua população jovem, em parte educada em universidades, tinha um grande futuro. Venceu o prognóstico apocalíptico de Heyms, compatível, como se viu, com a visão de mundo do eleitorado. Mas embora Thierse perdesse as eleições, sua previsão se mostrou correta.

Não demorou muito para que começasse uma corrida internacional ao bairro. O nome complicado Prenzlauer Berg, explica Thierse, "logo saía dos lábios de europeus e de investidores de além-mar – que mal sabiam onde se localizava o bairro – mais facilmente do que os nomes Frankfurt e Munique". Apartamentos nos novos prédios financiados pelos grandes fundos imobiliários eram arrebanhados antes que o terreno fosse preparado. Advogados, gerentes e contadores compraram unidades para si e para seus filhos; hoje, os recém-chegados são 80% da população do bairro – 90% na extremidade sul, perto da Kollwitzplatz. Os recém-chegados são predominantemente jovens famílias com filhos; a maioria é de acadêmicos com bons empregos em órgãos administrativos ou empresas. A paisagem é dominada por mães e pais empurrando carrinhos de bebê, faixas de pedestres e ruas de mão única que deixam exasperados motoristas pouco familiarizados com a área. A proporção de estrangeiros ainda é mais baixa do que no resto de Berlim e não reduziu a predominância da pele branca – é principalmente de outros europeus e americanos, raras vezes turcos, que fixaram residência em Prenzlauer Berg.

Hoje, Preuzlauer Berg é considerado o distrito na Europa com mais crianças – não necessariamente para prazer dos "boêmios digitais", com seus iPhones e tablets, que tentam guardar a maior distância possível entre eles e os clientes que carregam os filhos pelas cafeterias. Entretanto, parece que os solteiros sem filhos perderam a batalha contra o domínio total dos petizes, que estrondeiam pelo calçamento de pedras seus volumosos carrinhos de plástico e nunca ouvem uma palavra que seja de repreensão dos lábios dos pais.

No final de 2012, uma observação inofensiva feita por Wolfgang Thiersen desencadeou uma tempestade na mídia que durou semanas. Meio a sério, Thierse reclamou do fato de que a vendedora na padaria da esquina o olhou de modo inexpressivo quando ele pediu um *Schrippe* – o termo berlinense para um "pãozinho". A fim de ser atendido, ele foi obrigado a substituir a expressão berlinense pela palavra suábia *Wecken*. Ultimamente, ele também se via tendo que pronunciar a expressão suábia *Pflaumendatschi* em vez de *Pflaumenkuchen* quando queria uma fatia de torta de ameixa. Thierse coroou sua crítica com uma observação mordaz sobre a mania suábia de limpeza: "Eles vêm para cá porque tudo é muito pitoresco, aventuroso e animado, mas depois que se instalam por aqui, querem que as coisas sejam como eram em sua terra. (...) Não se pode ter as duas ao mesmo tempo. (...) Minha esperança é de que os suábios um dia percebam estar em Berlim e não mais em suas cidadezinhas com *Kehrwoche*"[3] – a "semana da vassoura", a tradição de tornar os lares responsáveis, em rodízio, pela limpeza partilhada de calçadas e espaços públicos.

Sem suspeitar, com seu apelo pela assimilação suábia, Thierse atingiu o próprio coração das sensibilidades alemãs em Prenzlauer Berg – só que dessa vez não se tratava das conhecidas diferenças na mentalidade entre Leste e Oeste, mas entre Norte e Sul. Um número significativo de berlinenses considera os recém-chegados da Suábia, estado meridional da Alemanha, a epítome de gentrificadores ricos e obcecados pela ordem, de que se ressentem. Thierse recebeu três mil e-mails. "Babaca" e "porco" estavam entre os nomes mais gentis por que foi chamado; ele foi também insultado como nazista e racista. Os VIPs políticos suábios o desancaram. Um comissário suábio da União Europeia em Bruxelas intrometeu-se, lembrando Thierse de que Berlim dependia consideravelmente da equiparação de pagamentos que os suábios faziam pelo capital devido, como parte do sistema de equiparação financeira federal – na Alemanha, solicita-se dos estados ricos do Sul, inclusive Baviera, Baden-Württemberg e Hessen, que entreguem uma parte de seus excedentes a lares nos estados mais pobres do Norte. Era apenas graças aos bilhões do Sul que Berlim podia arcar com seu "estilo de vida vigoroso", argumentou. Escrevendo no mais popular tabloide de Berlim, um crítico perguntou que problema o vice-presidente do Bundestag tinha com a limpeza e as ruas limpas – afinal, a dilapidação era o maior problema da capital; será que Thierse só se sentia em casa em uma "Berlim dilapidada"? Um envelhecido artista de cabaré de Munique tentou acalmar a discussão observando que o cheiro de urina e mofo das estações do U-Bahn de Berlim sempre o encheu de alegria: como assistente da Luftwaffe (a força aérea alemã) durante os últimos anos da guerra, ele sempre associou as "férias" ao cheiro da descida das escadas de uma estação do U-Bahn. A observação do artista de cabaré prontamente levou um comentarista polêmico a recomendar com sarcasmo que uma estação central do U-Bahn, bombeada com cada odor imaginável, fosse reservada à geração de assistentes da Luftwaffe.

A rixa dizia mais sobre o isolamento dos melhores círculos da Alemanha em relação ao mundo do que sobre a realidade de Berlim. Porque o fato é que o segundo elogio mais comum que turistas estrangeiros relatam a seus compatriotas é como as ruas de Berlim, as estações de trem e o transporte público são limpos. Italianos, espanhóis e gregos eram famosos por entrar em verdadeiro êxtase com esta questão. A impressão criada nos visitantes do sul da Alemanha, por outro lado, é uma questão inteiramente diferente. Não há dúvida de que, comparado com o padrão de limpeza da capital suábia Stuttgart, a Berlim reunificada conserva traços de sua antiga imundície. Mas uma metrópole global que tentasse viver à altura dos ideais de Stuttgart e Zurique não *seria* uma metrópole global. Certo vestígio de desordem e atitudes mais frouxas com relação às regras de construção, ao horário de fechamento de negócios e limite de barulho à noite representam algo que, na realidade, é mais importante do que a limpeza: tolerância e mente aberta. Na verdade, o influxo de suábios em Prenzlauer Berg já provocava uma boa quantidade de ressentimento, assim como críticas como "Suábios – fora!", muito antes de Thierse fazer suas observações. Os suábios em Prenzlauer Berg são acusados de querer introduzir em seu novo habitat não só *Wecken* e *Pflaumendatschi*, mas também outros aspectos de seu estilo de vida: todas as mesas de restaurante devem ser retiradas das calçadas às dez da noite, as festas excessivamente animadas denunciadas à polícia e silêncio e limpeza à noite tratados como sagrados. Como os pobres suábios podem saber que, embora a maioria dessas regras também se aplique em Berlim, a polícia só obriga seu cumprimento se um vizinho denunciar o outro por violação? Como dizem os boatos, o número de vizinhos denunciadores cresceu perceptivelmente desde a invasão dos suábios.

A verdade é que a disputa sobre os suábios em Prenzlauer Berg meramente trouxe à luz um ponto de discórdia que agora afeta todas as áreas residenciais cobiçadas da cidade. Os suábios representam uma minoria abastada que está derramando dinheiro em um distrito antes desprezado, expulsando os "nativos" que o sustentaram e lhe deram vida. Os novos moradores ricos de Berlim não estão de maneira nenhuma invadindo os bairros tradicionalmente burgueses. E também não estão ansiosos em comer em restaurantes três estrelas todo dia. O que querem é respirar o ar e a aventura do estilo de vida alternativo que se desenvolveu nas áreas antes ou ainda pobres, como Prenzlauer Berg e Kreuzberg. Mas, ao comprar e reformar apartamentos e prédios nesses bairros, eles expulsaram essa mesma vida indômita que os atraiu para lá. Os preços nos bares da moda estão aumentando, assim como os aluguéis; sem poder mais pagar para morar em seus antigos bairros, artistas e outros tipos criativos são obrigados a se mudar. No final do processo, os novos proprietários das áreas antes na moda se verão sozinhos consigo mesmos e com outros de sua espécie e, em momentos de quietude, irão se perguntar por que se deram ao trabalho de se mudar para cá.

Até agora, este processo de deslocamento foi facilitado não só pelos vários prefeitos de Berlim, mas por todos os prefeitos do mundo ocidental – que, de fato, basicamente declararam-no uma lei da natureza a que nenhuma cidade pode escapar. Segundo seu evangelho, simplesmente não existe um direito humano de acordo com o qual os inquilinos permaneçam em um bairro cujos aluguéis não podem mais pagar – um argumento que parece tão lógico que fazer objeção a ele imediatamente desperta suspeitas de simpatias comunistas.

Ultimamente, há sinais de que este princípio está cautelosamente sendo abandonado em Berlim – um modelo de consenso. Recentemente, o governo municipal introduziu várias medidas contra uma venda por atacado da cidade, incitada não menos pelas campanhas dos chamados ativistas antigentrificação. Historicamente, "gentrificação" significa simplesmente expulsão – o deslocamento dos moradores tradicionais de uma área por não locais prósperos de bolsos fundos. Usado por militantes de Berlim, o termo de combate degenerou para gritos turbulentos como "Chega de bondes!", "Queimem os recém-chegados!" e "Soquem os recém-chegados!" Por um tempo, a cena do *Autonome* de Berlim, com seus ataques absurdos a armazéns orgânicos, aos chamados carros de luxo e a cafeterias que vendem *latte macchiato*, banalizou a questão, que certamente merece ser levada com seriedade.

De fato, a cidade agora ataca, hesitante, o problema que as ações enfurecidas dos ativistas antigentrificação mais fizeram para desacreditar do que para esclarecer. Um número cada vez maior de vozes se ergue contra a lógica de aceitar às cegas um valor mais alto por áreas de construção urbanas, exigindo que o dinheiro não seja a última palavra. Já vimos o sucesso extraordinário da casa noturna KaterHolzig. Sua oferta por um terreno que nunca poderia ter sido adquirido em uma competição aberta foi aceita graças a uma nova cláusula restritiva, de acordo com a qual o valor cultural de algumas áreas de construção tem prioridade sobre seu valor de mercado.

Independentemente do Senado de Berlim, vários conselhos municipais distritais também optaram por levar em conta critérios além do valor de mercado. Jens-Holger Kirchner, vereador para a construção no distrito oriental de Pankow, em Berlim, decidiu proibir reformas de luxo – e aumentos de aluguéis associados – em várias áreas residenciais. Nessas regiões, os proprictários não têm mais permissão para instalar pisos de taco, sistemas de aquecimento no piso ou lareiras. É desnecessário dizer que os arautos da economia de livre mercado se amotinaram contra esses limites. Será que de algum modo, por um desvio que nos levou pela revolução e pela reunificação, acabamos de volta ao mundo da ditadura e do planejamento central?, perguntam. E não estão inteiramente errados quando aludem à origem política desse tipo de interferência. Porque, naturalmente, não é coincidência que até hoje ela só tenha afetado os distritos condenados pela esquerda da antiga capital da Alemanha Oriental: Pankow, Prenzlauer Berg e Weissensee. Por outro lado, até agora os indignados fundamentalistas de mercado não conseguiram pensar em nenhuma sugestão alternativa ao que pode ser feito para conter a lógica mercantil do deslocamento.

UMA VISITA TARDIA AO CEMITÉRIO

Meses depois de visitar Wolfgang Thierse, fiz uma excursão ao cemitério judaico na Schönhauser Allee. O denso dossel de folhas em arco sobre o cemitério ofereceu-me abrigo da chuva incipiente. Muitas lápides e troncos de árvores estavam tomados de hera. Nomes e inscrições em hebraico predominavam nas lápides mais antigas. As datas de nascimento e morte são indicadas segundo o calendário judaico; datas do calendário cristão e inscrições correspondentes são registradas, no máximo, no verso das lápides. Em túmulos mais recentes, saltaram para a frente as datas do calendário cristão e frases padrão, como EM PAZ COM SUAS CINZAS e DESCANSE EM PAZ. Por ocasião da inauguração do cemitério, em 1827, Jacob Joseph Oettinger, o primeiro rabino ali enterrado, fez seu discurso em alemão, pelo qual foi repreendido pelo governo prussiano por "imitar costumes cristãos". Os menos ortodoxos da comunidade judaica verbalizaram críticas semelhantes. Entretanto, o processo de assimilação era inexorável. Logo, só a estrela de Davi nas lápides ainda atestava a identidade de judeus falecidos. Muitos homens enterrados ali trazem nomes como Carl, Ludwig, Gustav, Hermmnan, Max, Hartwig, Heinrich, Herbert, Otto – há até um Siegfried e um Adolph entre eles – e sobrenomes como Schneider, Müller, Meyer, Beer e Lessing; nomes como Abel, David, Moses, Israel, Goldstein, Lilienthal e Friedländer são a minoria.

Mas, pelo que vejo, a mensagem mais importante transmitida pelas lápides é das profissões dos falecidos e a marca que deixaram na história da cidade.

Considere, por exemplo, o túmulo neobarroco do banqueiro Gerson von Bleichröder, cujo banco teve um papel de liderança no financiamento da ferrovia e da indústria alemães. Embora tivesse nobreza por hereditariedade e tenha doado muito dinheiro a causas caritativas, ele permaneceu um estranho na classe alta da Alemanha.[1]

Uma lápide simples na forma de um obelisco presta um tributo ao editor Bernhard Wolff, fundador da primeira agência de notícias alemã e cofundador do liberal *National-Zeitung*, que se tornou um dos jornais de maior circulação de Berlim.

Por sessenta anos, o túmulo do político e banqueiro Ludwig Bamberger destacou-se no cemitério, sem nome ou inscrição. Sentenciado à morte por sua participação na Revolução de 1848, Bamberger fugiu para a Suíça. Graças a uma anistia obtida em 1866, conseguiu voltar a Berlim, onde se tornou cofundador do Deutsche Bank, que ele deixou novamente dois anos depois. Os nazistas retiraram seu nome do túmulo, como também o fizeram no caso de seu companheiro político Eduard Lasker. Foi apenas em 2001, com o apoio da Fundação Cultural do Deutsche Bank – muito lenta para se lembrar de seus fundadores judeus –, que restauraram o nome original e as datas.

Uma tumba orientalizada – um pavilhão de granito circular com colunas – presta homenagem à memória de Georg Haberland, diretor da empresa construtora Berlinische Boden-Gesellschaft. Sob sua direção, foram criadas as empresas incorporadas Schmargendorfer Boden AG e Tempelhofer Feld AG, em cujos terrenos o aeroporto Tempelhof mais tarde foi construído. O filho de Haberland, Kurt, que se uniu ao conselho diretor em 1929, foi obrigado a vender suas açõcs como parte da arianização das empresas judaicas. Em 1942, foi assassinado no campo de concentração de Mauthausen. O mausoléu da família, feito em mármore, tornou-se o local de descanso final de outro ramo da família Haberland. O fabricante de tecidos e *Kommerzienrat* – conselheiro de comércio, um título honorário – Salomon Haberland, junto com seu filho Georg, implementou planos de urbanização elaborados com a ajuda de um grupo consultor de primeira classe. Os projetos mais conhecidos dos Haberland incluem o Bairro Bávaro e o Bairro Wagner, em Berlim-Friedenau.

Um sóbrio monólito funerário preto relembra um dos maiores médicos de seu tempo: James Israel, voluntário na guerra franco-prussiana e, em 1875, encarregado de administrar o Hospital Judaico de Berlim. Renomado em todo o mundo como cirurgião e clínico, ele rejeitou a oferta de uma cadeira no conselho – com a condição de que fosse batizado – da Universidade de Berlim. Todavia, foi o primeiro médico a receber o título de professor sem ter se qualificado formalmente para um mestrado.

Três obeliscos truncados honram a memória da família do editor Leopold Ullstein, cujo império editorial foi arianizado e confiscado em 1934 e devolvido à família em 1945. Na década de 1950, em aperto financeiro, o império aos poucos foi tomado pela Axel Springer Verlag.

Um túmulo discreto e muito maltratado pelo tempo, revestido de calcário, é o local de descanso final da militante pelos direitos femininos Josephine Levy-Rathenau, sobrinha do ministro das Relações Exteriores Walther Rathenau. Ela fundou o escritório de informações para questões femininas, que se especializou em problemas educacionais e de renda das profissões abertas a mulheres. Em 1918, ela e o marido filiaram-se ao recém-formado Partido Democrático Alemão, liberal de esquerda, e ela se tornou vereadora do distrito de Tiergarten.

O compositor Giacomo Meyerbeer também está enterrado no cemitério judaico, na Schönhauser Allee, embora tenha morrido em Paris, em 1864. No início do século XIX, seu pai, Jacob Judah Herz Beer, foi considerado o cidadão mais rico de Berlim; o pai de sua mãe, Liepmann Meyer Wulff, era chamado de "Creso de Berlim". Embora Giacomo Meyerbeer tenha se tornado diretor musical geral prussiano em Berlim, morou principalmente nos países de sua preferência, França e Itália. Foi apenas no século XX que se reconheceu seu papel na ópera do século XIX. O estado de Berlim concedeu-lhe um túmulo honorário.

Outro túmulo honorário rememora os *Märzgefallene*, ou "mortos de março", que lutaram por uma Alemanha livre e unificada e perderam a vida nos conflitos de rua que irromperam em Berlim em 18 e 19 de março de 1848. Os mortos incluíam "vinte e um israelitas, que – considerando a proporção populacional de 8 mil para 400 mil – é um número muito grande", escreveu na época o *Allgemeine Zeitung des Judentums*. Dois deles receberam um lugar de honra no cemitério judaico da Schönhauser Allee.

Provavelmente a figura mais famosa no cemitério é a do pintor Max Liebermann, enterrado ali com seu irmão Georg e a mulher Martha. Martha cometeu suicídio, tomando uma overdose de barbitúricos depois da morte do marido e antes de sua deportação iminente. Só em 1954 puderam transferir seus restos mortais do cemitério judaico em Weissensee ao túmulo honorário da família Liebermann.

Foi apenas depois de minha visita ao cemitério judaico na Schönhauser Allee que descobri a importância de um túmulo tão discreto que mal dei por sua presença – uma lápide preta com a inscrição sóbria JAMES SIMON, NASCIDO EM 17 DE SETEMBRO DE 1851, FALECIDO EM 23 DE MAIO DE 1932. Quase tinha concluído este livro quando percebi que o mais importante e generoso filantropo e patrono das artes de Berlim estava enterrado ali.

Vi-me sozinho neste vasto campo de sepulturas debaixo da chuva, o coro de todas essas vozes, silenciado há tanto tempo, girando a meu redor como uma música poderosa. Todos eles, todos os que estavam sepultados aqui, um dia pertenceram a esta cidade – quiseram pertencer a ela – deram forma, influenciaram e a fizeram avançar graças a seu trabalho como médicos, editores, advogados, servidores públicos, trabalhadores, artistas, cientistas, banqueiros e empresários. Atestando a vida e as atividades dos judeus de Berlim, o cemitério me parece um maravilhoso memorial que inspira assombro e gratidão acima de tudo – em contraste com a culpa que os memoriais aos judeus assassinados inevitavelmente despertam em alemães da minha geração, reprimindo facilmente a empatia e a admiração por suas realizações, pelo que deixaram em vida, na vida da cidade.

O HOMEM QUE ENTREGOU NEFERTITI

Até o outono de 2012, o nome James Simon praticamente tinha desaparecido da memória da cidade. Só especialistas ainda sabiam sobre ele – apesar de a Ilha do Museu de Berlim talvez jamais chegasse a seu destaque internacional sem os generosos presentes do filantropo. O Museu Pergamon dos dias de hoje deve a ele o Portão Ishtar e a Rua da Procissão da Babilônia, que provavelmente nunca teria sido recuperada das profundezas da Mesopotâmia e enviada a Berlim sem as escavações financiadas por Simon. Ele enriqueceu a Gemäldegalerie com importantes peças da Idade Média, uma grande coleção da Renascença e pinturas e gravuras inestimáveis de Rembrandt, Bellini e Mantegna; deu ao atual Museu Bode (conhecido nos tempos de Simon como Museu Kaiser Friedrich) sua coleção de pinturas italianas, além de valiosas medalhas e esculturas dos séculos XV ao XVII; e legou todas as descobertas espetaculares – inclusive o busto de Nefertiti – das escavações em Tell el-Amarna, que ele financiou, ao Museu Neues.

Alguns historiadores e peritos isolados, inclusive Cella-Margarethe Girardet, Olaf Matthes e Bernd Schultz, mantiveram viva a memória de Simon, mas receberam muito pouco reconhecimento por seu trabalho pioneiro.[1] O crédito por trazer mais recentemente este homem incomum à atenção de um público mais amplo vai para a jornalista e diretora Carola Wedel, cujos muitos livros e programas de televisão documentam as renovações da Ilha do Museu depois da queda do Muro. A figura e o destino do esquecido filantropo James Simon tornou-se sua paixão. Depois de prolongadas pesquisas e viagens que a levaram por meio mundo, ela conseguiu localizar os poucos documentos escritos e fotográficos que restam de e sobre Simon. Descobriu que todo o Museu do Oriente Próximo, do Museu Pergamon – ou 26 de suas 28 salas –, pode ser atribuído a este homem e seu compromisso. Em dezembro de 2012, Wedel apresentou ao público de televisão alemão seu comovente filme sobre a obra de Simon: *Der Mann, der Nofretete verschenkte: James Simon, der vergessene Mäzen* (O homem que entregou Nefertiti: James Simon, o filantropo esquecido).

Isaac, pai de James, um alfaiate habilidoso da região de Uckermark, na Alemanha, fez fortuna junto com o irmão Louis com uma fábrica de algodão e linho em Berlim. Amealhando grandes lojas de algodão, os irmãos Simon puderam satisfazer a crescente demanda quando a Guerra Civil nos Estados Unidos interrompeu o fornecimento da América. Isaac Simon, que se considerava um judeu prussiano, enviou o filho James ao Berlinishces Gymnasium zum Grauen Kloster (Colégio Gray Cloister, de Berlim), já então uma famosa instituição protestante de elite. Provavelmente, foi ali que nasceu o amor de James pelas ciências da antiguidade – em particular a arqueologia. Pelo pai, porém, ele abdicou de estudar os clássicos, ingressando nos negócios da família aos 25 anos. Sob sua liderança, os negócios com algodão de Simon tornaram-se os maiores do setor no continente europeu. Em anos de pico, o movimento anual chegava a 50 milhões de reichsmark, com 6 milhões de lucro líquido. Simon tornou-se um dos homens mais ricos de Berlim. Pertencia ao pequeno grupo de banqueiros e empresários judeus convidados às "noites de cavalheiros" do kaiser – Chaim Weizmann, o primeiro presidente do Estado de Israel, zombava deles como os "judeus do kaiser". Sem dúvida, a paixão pelo "Oriente" que dominou a aristocracia e uma grande parte da burguesia alemã pela virada do século também contagiou James Simon. Observando com inveja os triunfos arqueológicos de potências coloniais, como França e Inglaterra, o kaiser Guilherme II, que fizera ele mesmo escavações em Corfu, queria competir com aqueles países. Com as bênçãos do kaiser, James Simon e outros indivíduos de espírito semelhante fundaram e financiaram a Deutsche Orient-Gesellschaft (DOG; Sociedade Alemã do Oriente), que os historiadores atuais consideram "a ponta de lança arqueológica das ambições culturais imperiais alemãs no Oriente".[2] Mas, ao contrário de outros entusiastas alemães pelo Oriente, James Simon era motivado por sua sede de conhecimento e sensibilidade artística: queria investigar a origem do judaísmo e andar nas pegadas de Abraão. Como diretor da sociedade, financiou sozinho as escavações de seu arqueólogo chefe, Ludwig Borchardt. Procurou o conselho dos maiores especialistas da época para suas aquisições de arte e para as campanhas de escavação que financiou. Quando Wilhelm von Bode, que mais tarde tornou-se diretor geral dos Museus de Berlim, visitava Simon em sua majestosa casa de campo perto do Tiergarten, o anfitrião costumava deixar que ele escolhesse o que quisesse para seu museu: o atual Museu Bode.

Em Tell el-Amarna, a 320 quilômetros ao sul do Cairo, Borchardt descobriu todo um depósito antigo de esculturas, que incluía numerosos bustos do faraó Akenaton e sua família, e o busto de sua esposa Nefertiti. Em 6 de dezembro de 1912, em seu diário, Borchardt observou laconicamente a descoberta: "cores como que recém-aplicadas, trabalho de muita excelência. Inútil descrever; para ser visto." O desenho desajeitado de Borchardt da descoberta abaixo dessa entrada parece ter sido feito por uma criança de seis anos.

Descoberta em 1912, a rainha do Nilo só foi exibida publicamente pela primeira vez em Berlim, em 1924. James Simon, que de imediato reconheceu a beleza e o valor da descoberta, inicialmente não compreendia por que Borchardt alertou sobre exibi-la publicamente. Ao que parece, o arqueólogo receava que a exposição do busto atrapalhasse futuras escavações no Egito. Simon seguiu seu conselho. Na realidade, convidou apenas o kaiser para ver a peça em sua casa de campo, embora as visitas de Sua Majestade sempre causassem certo nervosismo em Simon e em sua mulher: afinal, se por acaso os olhos do imperador caíssem em algum objeto de arte que o inspirasse a determinado elogio, Simon não teria alternativa senão dar-lhe de presente. Na ocasião, Simon preveniu esses impulsos dando ao kaiser uma cópia do busto de Nefertiti, que havia encomendado.

Por algum tempo, Simon manteve Nefertiti consigo. Em seu filme, Carola Wedel "recriou" uma cena que não é capturada em nenhuma fotografia remanescente: James Simon sentado a sua mesa, na casa de campo, o busto original de Nefertiti na escrivaninha, numa diagonal. Na realidade, o busto aparentemente ficou ali por dois anos. Só podemos especular como a magia dessa beleza egípcia de 3 mil anos influenciou os sonhos e o trabalho de Simon. Entretanto, para ele, era certo que não ficaria com o tesouro para si. Em 1920, Simon doou o busto – que agora estava segurado em 390 milhões de euros – junto com outras preciosidades de Tell al-Amarna, ao Museu Egípcio de Berlim. Fez isso apesar de sua empresa àquela altura passar por dificuldades – o rayon e a viscose conquistavam o mercado. Entretanto, nunca teria ocorrido a Simon considerar seus tesouros artísticos um investimento a que pudesse recorrer em caso de emergência.

Mencionar apenas a contribuição de Simon como patrono das artes seria contar metade de sua incomum história como filantropo.[3] Seguindo uma antiga tradição judaica, em que sua avó o introduziu, esperava-se que os judeus doassem aproximadamente 10% de seus ganhos a causas caritativas. Simon não se prendeu a esta parcela. Ano após ano, gastava pelo menos um quarto de sua renda em iniciativas sociais e em coleções de arte, que quase invariavelmente doava. E embora este patrono só agora redescoberto seja hoje renomado pelas obras e coleções de arte que legou, Simon de fato dedicou a maior parte de seus donativos a projetos sociais: organizou e financiou concertos especiais da Filarmônica de Berlim para membros da classe trabalhadora, com ingressos a preços entre 30 e 80 pfennigs; construiu à própria custa um acampamento de férias para filhos de trabalhadores no mar Báltico; fundou a Associação de Proteção Infantil Contra Maus-tratos e Exploração e financiou a Haus Kindershutz (Casa do Bem-Estar da Criança), uma grande casa para trabalhadores infantis, em Zehlendorf; e criou banhos públicos – um total de mais de meia dúzia em Berlim – para os pobres, que não podiam pagar pela higiene pessoal regular. Criou jardins de infância, escolas, seminários de professores e a Escola Técnica de Haifa, na Palestina. Observando os pogroms antissemitas na Europa Oriental com uma angústia cada vez maior, ele financiou e organizou a imigração de judeus do Leste Europeu – Romênia, Rússia e Galícia – como presidente da Associação de Auxílio a Judeus Alemães. Trens fechados cruzavam a Alemanha para o oeste, e seus passageiros só tinham permissão de sair quando chegassem ao porto de Hamburgo, onde embarcavam em navios para os Estados Unidos e a Palestina. Dez anos mais tarde, trens de carga fechados e apinhados de judeus sairiam da Alemanha nazista e dos territórios ocupados na direção contrária.

Ao fim de seus negócios com o algodão, Simon vendeu as duas peças mais valiosas de sua coleção – uma pintura de Franz Hals e outra de Jan Vermeer – aos Estados Unidos, onde agora são exibidas na Frick Collection. Depositou a renda e grande parte de sua fortuna pessoal no fundo de pensão de seus funcionários. Em consonância com seu lema "a gratidão é um fardo que não se deve impor a ninguém", não esperava nenhuma gratidão por isso. Foi obrigado a vender sua majestosa casa de campo em Tiergarten, onde permaneceu como inquilino na própria casa. Depois da morte da mulher, Agnes, morou em seu térreo, sozinho, por alguns anos e finalmente se mudou para um apartamento na Kaiserallee (atualmente Bundesallee), no distrito de Wilmersdorf. Uma fotografia mostra a sala de estar de seu último apartamento, cheia de pinturas, livros e móveis – pequena demais para acomodar até o que restava da mobília da casa de campo. Simon morreu em 1932, meio ano antes de Hitler tomar o poder.

Corria um boato de que os familiares mais próximos de James Simon só foram poupados da deportação devido à paixão de Hitler por Nefertiti. Mas embora Heinrich, filho de Simon, tivesse conseguido fugir bem a tempo para os Estados Unidos com a família, sua filha Helene teve que implorar pela própria vida. Irene Bader, bisneta de James Simon, falou do destino da mãe – neta de James Simon – em uma entrevista de rádio na estação pública alemã Deutschlandfunk: "Ela era, afinal, 96,5% – ou – 97,5% judia, segundo as 'leis de raça'. Assim, em janeiro de 1945, ela recebeu ordens de se dirigir ao Theresienstadt. Deixando um bilhete suicida dizendo que ia se afogar, ela conseguiu encontrar esconderijo com uma família de camponeses e trabalhou como lavradora."[4]

Mas os nazistas não pararam de ameaçar com a aniquilação os parentes de James Simon. Tentaram eliminar até o último vestígio do patrono e filantropo: a placa comemorativa no Salão Amarna, do Museu Neues; qualquer referência a seus donativos e a correspondência relacionada. Era inaceitável que um judeu alemão tivesse feito uma contribuição tão excepcional para a cultura dos museus de Berlim. A Alemanha Oriental, sob cuja autoridade caiu a Ilha do Museu depois da guerra, também não se interessou muito em ressuscitar a memória deste "burguês de classe alta" judeu; em 1982, a diretora da Gemäldegalerie fez uma exceção louvável quando organizou uma comemoração para James Simon. Mesmo depois da reunificação, a cidade precisou de outros três anos para redescobrir seu maior patrono.

O busto de Nefertiti tem sido o pomo da discórdia desde que foi exibido publicamente pela primeira vez em 1924. A disputa continua até hoje, e os argumentos judiciais das partes envolvidas são tão complicados quanto as jurisdições no Egito na era colonial. No ano da escavação do busto, o Egito estava sob regime britânico, mas autoridades francesas eram responsáveis pela supervisão das antiguidades. James Simon negociou um acordo de autorização válido com o Estado egípcio para as escavações que financiou em Tell al-Amarna. Entre outras coisas, o acordo estipulava que metade das descobertas – com base em uma divisão a ser feita sob supervisão das autoridades francesas – tornar-se-ia propriedade de seus descobridores; a outra metade ficaria no Egito.

No caso das descobertas de Tell al-Amarna, o inspetor de antiguidades francês encarregado, Gustave Lefebvre, escolheu um incomum altar dobrável antigo. O colorido epitáfio mostrava Akenaton e Nefertiti com suas quatro filhas; em troca deste altar, Lefebvre estava disposto a deixar o busto de Nefertiti para os alemães. Sem dúvida nenhuma, a decisão de Lefebvre foi um daqueles erros que podem roubar uma boa noite de sono de alguém pelo resto da vida e seu equívoco histórico inevitavelmente foi acompanhado de uma série de acusações, especulações e alegações, que voltavam à tona regularmente a cada poucos anos e incluíam as afirmações de que Lefebvre não pôde ter uma boa ideia da singularidade da descoberta com base nas "fotografias desfavoráveis em preto e branco" de Nefertiti; que a face de Nefertiti estava suja de argila quando o busto foi transportado dali; que o altar egípcio dobrável que tanto cativara Lefebvre, levando-o a deixar Nefertiti de lado, na realidade era falso.

O sucessor de Lefebvre, Pierre Lacau, veterano da Primeira Guerra Mundial e famoso partidário antigermânico, colocou em movimento a série de pedidos de restituição que continua até hoje. No verão de 1925, Lacau admitiu que, com base em sua pesquisa, as descobertas haviam sido adequadamente apresentadas com "listas completas e precisas" e "boas fotografias": "assim é questão de nosso próprio erro. (…) Creio que não temos defesa, juridicamente falando."[5] Todavia, apesar desta confissão, naquele mesmo ano Lacau impôs uma moratória sobre as escavações realizadas pela Sociedade Alemã do Oriente, medida temida por James Simon.

E, assim, as discussões sobre a restituição de Nefertiti continuaram no regime nazista. Em 4 de outubro de 1933, Hermann Göring, primeiro-ministro da Prússia na época, decidiu dar o busto ao rei egípcio Fuad I. Foi Adolf Hitler que deu um fim à contenda. Na opinião do *führer*, Nefertiti pertencia ao Reich. Ele resolveu construir um novo museu para ela.

As demandas pela restituição foram outra vez retomadas recentemente, em janeiro de 2011, pelo ministro de Estado de Antiguidades do governo Mubarak, Zahi Hawass. Ele alegou que Nefertiti fora deliberadamente desfigurada com argila e contrabandeada para fora do país ilegalmente. Além disso, segundo ele, só a Sociedade Alemã do Oriente e a administração de antiguidades francesa estavam envolvidas na divisão das descobertas em 1912 – os egípcios nunca haviam sido consultados.

Zahi Hawass perdeu o cargo durante a Primavera Árabe no Egito. Mas, embora grande parte do meio acadêmico concorde que James Simon era o legítimo dono do busto de Nefertiti, não demorou para que um administrador de antiguidades, nomeado pelo governo Morsi, retomasse as antigas acusações e demandas – possivelmente com argumentos mais convincentes. Por acaso, uma disputa atual entre egiptólogos deu combustível novo aos antigos boatos. Ao que parece, a mais recente análise por luz ultravioleta do altar dobrável, realizada em laboratório no Cairo, mostrou que a "descoberta" fora forjada. O egiptólogo alemão Dietrich Wildung desprezou esta conclusão, considerando-a "um monte de asneiras", enquanto seu colega Christian Loeben insistiu que, ao contrário, era "prova cabal de falsificação". Além disso, documentos recém-descobertos lançavam dúvidas sobre o escavador Ludwig Borchardt. Há alegações de que ele tinha contato com falsários e copiadores. Se a suspeita de falsificação for confirmada, o nome de Borchardt deve aparecer bem no alto da lista de suspeitos. Qualquer que seja o resultado, está claro que a disputa sobre a propriedade de Nefertiti será material para duradouras teorias de conspiração.

Depois de tudo o que aconteceu, não seria hora de "devolver generosamente aos egípcios sua herança cultural?", perguntou o *Der Spiegel* ao diretor dos Museus Nacionais de Berlim, Hermann Parzinger.[6] Aceitando seu fardo, Parzinger respondeu: "Nefertiti faz parte da herança cultural da humanidade. Fundamentalmente, não creio que seja justificável restituir seu busto simplesmente por generosidade."

Parzinger aponta para o destino de importantes monumentos artísticos nas mais recentes guerras no Iraque e no Afeganistão. Se todos os museus das antigas potências coloniais decidissem ceder aos países de origem os tesouros artísticos que adquiriram ou roubaram, isso beneficiaria os respectivos governos desses países, mas não necessariamente os próprios tesouros artísticos.

Entretanto, o conflito persiste. Parzinger sabe, naturalmente, que o próprio James Simon estava pronto a trocar Nefertiti por outras "peças de igual classe" no Museu do Cairo. Na realidade,

Simon temia que restituir o busto fosse a única maneira de garantir a possibilidade de outras escavações. Em seu filme, Carola Wedel mostra uma carta de Simon ao diretor do Museu Egípcio em Berlim. Na carta aberta, Simon lembra ao diretor que ele já concordou em devolver Nefertiti; em consonância com a etiqueta dos negócios, uma promessa feita deve ser cumprida. Simon até ameaça retirar seu presente. Por acaso, o diretor do Museu Egípcio também esteve pronto a fazer a troca. Mas a restituição do agora mundialmente famoso busto foi impedida por uma tempestade pública de indignação, atiçada pela imprensa. Profundamente magoado, Simon aceitou a decisão do museu que ele favoreceu tão generosamente. Mas devolveu os dois convites que recebera para a inauguração do Museu Pergamon.

O fato de que James Simon, o dono por direito deste ícone – que é a estrela incontestável da Ilha do Museu –, defendeu sua devolução aos egípcios inflama as paixões até os dias de hoje. O editor cultural do *Tagesspiegel*, Bernhard Schulz, destaca o fato de que "a era de dividir as descobertas na arqueologia chegou ao fim com a Primeira Guerra Mundial".[7] Simon não deve ter percebido que não havia futuro para as escavações que ele financiava no Oriente Médio. De qualquer modo, sua disposição revela uma atitude estranha ao mundo da arte de hoje. Evidentemente, este amante das artes não se envaidecia particularmente por ter descoberto o mais espetacular e valioso objeto artístico do mundo. Quando se tratava de suas coleções e doações o que lhe importava era que uma época artística fosse representada de forma coerente. Para ele, Nefertiti era sem dúvida uma peça excepcional, singular – e adorada –, da cultura de Amarna. Porém, mais importante para ele do que Nefertiti, era o futuro das escavações e dos museus de Berlim, que ele queria continuar a encher com obras que lhes trariam renome internacional.

Foi só no centenário da descoberta de Nefertiti, oitenta anos depois da morte de Simon, que seu trabalho finalmente teve o reconhecimento que merece. Agora Simon será lembrado como um gigante humilde da filantropia e do patrocínio das artes. Desde 2006, a Fundação James Simon, criada por Peter Raue e Bernd Schulz, trabalha para garantir que a obra deste patrono de grande coração tenha lugar na memória da cidade. Um busto de bronze e uma placa comemorativa na Stadtbad Mitte, na Gartenstrasse, piscina pública construída por Simon, evocam sua memória. A futura entrada ao salão principal do Museu Neues, projetada por David Chippenfield, que já acrescentou uma maravilhosa escadaria ao museu, trará o nome de Simon. Por outro lado, por enquanto, o único tributo a ele no Museu Bode é o mínimo armário James Simon, que guarda apenas dois pequenos relevos de porcelana do Renascimento italiano, doados por ele. O armário faz referência a centenas de obras doadas por Simon, mas não fornece nenhuma informação sobre o que foi feito destes objetos ou onde estariam hoje.

A tentativa de batizar uma rua no centro de Berlim com o nome de James Simon fracassou devido a uma ideia fixa – ou, mais precisamente, uma resolução – dos membros do Conselho Municipal de Mitte. Segundo esta resolução, nenhuma outra rua no distrito de Mitte pode ter o nome de um homem até que igual número de ruas traga nomes de mulheres meritórias.

No entanto, esta história também tem outro herói. Se Berlim finalmente está homenageando o patrono judeu que trouxe Nefertiti para a Alemanha, deve-se a uma autoridade americana pouco conhecida o fato de o busto ter permanecido ali depois de 1945. Na época, o arquiteto Walter I. Farmer, então com trinta anos, foi designado pelo Exército dos Estados Unidos para supervisionar a guarda de obras de arte e chefiar o Ponto de Coleta Central (CCP), em Wiesbaden. Para lá, depois da guerra, foram levadas centenas de caixas, contendo telas, esculturas, relíquias e gravuras em cobre, que o exército americano desenterrou dos bunkers, poços de mina e túneis, onde as autoridades nazistas os mantinham escondidos. Uma caixa de tamanho médio com a etiqueta "A rainha colorida" estava entre eles.

Em 6 de novembro de 1945, a Casa Branca ordenou que Farmer preparasse duzentas telas valiosas da Gemäldegalerie e da Nationalgalerie (Galeria Nacional) para envio a Washington, DC. Farmer ofendeu-se com esta ordem. Pois, ao contrário da União Soviética, as forças de ocupação americanas seguiam o princípio de que todos os tesouros artísticos recolhidos durante a guerra fossem devolvidos a seus donos de direito. No dia seguinte, Farmer conseguiu reunir quase todos os 32 oficiais do exército encarregados da proteção das obras de arte no CCP de Wiesbaden. Juntos, escreveram uma carta de protesto, datada de 7 de novembro de 1945, cuja frase-chave dizia: "Desejamos declarar que, de nosso próprio conhecimento, nenhuma injustiça histórica venha a ser motivo de tanta justificada amargura, como a remoção, por qualquer motivo, de uma parte da herança de qualquer nação, mesmo que esta herança possa ser interpretada como prêmio de guerra."

A carta de protesto chegou atrasada demais para impedir o envio aos Estados Unidos, embora Farmer tivesse se certificado de que Nefertiti não fosse incluída. Há um adendo louvável a esta história. Depois que o *New York Times* e outros jornais americanos publicaram a carta dos oficiais, a opinião pública na América conseguiu fazer o presidente americano recém-eleito, Harry S. Truman, mudar de ideia. Em 1949, todas as pinturas foram devolvidas à Alemanha.

Pouco antes de sua morte, em 1997, durante uma visita à Alemanha, Farmer contou que costumava passar horas olhando a bela egípcia à noite.[8] Nada em sua vida o comovia mais fundo do que o tempo que ele ficava a sós com Nefertiti.

A VIDA JUDAICA EM BERLIM

Um conhecido meu dos Estados Unidos, que visitou Berlim pela primeira vez logo depois da queda do Muro, me surpreendeu ao contar que se preocupava com o "futuro do passado", embora estivesse impressionado com a atmosfera de renovação na cidade. Em suas caminhadas, não topou com um só memorial, em uma localização central, que rememorasse o Holocausto. Eu lhe disse que provavelmente não havia outra cidade no mundo que tenha criado tantos e diferentes lugares de recordação quanto Berlim – devia haver bem mais de cem no total. E um memorial central perto do Reichtag também estava em discussão na época (desde então, foi erigido). Entretanto, mostrando a ele alguns lugares, descobri que as mensagens não eram acessíveis a visitantes estrangeiros porque em geral os textos só estavam escritos em alemão.

Desde então, como quase todo o resto na cidade, a cultura de recordação de Berlim também sofreu uma transformação radical. Lembro-me de uma disputa memorável na burocracia cultural da cidade em 1993. O distrito de Schöneberg queria erguer uma nova forma de memorial em homenagem aos quase 16 mil judeus que ali viveram. Katharina Kaiser, a encarregada de organizar a exposição, queria que o cartaz mostrasse não um dos documentos de horror em geral usados, mas a face de uma jovem. A exposição então mostraria a evolução desta jovem por todas as fases de privação de direitos e de discriminação, até a deportação. Se possível, também mostraria o mesmo de centenas de outras famílias judias moradoras de Schöneberg. A exposição se concentraria nos vivos, não nos mortos; seu objetivo era individualizar as vítimas para evitar que fossem tragadas pelo vasto número anônimo dos assassinados e exilados.

Na época, entrevistei Katharina Kaiser. Ela me contou que o novo conceito provocou um debate feroz na equipe – lágrimas foram derramadas, palavras cruéis pronunciadas, amizades rompidas. A abordagem parecia lançar dúvidas sobre o dogma mais sagrado da cultura corrente de recordação: isto é, a convicção de que a única maneira de despertar o necessário choque entre as futuras gerações era representar toda a extensão dos crimes cometidos. Alguns colegas de Kaiser sentiam-se traídos de algum modo por sua alegação de que mostrar o destino de uma única pessoa e de sua família pode inspirar mais empatia do que citar o número total de vítimas. Afinal, nas primeiras três décadas depois do fim da guerra, a cultura de recordação da Alemanha foi dominada quase exclusivamente por imagens de terror: trens de carga em movimento, sobreviventes emaciados e sem nome de campos de concentração, pilhas de cabelos, sapatos ou cadáveres empurrados por tratores. Só se podia pensar nos judeus assassinados – quando se pensava neles –, e não no fato de que foram pessoas vivas. Foi apenas a série de TV americana *Holocausto*, transmitida na Alemanha no final dos anos 1970, que finalmente rompeu esta tradição de recordação, fixada na morte. O programa falava do destino de judeus alemães do Oeste, entre eles uma mulher, interpretada por Meryl Streep, que se casara na família, embora ela própria não fosse judia. Depois de um longo período de perseguição e perda de direitos, a maior parte da família acaba nas câmaras de gás de Auschwitz. A série foi considerada uma tremenda provocação na Alemanha. Representar o Holocausto usando os "métodos da saga familiar americana" – assim dizia a objeção típica – não fazia justiça a esse crime. Entretanto, o enorme sucesso da série atestou a eficácia da abordagem. O programa gerou a primeira discussão ampla sobre o Holocausto na Alemanha.

A mostra de Schöneberg realizada por Katharina Kaiser atraiu visitantes aos magotes e mudou a ideia das pessoas sobre este tipo de exposição na cidade. A mostra original de 1993, *Formen des Erinnerung* (Formas de Recordação), tornou-se uma instalação permanente na prefeitura de Schöneberg, intitulada *Wir waren Nachbarn: Biografien jüdischer Zeitzeugen* (Éramos vizinhos: Biografias de contemporâneos judeus) – e os textos que as acompanham também estão disponíveis em inglês:

> Além de 131 álbuns biográficos, a exposição inclui outros cinco elementos: na parede há fichas com os nomes de mais de seis mil antigos habitantes de Schöneberg e Tempelhof, que foram deportados e assassinados, com as ruas em ordem alfabética. Além dos nomes, estas fichas trazem o último endereço, bem como data e destino dos transportes. Os visitantes da exposição ficam cercados pelas fichas e assim têm uma impressão da vastidão dessas campanhas. Por fim, mas não menos importante, as fichas marcam a primeira fase do projeto.[1]

Infelizmente, o conceito de Katharina Kaiser não ganhou nenhuma incursão nas escolas alemãs. Nasci em 1940 e logo aprendi na escola sobre o Terceiro Reich e os crimes perpetuados contra os judeus. Mas o modo como os estudantes de hoje são esmagados por informações e dados sobre o terror nazista também não é necessariamente uma receita para o sucesso. Não é raro para eles ficar diante de imagens do horror de Auschwitz já aos dez anos de idade. Nos ensinos fundamental e médio, o Holocausto é tratado em no mínimo três matérias: biologia, história e alemão. Em minha opinião, a ignorância sempre lamentada dos estudantes alemães sobre o Holocausto tem pouco a ver com a falta de informações e mais com o tipo de informação que lhes dão: embora os professores aleguem ter a intenção contrária, inundar os alunos com dados apavorantes desperta mais sentimentos de culpa e defesa do que qualquer outra coisa. Os estudantes são confrontados com o funcionamento de uma máquina assassina, operada por criminosos, racistas obsessivos e subordinados dispostos a obedecer às cegas, e que arrancavam pela raiz qualquer tentativa de resistência. Eles estão mais familiarizados com os nomes dos criminosos de destaque do que com os heróis civis que esconderam cerca de 1.300 judeus em Berlim. Mas por que Spielberg decidiu fazer seu filme *A lista de Schindler* justo sobre um herói maculado que, apesar de seu envolvimento com os nazistas, salvou mais de mil judeus? Afinal, Schindler não representava o Partido Nazista. Ao que parece, Spielberg quis mostrar a sua plateia que mesmo em um perfeito regime de terror as pessoas ainda têm algum poder de decisão – e que existiu gente que exerceu esse poder.

Hoje, a cultura de recordação de Berlim adotou o princípio de "menos é mais". Há agora uma multiplicidade de memoriais na cidade que contrabalançam o peso de números enormes e incomensuráveis com uma abordagem mais regional e local. Um dos exemplos de maior sucesso é o memorial criado por Renata Stih e Frieder Schnock.[2] No Bayrisches Viertel, de Berlim (Bairro Bávaro), Stih e Schnock prenderam placas em oitenta postes de rua. De um lado dessas placas, pictogramas de objetos e artigos simples – pão, uma bolsa, um termômetro – descrevem o ambiente comercial da época. Do outro lado, estão as citações curtas das leis alemãs antijudaicas das décadas de 1930 e 40, incluindo: "Só respeitáveis camaradas nacionais da Alemanha ou de sangue congênero podem se tornar proprietários de jardins. 22.3.1938." As primeiras placas provocaram uma onda de telefonemas à polícia – os moradores pensaram que neonazistas tinham coberto o bairro de slogans antissemitas – e elas precisaram ser retiradas. As placas foram recolocadas mais tarde, agora acompanhadas de textos explicativos.

Stolpersteine – "obstáculo" – é o nome de outra iniciativa que teve seus primórdios em Berlim e desde então se espalhou pela Europa. Começou como uma campanha ilegal, criada pelo artista conceitual Gunter Demnig, em 1996. Na frente das entradas de prédios em Berlim, Demnig dispôs pedras metálicas da cor do ouro, com o tamanho de paralelepípedos, em que gravou os nomes dos antigos inquilinos judeus. Ele teve que vencer algumas batalhas peculiares antes que sua ideia prevalecesse: Charlotte Knobloch, da Comunidade Judaica, observou que pisar em "lápides" contraria a tradição judaica; as autoridades a princípio recusaram-se inicialmente a garantir-lhe a redução fiscal em geral aplicada a obras criativas. Em 2000, o projeto de Demnig finalmente foi reconhecido e recebeu sinal verde jurídico. Desde então, ele dispôs três mil *Stolpersteine* em Berlim e mais 35 mil foram distribuídos pela Europa. Voluntários agora pesquisam as biografias das vítimas do nazismo e lidam com o financiamento: cada *Stolperstein* custa 120 euros.

Em 2005, foi inaugurado um memorial central ao Holocausto perto do Reichtag. O debate sobre este memorial durou 17 anos. Foi apaixonado, desvairado, ambicioso, banal, altamente filosófico, grotesco e magnífico. Não houve argumento que não fosse levantado durante as dicussões e nenhum que não fosse igualmente refutado; não houve front de esquerda ou de direita que tenha durado, nenhum bastião judaico ou não judaico que não tivesse desertores. Intelectuais judeus explicaram que não precisavam do memorial, que o consideravam completamente supérfluo ou até prejudicial; outros alegavam que tinha um longo atraso. Alguns porta-vozes não judeus concordaram com o primeiro grupo, outros com o último. Os oponentes do memorial mudavam de ideia da noite para o dia, surgindo como defensores veementes no dia seguinte – e vice-versa.

Essencialmente, havia três grupos de problemas em questão. (1) Nós precisávamos mesmo de um memorial central ao Holocausto – e quem somos "nós"? Será que um memorial central também não "centraliza" a memória e desvia a atenção do fato de que todos os campos de concentração são verdadeiros memoriais na Alemanha e na Europa? (2) Que tamanho teria o memorial? Será realmente necessário, para o tamanho do crime, ser refletido por um memorial que cobriria toda a extensa área reservada ao sul do Portão de Brandemburgo? É mesmo possível enfrentar o Holocausto por esses meios estéticos? (3) O memorial deve ser dedicado exclusivamente às vítimas judias do Holocausto, ou também deve incluir outros grupos, como sintis e romas*, homossexuais, testemunhas de Jeová e prisioneiros de guerra poloneses e russos, que foram assassinados nos campos de concentração e em outros campos? E, se a resposta a esta última pergunta for negativa, não seria necessário procurar imediatamente outros lugares adequados na cidade para os outros grupos de vítimas? Esta última questão provocou um debate de aspereza incomparável. O jornalista judeu Henryk Broder perguntou ao senador Peter Radunski, que tentava justificar a exclusividade do memorial, por que, segundo a escala de

---

* Romas e sintis compõem, junto com os calós, os três principais grupos do povos conhecidos, de forma genérica, como ciganos. (N. do R. T.)

valores dele, "vencedores judeus do prêmio Nobel têm um status mais elevado do que trapaceiros ciganos romenos" – uma vez que, se não fosse assim, não haveria "motivo para mais uma vez selecionar e hierarquizar as vítimas dos nazistas".[3]

Foi contraditória a atitude da Jüdische Gemeinde, de Berlim, ou comunidade judaica, para com a questão. Datando de 1671, a comunidade judaica de Berlim representa os interesses religiosos, sociais e jurídicos de seus integrantes. É considerada a voz oficial, e muito respeitada, dos judeus de Berlim. Depois de ser dissolvida e destruída pelos nazistas, recuperou o reconhecimento em 1946. Em 3 outubro de 1990, dia da reunificação alemã, as respectivas comunidades judaicas de Berlim Oriental e Ocidental também se fundiram. Quando se tratou do Memorial do Holocausto em Berlim, os oradores da comunidade judaica destacaram, por um lado, que era um projeto alemão e de maneira nenhuma judaico. Por outro, não deixaram dúvida de que queriam que o memorial fosse exclusivamente para as vítimas judias do Holocausto.

Mas as maiores dificuldades foram criadas pelas propostas apresentadas para o memorial do Holocausto. Uma mistura improvável de simbolismo ingênuo, consciência culpada, megalomania e estética de feira agropecuária parecia confundir muitos participantes do concurso. Um deles apresentou o modelo de um enorme carrossel, em que rodariam pelo ar vagões de carga do tipo usado para os transportes a Auschwitz. Certa vez, um amigo meu, que participava de um dos muitos comitês, contou-me que ele e um pequeno grupo finalmente chegaram à solução para o memorial. Era simples, honesta, sem frescura: erguer uma chaminé de tijolos na cidade, com mais de cem metros de altura, da qual sairia fumaça incessantemente. "E como vocês produzirão a fumaça, o que vão queimar ali?", perguntei. Ele me olhou, perdido. Outra proposta imaginou uma laje tumular do tamanho de um campo de futebol, erguendo-se em diagonal do chão, em que os nomes de todas as vítimas do Holocausto seriam entalhados. O artista alemão Jochen Gerz queria povoar o terreno disponível com 39 postes altos. Letreiros em néon em cada poste inscreveriam no céu a pergunta "Por quê?" no céu, nas 39 línguas faladas pelos judeus perseguidos. Durante anos e décadas, as respostas dadas por visitantes ao memorial seriam então gravadas na laje da fundação, abaixo da obra de arte, que supostamente teria espaço para 145 mil respostas.

O "não monumento", proposto pela dupla de artistas antes mencionada Renata Stih e Frieder Schnock, destacava-se desta mixórdia estética e moral. Em vez de transformar o espaço perto do Portão de Brandemburgo em um memorial, eles queriam construir ali uma estação de ônibus, da qual os ônibus partiriam regularmente para campos de concentração e outros locais na Europa associados com a máquina de extermínio alemã.

O projeto da dupla de Nova York, Peter Eisenman e Richard Serra, acabou por sair vitorioso na rodada final do concurso. Lembrando lápides, lajes de concreto cinza escuro, de alturas variadas, arrumadas em filas estreitas e paralelas, cobrem uma superfície ligeiramente ondulada de cerca de 2 hectares. Graças à iniciativa do ministro de Estado para Cultura, Michael Naumann, um museu urgentemente necessário, o chamado Local de Informação, foi acrescentado ao projeto para o memorial; o número originalmente planejado de lajes de variadas alturas foi reduzido de 4 mil para 2.711. Richard Serra, que se recusou a aceitar estas e outras mudanças, saiu do projeto. Em 25 de junho de 1999, o Bundestag votou pela construção do Memorial aos Judeus Assassinados na Europa, que foi então inaugurado com uma cerimônia em 10 de maio de 2005.

Qualquer um que visite o memorial, que, depois de toda a rixa, alertas e evocações, depois das declarações apaixonadas e mordazes contra e a favor, já se tornou um marco em Berlim, só pode concluir que algo grande foi realizado ali. É incrível que a mera essência do memorial anule praticamente qualquer objeção que tenha sido levantada contra ele. Não se pode, nem se quereria, imaginar que qualquer outro memorial pudesse ter sido erguido ali. Apesar de seu tamanho, mistura-se com suavidade à paisagem urbana. Não sobrecarrega os visitantes com qualquer simbolismo nem os obriga a sentir culpa. "O lugar não é adequado a cerimônias de Estado e também rejeita o significado que as pessoas lhe podem atribuir de ser uma espécie de memorial nacional *ex negativo*", concluem os escritores Claus Leggewie e Erik Meyer.[4] Caminhando pelo terreno irregular, que parece se balançar um pouco, por entre a floresta de lajes, que de fora parece um mar de pedra cinza escura jogado pelo vento, pode-se pensar em qualquer coisa: na balada da noite passada no Berghain, num casamento ou divórcio iminente, ou no genocídio dos judeus – e de todas as outras vítimas do Holocausto.

Segundo dados do Conselho Central de Judeus na Alemanha, 220 mil judeus imigraram para a Alemanha desde a reunificação.[5] A comunidade judaica em Berlim é considerada a de crescimento mais rápido de sua espécie no mundo. A diretora executiva e de programas do Museu Judaico de Berlim, Cilly Kugelmann, fala em 12 mil membros na comunidade judaica; acrescente-se a isso os milhares de judeus moradores que, como a própria Kugelmann, não são membros. A imprensa alemã fala de cerca de 17 mil israelitas vivendo em Berlim. Como israelitas, eles têm direito a um passaporte alemão se os pais ou avós foram judeus expulsos do país. A explicação de Kugelmann para esta evolução é muito prática: "Como os alemães de hoje não são tão alemães como eram no passado, os judeus de hoje na Alemanha também não levam mais uma vida cotidiana tipicamente judaica – e, nesse aspecto, naturalmente, eles têm um futuro comum." A novidade na Alemanha, continua Kugelmann, é o fato de que mesmo os judeus seculares professam abertamente sua identidade judaica e vivem de forma positiva esta identidade.

Depois da reunificação, explica Kugelmann, houve um influxo crescente de judeus russos, do Centro e do Leste Europeu a Berlim. Os judeus russos foram proibidos de praticar sua religião desde a Revolução de Outubro e muitos nem mesmo sabiam mais o que significavam os costumes, a religião e a identidade judaicos. A União Soviética não permitia que se praticasse a religião judaica – ou qualquer outra. Na União Soviética, o judaísmo era considerado uma etnia e uma nacionalidade, para a qual foi criado o *oblast* autônomo de Birobidjan, perto da fronteira com a China, onde naturalmente ninguém queria viver. Por conseguinte, os *Yevrey* eram cidadãos russos de nacionalidade judaica. A religião estava além desse ponto.

Segundo um acordo entre Alemanha e União Soviética, uma família de judeus tinha permissão de emigrar para a Alemanha se um de seus integrantes fosse judeu segundo ou a halachá, as leis religiosas judaicas, ou as leis de cidadania russa. Na Alemanha, as comunidades judaicas organizadas eram então responsáveis pela assimilação desses *Yevrey*. Porém, só cerca de metade de todos os judeus falantes do russo realmente se tornaram integrantes dessas comunidades. Primeiro, eles precisavam – e queriam – descobrir o que significaria sua afiliação em termos concretos; no fim das contas, muitos não estavam interessados em criar uma ligação de longo prazo com uma instituição judaica.

Cilly Kugelmann distingue entre as várias fases da imigração judaica à Alemanha. Os judeus que chegaram do Leste, logo depois da Segunda Guerra Mundial, eram sobreviventes do Holocausto; tinham uma orientação principalmente tradicional e religiosa, e a maioria havia sobrevivido aos campos ou retornava da União Soviética para a Polônia, de onde depois viajaria mais para o Ocidente. Cada importante crise política – do Outubro Polonês em 1956 no governo Gomulka à Revolução Húngara naquele mesmo ano, à última onda de antissemitismo na Polônia e à Primavera de Praga em 1968, à vitória da Revolução Islâmica no Irã em 1979 – trouxe à Alemanha novos refugiados judeus que partilhavam uma perspectiva semelhante. Até os anos 1990, a vida judaica girava quase exclusivamente em torno da ideia do sionismo: muitos apoiavam o recém-criado Estado israelense emocionalmente e como um ideal, alguns contribuíram financeiramente, outros até emigraram para lá.

Mas, agora, os mais novos recém-chegados, filhos de imigrantes de fala russa, não estão mais fundamentalmente interessados no sionismo ou no Estado de Israel. Aprenderam alemão rapidamente e querem ter sucesso e construir carreiras para si no novo mundo em que estão crescendo. O profundo acordo da comunidade judaica pós-guerra com o sionismo e com a história da perseguição na Alemanha foi substituído por um retorno maior às próprias origens religiosas e isso, é interessante observar, coincide com uma fundamentalização da religião em todo o mundo. Fortes tendências religiosas podem ser vistas na Berlim de hoje. O grupo hassídico Chabad-Lubavitch tem grande visibilidade na cidade e um número crescente de seguidores; por outro lado, o número de integrantes das comunidades com congregações mais liberais, influenciadas pelo moderno judaísmo americano, também aumenta.

Em Berlim, já há algum tempo, os recém-chegados do antigo Bloco Oriental superaram em número os judeus há muito estabelecidos de Berlim Ocidental – por uma proporção de oito para dois na comunidade judaica da cidade. O resultado é a enorme tensão entre esses dois grupos bastante diferentes. O russo parece ser a principal língua falada, hoje, na comunidade judaica da cidade. A antiga liderança acusa a nova "direção russa", do presidente executivo Gideon Joffe, eleito com uma grande maioria pela "facção russa", em 2012, de ter usado de fraude eleitoral para tomar o poder de forma golpista. Um dos pomos de discórdia diz respeito às pensões dos funcionários da comunidade. Já com Heinz Galinski, ex-presidente há muito falecido, os funcionários da comunidade judaica desfrutavam de pensões suplementares mais elevadas do que as recebidas por qualquer outro funcionário municipal. Nos últimos anos, o número de funcionários da comunidade aumentou explosivamente – e, com ele, o custo de suas pensões, que se espera que sejam pagas pelo Senado de Berlim. Fala-se em 20 a 40 milhões de euros de dívida, que o Senado de Berlim agora lembra à comunidade que ela deve. Diferenças insuperáveis relacionadas a outras questões também surgiram entre a antiga liderança de Berlim Ocidental em torno de Lala Süsskind, que se tornou presidente em 2008, e seu sucessor Joffe. A principal controvérsia foi o novo orçamento da comunidade judaica. A nova liderança ignorou a sugestão de Sergey Lagodinsky, membro da oposição, de tentar chegar a um meio-termo e a uma "reconciliação". A violência explodiu numa reunião; alguém investiu para o pescoço de um opositor – seis casos de lesão corporal foram denunciados à polícia. Quando Lagodinsky gravou as altercações em seu celular, Joffe o arrancou dele e deletou o arquivo.[6] Membros da oposição ameaçaram uma renúncia – e, em alguns casos, realmente cumpriram. A jornalista Claudia Keller foi lembrada dos anos 1920, quando os "judeus assimilados da refinada Charlottenburg não queriam relação nenhuma com os 'judeus do Leste Europeu', provenientes dos celeiros de Berlim Oriental".[7]

Nesse meio-tempo, segundo Kugelmann, a comunidade judaica volta a encolher. Afinal, explica ela, sua enorme expansão não foi resultado de crescimento natural, mas do tipo de migração em massa que começou depois da queda do Muro. Além disso, as comunidades judaicas por todo o país registram mais óbitos do que nascimentos. Desde 2005, a Alemanha vem insistindo que só os "judeus halachistas" – os de origem judaica tanto do lado materno quanto do paterno – tenham direito de emigrar para a Alemanha. Kugelmann está convencida de que os judeus da Alemanha estão prestes a entrar em um novo capítulo. Acredita que o conceito de um "destino comum" foi "desgastado", que o papel simbólico da comunidade judaica como vítima do Holocausto está "encerrado"; os jovens judeus não se definem mais segundo o exemplo dos pais. O interesse da sociedade alemã pelos judeus, tão típico da "antiga" República Federal, também está minguando. A heterogênea sociedade alemã de hoje, de 80 milhões de pessoas, enfrenta um conjunto de problemas inteiramente diferente. "Os judeus na Alemanha", diz Kugelmann, "agora precisam encontrar seu lugar como uma minoria entre muitas outras minorias maiores, ou correm o risco de se tornarem marginalizados, como uma *quantité négligeable*."

Quando pergunto a Cilly Kugelmann sobre o antissemitismo em Berlim, tenho como resposta que ela própria raras vezes o viveu. Da última feita foi em um jantar onde encontrou alguém de uma grande casa editorial de Berlim, com cuja administração ela havia entrado em contato para solicitar um donativo para um projeto. Ela nem mesmo sabia quem havia redigido a resposta de rejeição, mas o autor agora se apresentava por vontade própria. Não tentou explicar seus motivos para declinar do pedido. Em vez disso, disse: "Ah, sabe como é, afinal, você tem aquele botãozinho embaixo da mesa. Só o que precisa fazer é apertar e dizer: 'Isso é para algo judaico' e consegue o dinheiro!"

No final de agosto de 2012, o rabino alemão Daniel Alter foi atacado por um grupo de jovens árabes no distrito oeste de Friedenau. "Você é judeu?", perguntaram antes de fazer dele uma polpa de tanta pancada, na frente de sua filha de seis anos. No mesmo dia, centenas protestaram contra o ato de violência. Em uma manifestação da qual participaram mais de mil berlinenses, Daniel Alter dirigiu-se aos presentes com um curativo no rosto. "Quebraram meu osso molar", disse. "Mas aqueles rapazes não quebraram minha determinação de manter-me firme pelo diálogo inter-religioso." Alter também expressou sua gratidão pela "maravilhosa onda de apoio moral" que recebeu nos dias que se seguiram ao ataque.[8]

Esta talvez seja a mudança mais importante ocorrida na Alemanha desde os ataques nos anos imediatamente após a reunificação: incidentes antissemitas racistas ainda acontecem e assim continuará no futuro. Mas, hoje, o público imediatamente se ergue para reagir e condená-los.

O fenômeno mais surpreendente e inesperado no desenvolvimento das relações judaico-alemãs ainda é o fluxo de imigrantes israelenses a Berlim. Há não muito tempo, os Estados Unidos e o Canadá eram considerados o destino preferido de israelenses que procuravam emigrar. Nos últimos anos, contudo, Berlim tem subido para o topo desta lista de desejos. São principalmente jovens atraídos à capital alemã: especialistas em alta tecnologia, engenheiros, cientistas, artistas, tipos criativos – e um número razoável deles é de homossexuais. Só muito recentemente, o público alemão conscientizou-se do fenômeno – uma consciência estimulada em parte por uma postagem no Facebook do ministro das Finanças de Israel, Yair Lapid, sobre o discurso que havia feito no Parlamento húngaro, em Budapeste:

Vim aqui [a Budapeste] para falar diante do Parlamento sobre o antissemitismo e lembrá-los de que tentaram assassinar meu pai aqui, só porque os judeus não tinham um país só deles; que mataram meu avô num campo de concentração; que mataram de fome meus tios; que minha avó foi salva na última hora de uma marcha para a morte. Tenho pouca paciência com gente disposta a jogar no lixo o único país que os judeus têm, só porque é mais confortável em Berlim.[9]

Em vez de uma concordância solidária, choveu sobre Lapid um dilúvio de comentários de jovens israelenses, do moderadamente crítico ao francamente indignado. Um editorial no jornal *Haaretz* lembrou ao ministro que ele foi colocado no Knesset graças à crescente onda de protestos em Israel pelo alto custo de vida, habitação e tarifas escolares insustentáveis:

> Em lugar de denunciar aqueles que decidem partir de Israel, Lapid faria melhor tomando medidas para melhorar a situação. Ele é o ministro das Finanças e o partido que ele dirige tem 19 assentos no Knesset. Isto lhe dá o poder de tomar medidas que mudem a realidade econômica, não só reclamar dela nas redes sociais.[10]

Lish Lee Avner, especialista em alta tecnologia israelense de 27 anos e morador de Berlim, também contestou a visão de Lapid, escrevendo:

> Não saí de Israel por causa dos três shekels que distinguem um tipo de queijo do outro ou devido ao aluguel. Morava em Tel Aviv, mas consegui uma oferta de emprego incrível de uma multinacional sediada em Berlim, e na vida deve-se saber aproveitar as oportunidades, especialmente se envolve o desenvolvimento de grandes negócios e um salário correspondente.[11]

Entretanto, Avner foi além, lembrando o argumento fundamental da posição oficial israelense sobre a emigração para a Alemanha:

> Não deveríamos apoiar o desejo de cidadãos israelenses, cuja história familiar inclui também a Alemanha, de viver o passado de sua família no país quando têm uma oportunidade de emprego que lhes permite assim fazer? Ou devemos implorar que fiquem em Israel por causa do Holocausto?
> E, em geral, o Holocausto é mencionado e Berlim imediatamente se torna um tabu. Qualquer um que tenha visitado Berlim sabe que a cidade parece um grande monumento em rememoração do Holocausto. Como estudantes do ensino médio de visita à Polônia experimentam o terror, a vida na Berlim repleta de memórias cria uma forte experiência nacional entre os israelenses. Estar em Berlim educa os israelenses sobre o Holocausto e os lembra do que se trata a identidade judaica. (...)
> O judaísmo e o caráter israelense, portanto, estão vivos também em Berlim e isso é bom. Berlim proporciona não só a memória do Holocausto, mas também uma vida moderna: restaurantes e instituições criadas por israelenses, um grupo no Facebook com 7 mil membros que se ajudam a vencer a burocracia alemã, e a criação de amizades e importantes relações futuras entre israelenses e alemães.
> Os israelenses em Berlim são nossos embaixadores no exterior.[12]

Deve-se notar que o recente entusiasmo e a abertura para com a Alemanha entre jovens israelenses diz respeito principalmente a Berlim. Em nenhuma outra cidade alemã a tentativa de enfrentar a monstruosa história dos crimes contra os judeus resultou em tantos memoriais e lugares de recordação. Todavia, também é o presente turbulento da cidade, com sua vida noturna e tudo o que oferece aos que têm inclinações criativas, que torna Berlim atraente a jovens israelenses. Aqueles que chegam de Tel Aviv sentem-se em casa na inacabada capital alemã que, ao contrário de Frankfurt, Munique e Hamburgo, ainda não é regida pelo dinheiro. Lembro-me de uma discussão da qual participei em Washington certa vez, nos anos 1980. O renomado historiador israelense Moshe Zimmermann argumentou que o Holocausto resolveu de uma vez por todas a questão da coexistência futura entre judeus e alemães. Embora eu respeitasse a posição de Zimmermann, discordei cautelosamente. Mas jamais teria imaginado que Berlim se tornaria uma cidade dos sonhos para os netos e bisnetos das vítimas do Holocausto. É claro que seria prematuro e equivocado falar de uma nova *convivenza* entre jovens judeus e alemães em Berlim. Afinal, o que motiva muitos israelenses a se mudar para cá não é apenas o destino, Berlim, mas as condições também em sua pátria. Muitos jovens emigrados não têm intenção alguma de se fixar permanentemente em Berlim; estão mais interessados em abrir alguma distância – temporariamente, talvez por alguns anos – entre si e a situação tensa e precária de sua terra natal: querem dar um tempo de Israel. Quaisquer que sejam seus motivos, o fluxo de 17 mil jovens israelenses a Berlim ainda parece, a mim e a muitos de minha geração, um milagre.

PRIMAVERA EM BERLIM

Alguns consideram o período de novembro a março em Berlim uma temporada de suicídios – e nem a queda do Muro conseguiu mudar isso. Com frequência, passam-se semanas antes que um solitário raio de sol finalmente encontre uma brecha para espiar pelo céu de chumbo. Qual foi mesmo a frase que escapou de Napoleão depois de sua marcha para a cidade em 1806? "Seis meses de chuva, seis meses de neve... E é isso que esses camaradas chamam de pátria?!" Durante os meses escuros, as festas e os eventos culturais de 48 horas da cidade parecem servir ao único propósito de consolar os berlinenses pela ausência de luz. Mas justo quando você se esqueceu de que as estações nem sequer existem, os primeiros melros nos pátios da cidade trinam para anunciar o fim do sítio. Nos cafés ao ar livre, os primeiros clientes se sentam a mesas do lado de fora – agasalhados com cachecóis e casacos – com uma taça de vinho branco, voltando o semblante de inverno para o sol da tarde. Embora ainda possam ver seu hálito flutuando para o céu em pequenas nuvens brancas, isso não os impede de testar as vozes enferrujadas e comemorar o fim da escuridão. Mensageiros de bicicleta passam acelerados, raspando por motoristas que exibem conversíveis com o teto arriado e vestígios de neve no capô. Motoqueiros com roupas de couro preto, por sua vez, ultrapassam os ciclistas maníacos e os exibicionistas de conversível, acelerando suas máquinas a 100 por hora só para ter que parar segundos depois no próximo sinal de trânsito. Durante os primeiros dias cálidos do ano, a população ecologicamente devota de Berlim encena um ritual mediterrâneo: qualquer um que tenha um motor na traseira sente-se compelido a queimar borracha e parece pensar que só existem a primeira e a segunda marchas.

Não sei de nenhuma outra cidade que tenha mudado tanto – e para melhor – como Berlim nas últimas cinco décadas. A queda do Muro e a reunificação das duas metades aceleraram sua pulsação, injetando-lhe a energia de uma nova vida. É como se a cidade tivesse recuperado uma dimensão temporal que parecia ter desaparecido de Berlim Ocidental durante os anos do Muro, e meramente se alegava existir em Berlim Oriental: o futuro.

No verão de 2013, muitas faces radiantes do governo municipal podiam ser vistas na televisão. O motivo? Pela primeira vez na memória dos vivos, a cidade gerou um superávit de 750 milhões de euros e podia apresentar um orçamento que reduziria o fardo da dívida de 63 bilhões para 61,8 bilhões de euros em 2016. Urra! Só restavam 61,8 bilhões de euros da dívida! Espectadores sóbrios como eu perguntaram-se por que uma cidade como Detroit, com uma dívida de 17 bilhões de dólares, tinha que declarar falência enquanto Berlim considera motivo de comemoração uma dívida quatro vezes maior!

Isso é bem verdade: o mundo tem uma fé imensa na cidade. Berlim só perde para o estado da Renânia do Norte-Vestfália em investimentos estrangeiros diretos na Alemanha. Em resposta à questão de em que três cidades no mundo é mais provável haver o desenvolvimento de uma empresa como a Google, Berlim foi a única alemã citada – embora em décimo lugar, atrás de Beijing, San Francisco e Xangai.[1] O setor de tecnologia da informação de Berlim fica em quarto lugar no mundo – atrás daqueles do Vale do Silício, de Tel Aviv e de Cingapura.[2] Os profetas alegam que os gastos de Berlim em pesquisa e desenvolvimento, de 3,5% do Produto Interno Bruto, apesar de suas imensas dívidas, serão compensados a longo prazo. E, hoje, empresários do mundo todo incluem alegremente em suas considerações estratégicas o fato de Berlim ter duas universidades de prestígio e 160 mil estudantes.

Todavia, apesar de todas essas perspectivas futuras, a cidade enfrenta igual quantidade de desafios. Só em 2012, teve um aumento de 45 mil habitantes. Supondo-se que o crescimento continue com esta magnitude, em 2030, Berlim terá aproximadamente 250 mil habitantes a mais – o equivalente a todo um novo distrito. Não falta espaço. Como Berlim – com ou sem o desenvolvimento do campo de Tempelhof – tem mais áreas vagas em seus limites do que praticamente qualquer outro grande centro urbano, pode facilmente acomodar até mais um milhão de habitantes. Mas a cidade já carece de cerca de cem mil apartamentos e só começou, com hesitação, a atacar a construção de novas habitações de preço acessível. E temos também os problemas sociais ligados a esse crescimento. Pois o número de pessoas que chegam aos oitenta e passam dessa idade é o que mais cresce. Em 2030, Berlim terá 120 mil idosos a mais do que tem hoje – o equivalente a quase metade do total de crescimento projetado da população. O crescimento previsto no outro extremo do espectro demográfico é bem mais fraco: o número de crianças com menos de seis anos continuará aproximadamente constante, em 200 mil.[3] O número de crianças em idade escolar só aumentará de cerca de 64 mil para 400 mil – o mesmo número de crianças em idade escolar que havia registradas na cidade nos anos imediatamente após a queda do Muro.

Não há dúvida de que Berlim precisa sobretudo de imigrantes qualificados que estejam dispostos a se assimilar. Nos últimos anos, a cidade criou alguns pré-requisitos necessários para isso no setor educacional e de assistência à infância. Mas Berlim precisa da cooperação e do envolvimento de imigrantes em todos os níveis. Precisa de mais assistentes sociais, professores, policiais, prefeitos distritais e senadores de origens turca, polonesa e russa – e por que não um prefeito de histórico imigrante qualquer dia desses? Felizmente, o nível básico de tolerância necessário para isso acontecer começou aos poucos a se consolidar na cidade.

Berlim também dominou um problema bem diferente de integração melhor do que a maior parte do resto da Alemanha: a superação do "muro na mente". Até a queda do Muro, era a única cidade na Alemanha em que as pessoas eram constantemente confrontadas com um capítulo inacabado de sua história pós-guerra: a divisão do país. Hoje, Berlim é a cidade na Alemanha onde a reunificação fez o maior progresso. E isso não significa que as diferenças entre as duas culturas alemãs simplesmente tenham sido niveladas. Sempre foi uma ilusão acreditar que reunificar os dois Estados alemães nada deixaria da Alemanha Oriental além das setas verdes de suas placas de sinalização e os agora icônicos homenzinhos nos sinais de trânsito dos cruzamentos. Na realidade, a ocidentalização do Leste há muito tempo foi acompanhada da orientalização do Oeste. Durante anos, esta tendência foi confirmada por uma procissão triunfante de "Ossis" na literatura e na arte. Liderada por Neo Rauch, a cena artística de Leipzig fez sucesso no mercado de arte de Nova York com a ajuda dos galeristas de tagarelice pseudoprofunda. Hoje, quase todos os importantes prêmios literários vão para escritores do Leste da Alemanha – para considerável irritação de seus colegas da Alemanha Ocidental –, e as autoridades que trabalham arduamente nos novos estados federais ganharam posição em todos os júris, comissões e academias importantes da república reunida. Apesar de todo o ressentimento pelo clientelismo dos "Ossis", quem pode negar que os artistas obrigados a superar o vazio existencial em suas condições de vida e a reavaliar todos os seus valores terão mais a dizer do que suas contrapartes ocidentais, que são meros observadores destas enormes mudanças? Nos últimos anos, quase todos os maiores romances e filmes sobre a divisão da Alemanha foram obra de escritores e diretores criados na Alemanha Oriental.

Também na política, os "fracassados" históricos do Leste alcançaram um sucesso surpreendente. A carreira de conto de fadas de "Angie" (Angela Merkel) foi um primeiro sinal. Aqui estava uma mulher do Leste que conseguiu ascender pelas fileiras de um partido da Alemanha Ocidental, dominado pelos homens, que nunca mostrou nenhum interesse pelo tema da "emancipação feminina", tornando-se a primeira mulher da Alemanha no cargo de chanceler. Merkel garantiu o sucesso invadindo a seara do Partido Social-Democrata (SPD), replantando praticamente cada muda viável e rotulando-a com a nova marca da União Democrática Cristã (CDU). Graças a essa jardineira inescrupulosa, o sistema de valores dos alemães reunificados também mudou para o Leste, no sentido dos "valores sociais". A ala conservadora da CDU observa, embaraçada, as maquinações de Merkel – afinal, a versátil chanceler garante as maiorias – enquanto, por outro lado, muitos eleitores do SPD não sabem mais por que devem votar em seu partido. Nesse meio-tempo, um segundo "Ossi" também ascendeu às primeiras fileiras, tornando-se presidente federal – não necessariamente para o prazer de Angela Merkel, uma vez que Joachim Gauk vem de tradições alemãs orientais bem diferentes, isto é, do círculo de dissidentes. Em suma, as coisas estão se misturando na república de Berlim; as antigas linhas políticas não dão mais nenhuma certeza. Qualquer um que procure na Alemanha uma prova conveniente desta mudança cultural silenciosa e radical só precisa olhar seus representantes políticos atuais. Nos últimos oito anos, um antigo cidadão da Alemanha Oriental esteve governando o país; o presidente federal, também do Leste, mora fora dos laços do matrimônio com sua parceira no Palácio Bellevue, de Berlim; o secretário de Estado e o atual prefeito de Berlim são ambos alegremente assumidos.

Milagres pequenos, mas constantes, podem ser vistos também na vida cotidiana da cidade. Embora ainda se encontre o ocasional berlinense hipócrita, gritando grosseiramente repreensões pela janela aberta de um carro, ele é uma raça moribunda – e sabe disto. A expressão há muito ausente "Com licença!" e atos desaparecidos de cortesia como "Por favor, depois de você!" estão encontrando seu caminho de volta para o vernáculo – o que provavelmente tem bastante a ver com os muitos recém-chegados à cidade, inclusive os suábios. Cada vez mais, quem visita Berlim me conta de como os berlinenses são simpáticos e educados – e eu contenho meu pensamento de que estão falando de uma cidade diferente. Ao que parece, parte de mim ainda mora na Berlim anterior a 1989. De repente, existem donos de cachorro com os dedos metidos em plástico preto, recolhendo corajosamente os dejetos de seus companheiros quadrúpedes e os descartando corretamente. Um amigo meu, dono de cachorro, atribui este grande salto para a civilização a um novo produto vendido pela Internet: foi só depois que disponibilizaram para venda os saquinhos de plástico preto especialmente projetados para este propósito que as pessoas adotaram o hábito. Outros suspeitam que a mudança se deve aos suábios obcecados por limpeza em Prenzlauer Berg. Qualquer que seja o motivo, um pedestre raspando a sola do sapato no meio-fio passou a ser uma visão rara na cidade.

E o que foi feito da praga dos pombos? Desapareceram as hordas de pombos que encontrei quando cheguei a Berlim. No início, desconfiei de que a cidade, pelas costas dos militantes pelos direitos dos animais, realizara uma campanha de extermínio em massa. Mas minha pesquisa revelou que a dizimação da população de pombos de Berlim se deve a um processo ao mesmo tempo complicado e repulsivo. Ao longo de anos de esforços pequenos e cumulativos, as aves receberam contraceptivos, os ovos em seus ninhos foram substituídos por ovos de plástico, redes foram abertas e até os menores ressaltos cobertos com cravos de metal para evitar que os pombos ali pousassem. Em 2000, as autoridades de Berlim estimaram que havia 40 mil pares procriando na cidade.[4] Em 2012, segundo resposta do subsecretário de Ambiente a uma pergunta da CDU, a população de pombos encolheu para apenas 4.827. Entretanto, seus predadores naturais – os falcões de Berlim – mostraram-se inimigos mais mortais. Ao que parece, os falcões de Berlim, cujo número aumentou drasticamente desde a queda do Muro, devoram cerca de 19 mil pombos por ano.[5] Como alguém consegue chegar a esses números é, para mim, um mistério. Mas, em Berlim, até as árvores são contadas.

O que sobreviveu às tumultuosas mudanças foram os preservacionistas do patrimônio de Berlim. Depois de décadas observando inutilmente, ou com aprovação, enquanto camadas inteiras da história da cidade eram derrubadas no centro, alguns integrantes desta guilda de repente radicalizaram. Querem preservar justo as monstruosidades estruturais que os arquitetos da ditadura comunista ergueram atrás da Alexanderplatz. Aos olhos desses preservacionistas, os altos *Plattenbauten* dos anos da Alemanha Oriental simplesmente fazem parte da história arquitetônica da cidade e devem ser preservados como patrimônio. Eles não alegam que tais atrocidades são belas ou mesmo que estão em boa forma – seu único motivo para defendê-las é que por acaso foram construídas.

Berlim enfrenta uma nova batalha entre os defensores de feiuras antigas e aqueles que advogam uma nova arquitetura, o que, com muita frequência, em Berlim, resultou meramente na criação de novas feiuras. Ninguém negaria que as torres *Plattenbau* perto da Alexanderplatz merecem páginas ilustradas especiais em um artigo acadêmico sobre a história da construção de Berlim. Mas precisam mesmo ficar ali em todo seu porte e à plena vista das gerações futuras – como lição histórica e castigo pelos pecados da construção de seus antepassados? Imaginando uma futura caminhada ociosa pela cidade, o jornalista e especialista na cidade de Berlim, Peter von Becker, reflete: "O que começa como o centro da capital em Unter den Linden terminaria em Pyongyang por toda a eternidade".[6]

Berlim vive em suas rupturas. Mas isto não significa que se queira desejar à capital uma praça central – na realidade, *a* praça central – que permaneça nem bela nem cheia de vida.

No fim, o que também sobreviveu a todo turbilhão foram os nativos da cidade com sua mordacidade, tolerância e vontade de sobreviver. Talvez ninguém tenha apreendido melhor o estado atual da cidade e a atitude desafiadora de seus habitantes diante da vida do que a assistente social Anneliese Bödecker. "Os berlinenses", ela observou despreocupadamente, "são antipáticos e têm pouca consideração, são rabugentos e hipócritas; Berlim é irritante, barulhenta, suja e cinzenta, com obras e ruas congestionadas aonde quer que você por acaso esteja ou vá. Mas tenho pena de qualquer um que não possa morar aqui."[7]

NOTAS

O EMBATE DOS ARQUITETOS
1. Heinrich Klotz, citado em "Bloss nicht diese Hauptsadt!" Heinrich Klotz im Gespräch mit Nikolaus Kuhnert und Angelika Schnell", Arch+ 122, junho de 1994, 23ss.
2. Daniel Libeskind, "Berlin Alexanderplatz: Ideologies of Design and Planning and the Fate of Public Space", The Journal of the International Institute 3, nº 1, outono de 1995.

A POTSDAMER PLATZ
1. Wolf Thierne, Das letzte Haus am Potsdamer Platz: Eine Berliner Chronik (Hamburgo: Rasch und Röhring, 1988), 207.
2. Manfred Gentz, comunicação pessoal, novembro de 2012.
3. Hellmuth Karasek, Billy Wilder: Eine Nahaufnahme (Hamburgo: Hoffmann und Kampe, 1992), 59.

O SCHLOSS DE BERLIM E O PALÁCIO DA REPÚBLICA
1. Berliner Extrablatt, carta da Associação para o Schloss de Berlim, setembro de 2011.
2. Goerd Peschken, Hans-Werner Klünner, Fritz-Eugen Keller e Thilo Eggeling, Das Berliner Schloss: Das klassische Berlin, 4ª edição (Berlim: Propyläen, 1998).
3. Wolf Jobst Siedler, Abschied von Preussen (Berlim: Siedler Verlag, 1991), 122.
4. Helmut Schmidt in "Was soll das eigentlich?", entrevista a Louisa Hutton, Die Zeit, 7 de fevereiro de 2013.

BERLIM OCIDENTAL
1. Os membros de fraternidades de duelo tradicionalmente envolviam-se em duelos de esgrima com fraternidades rivais.

UM "WESSI" TENTA DESCOBRIR A ALMA DE BERLIM

1. Mais do que qualquer outro arquiteto, Karl Friedrich Schinkel, contemporâneo multitalentoso de Johann Wolfgang von Goethe e Wilhelm von Humboldt, deu forma ao centro neoclássico de Berlim na primeira metade do século XIX.

BERLIM: A EMERGÊNCIA DE UMA NOVA METRÓPOLE

1. James Hobrecht citado em Ulrich Zawatka-Gerlach, "Magistralen und Mietskasernen", *Der Tagesspiegel*, 2 de agosto de 2012.
2. Peter Schneider, *The Wall Jumper*, tradução de Leight Hafrey (Chicago: University of Chicago Press, 1998), 4. [Ed. Bras.: *Os saltadores do muro*. São Paulo: Marco Zero, 1986.]
3. Christopher Isherwood, *The Berlin Stories* (Nova York: New Directions, 2008), 81.
4. Tom Wolfe, *From Bauhaus to Our House* (Nova York: Farrar, Strauss and Giroux, 1981), 26.
5. Heinrich Himmler, citado em *Waldsiedlung Krumme Lanke* (Essen: GA-GFAH Group, em associação com Landesdenkamalamt Berlin und Untere Denkmalschutzbehörde Steglitz-Zehlendorf, 2012), 12.
6. Ibid., 17.

OESTE DA CIDADE CONTRA CIDADE CAPITAL (LESTE) E VICE-VERSA

1. Citado por Jörn Düwel in "Die Sehnsucht nach Weite und Ordnung: Vom Verlust der Altstadt im 20, Jahrhundert", *Berliner Altstadt: Von der DDR-Staatsmitte zur Stadtmitte*, organizado por Hans Stimmann (Berlim: DOM Publishers, 2012), 49.

O AMOR (E O SEXO) EM BERLIM

1. Christopher Isherwood, *The Berlin Novels* (Londres: Minerva, 1993), 52-53.
2. Dagmar Herzog, comunicação pessoal, 27 de dezembro de 2013. Ver também Herzog, *Paradoxien der sexuellen Liberalisierung* (Göttingen: Wallstein, 2013), 26: "Para falar com simplicidade, a Alemanha tinha a cultura sexual mais liberal do mundo no início do século XX."
3. Jochen Burrow (org.), *Scenario 3: Film-und Drehbuch-Almanach* (Berlim: Bertz und Fischer, 2009), 180.

O AMOR NA BERLIM DIVIDIDA

1. Citado em Deniz Yücel, "Türkdeutsche und Ostdeutsche: 'Diese verfluchte Einheit'", *taz*, 1º de outubro de 2010.

O AMOR DEPOIS DA QUEDA DO MURO
1. Judith Fritz, "An der Schnittstelle von Konsum und Sexualität" (dissertação de mestrado, Universidade de Viena, 2011), 27.

O FANTASMA DO AEROPORTO INTERNACIONAL BER
1. Alexander Frölich, "Lämbelästigung beim Flughafenchef", *Der Tagesspiegel*, 20 de agosto de 2012.

O LEGADO DA STASI
1. Jochen Staadt citado em Uwe Müller, "Die verlorene Ehre des Ulrich Mühe", *Die Welt*, 14 de janeiro de 2008.
2. Carta de Claus Jürgen Pfeiffer a Florian Henckel von Donnersmarck, publicada aqui pela primeira vez, com permissão do autor.

O NOVO RACISMO
1. Oliver Decker, Johannes Kiess e Elmar Brähler, *Die Mitte im Umbruch: Rechtsextreme Einstellungen in Deutschland 2012*, organizado por Ralf Melzer para a Friedrich-Ebert-Stiftung (Bonn: J.H.W. Dietz Nachf, 2012).

ANETTA KAHANE E A FUNDAÇÃO AMADEU ANTONIO
1. "Geständnis: Wolf von IM-Akte geschockt", *Berliner Zeitung*, 3 de março de 2009.

A NOVA BARBÁRIE
1. "U-Bahn-Schläger zu mehrjährigen Haftsrafen veruteilt", *Süddeutsche Zeitung*, 21 de dezembro de 2011.
2. Vários jornais berlinenses.
3. Julia Jüttner, "U-Bahn-Schläger Torben P.: Hartes Urteil, milde Strafe", *Spiegel-Online*, 19 de setembro de 2011.
4. Kerstin Gehrke, "U-Bahn-schläger streitet Hetzjagt ab", *Der Tagespiegel*, 21 de fevereiro de 2012.
5. Sabine Rennefanz, "Gewalt in Berlin: Wem gehört Jonny K.?", *Berliner Zeitung*, 18 de novembro de 2012; e vários jornais berlinenses.
6. Kirsten Heisig, *Das Ende der Geduld: Konsequent gegen jugendliche Gewalttäter* (Freiburg: Herder, 2010), 26.

TURCOS EM BERLIM
1. Necla Kelek, *Chaos der Kulturen: Die Debatte um Islam und Integration* (Colônia: Kiepenheuer und Witsch, 2012), 216.
2. Ibid., 217.
3. Ibid., 234.
4. Necla Kelek, *Die fremde Braut: Ein Bericht aus dem Inneren des türkischen Lebens in Deutschland* (Colônia: Kiepenheuer und Witsch, 2005).

SIM, VOCÊ PODE: A ESCOLA RÜTLI

1. Mechthild Küpper, "Berliner Rütli-Schule: Vom Schimpfwort zur Marke", *Frankfurter Allgemeine Zeitung*, 2 de setembro 2008.

SOCORRO, OS SUÁBIOS ESTÃO CHEGANDO!

1. O Novo Fórum foi uma aliança envolvida no movimento dos cidadãos da Alemanha Oriental. Uma proclamação intitulada "Die Zeit ist reif – Aufbruch 89" (A Hora Amadureceu – Novo Começo 1989) preparou o caminho para a criação do grupo em 19 de setembro de 1989. Inicialmente assinado por trinta pessoas, no final de 1989 tinha angariado as assinaturas de milhares de cidadãos da Alemanha Oriental. Depois da reunificação, parte do Novo Fórum se uniu ao Partido Verde como Alliance 90, enquanto outros integrantes se filiaram ao SPD e à CDU.
2. Jörg Kuhn e Fiona Laudamus (orgs.), *Der Jüdische Friedhof Schönhauser Allee, Berlin: Ein Rundgang zu ausgewählten Grabstätten* (Berlim: Jüdische Gemeine zu Berlin, 2011), 14.
3. Wolgang Thierse citado em "'Schrippen – nicht Wecken': SPD-Abgeordneter Thierse kritisiert Schwaben in Berlin", *Focus Online*, 30 de dezembro de 2012.

UMA VISITA TARDIA AO CEMITÉRIO

1. As informações sobre os túmulos e aqueles enterrados ali foram retiradas de Jörg Kuhn e Fiona Laudamus (orgs.), *Der Jüdische Friedhof Schönhauser Allee, Berlin: Ein Rundgang zu ausgewählten Grabstätten* (Berlim: Jüdische Gemeine zu Berlin, 2011).

O HOMEM QUE ENTREGOU NEFERTITI

1. Cella-Margarethe Girardet, "James Simon, 1851-1932: Grösser Mäzen der Berliner Museen", in *Jahrbuch Preussischer Kulturbesitz*, vol. 19 (Berlim: Gebr. Mann, 1982); Olaf Matthes, *James Simon: Mäzen im Wilhelminischen Zeitaller* (Berlim: Bostelmann und Siebenhaar, 2000); Berndt Schultz (org.), *James Simon: Philanthrop und Kunstmäzen/Philanthropist and Patron of the Arts* (Munique/Londres/Nova York: Prestel, 2006).
2. Olaf Matthes, *James Simon: Die Kunst des sinvollen Gebens* (Berlim: Hentrich und Hentrich, 2011), 72.
3. Michael Zajonz, "Mäzen James Simon: Ein selbtloser Wohltäter", *Der Tagesspiegel*, 2 de dezembro de 2012.
4. David Dambitsch, "'Aus jüdischer Tradition gehandelt': Der Kunstmäzen James Simon und seine Nachfahren", *Schalom: Jüdisches Leben heute* (programa de rádio), Deutschlandfunk, 31 de maio de 2013.
5. Julia Emmrich, "Neue Argumente im Streit um die Büste der Königin Nofretete", *Westdeutsche Allgemeine Zeitung*, 24 de novembro de 2012.

6. Marco Evers e Ulrike Knöfel, "Wir verschweigen nichts", *Spiegel* 49, 2012: 133.
7. Bernhard Schulz, "100 Jahre Entdeckung der Nofretete: 'Die bunte Königin'", *Der Tagesspiegel*, 3 de dezembro de 2012.
8. Kurt Buchholz, "Die Bunte, die da lag", *Berliner Zeitung*, 6 de agosto de 2005.

A VIDA JUDAICA EM BERLIM

1. "Wir waren Nachbarn: Biografien jüdischer Zeitzeugen", folheto de exposição (edição em inglês), prefeitura de Berlim-Schöneberg.
2. Henning Tilp, "Orte des Erinnerns im Bayerischen Viertel, Berlin und Bus Stop – The Non-Monument, Projekt für das Denkmal für die ermordeten Juden Europas, Berlin von Renata Stih und Frieder Schnock" (contribuição a um projeto online iniciado por Dieter Daniels e Inga Schwede como parte de seu curso "Mahnmale in Berlim" na Hochschule für Grafik und Buchkunst Leipzig, 2004, disponível em www.hgb-leipzig.de/mahnmal/sischno.html).
3. Henryk M. Broder, "Wer ein Menschenleben rettet, rettet die Welt", *Der Tagesspiegel*, 22 de agosto de 1997, reimpresso em *Das Holocaust-Mahnmal: Dokumentation einer Debatte*, organizado por Michael S. Cullen (Zurique: Pendo, 1999), 167.
4. Claus Leggewie e Erik Meyer, *"Ein Ort, an den man genre geht": Das Holocaust-Mahnmal und die deutsche Geschichtspolitik nach 1989* (Munique: Hanser, 2005), 309.
5. Conselho Central de Judeus na Alemanha, "Twenty Years of Jewish Immigration to Germany", comunicado à imprensa, 22 de setembro de 2009, disponível em www.zentralratdjuden.de/en/article/2693.twenty-years-of-jewish-immigration-to-germany.html.
6. Claudia Keller, "Wüster Tumult in Berlin: Schlägerei im Parlament der Jüdischen Gemeinde", *Der Tagesspiegel*, 24 de maio de 2013.
7. Claudia Keller, "Nach der Schlägerei in Berlin: Tiefe Konflikte in der Jüdischen Gemeinde", *Der Tagesspiegel*, 24 de maio de 2013.
8. "Rabbiner Alter: 'Berlin bleibt eine tolerante Stadt'", *Die Welt*, 2 de setembro de 2012.
9. Yair Lapid citado em "Yair Lapid's Short-term Memory", *Haaretz*, 3 de outubro de 2013.
10. Ibid.
11. Lish Lee Avner, "Israeliness Alive in Berlin", ynetnews.com, 17 de outubro de 2013, disponível em www.ynetnews.com/articles/0,7340,L-441984,00.html.
12. Ibid.

PRIMAVERA EM BERLIM

1. "Die Zahl der Tauben in Belin ist drastisch gesunken", *Der Tagesspiegel*, 22 de outubro de 2012.
2. Moritz Döbler, "IHK-Präsident Eric Schweitzer: 'Arm und sexy – das ist vorbei'", *Der Tagesspiegel*, 16 de setembro de 2012.
3. Anja Kühne et al., "Die Zukunft der Hauptstadt: Berlins Agenda 2030", *Der Tagesspiegel*, 30 de dezembro de 2012.
4. "Die Zahl der Tauben in Berlin ist drastisch gesunken."
5. "Tauben in der Stadt: Sie wollen nur turteln", *Der Tagesspiegel*, 27 de maio de 2012.
6. Peter von Becker, "Denkmalschutz in Berlin: Schrecken statt Schönheit", *Der Tagesspiegel*, 14 de agosto de 2013.
7. Anneliese Bödecker citada em Carmen Schucker, "Fernes Heimweh – Heimliches Fernweh: 20 Gründe (zurüch) nach Berlin zu ziehen", *Der Tagesspiegel*, 7 de fevereiro de 2013.

AGRADECIMENTOS

Gostaria de agradecer a todos que me ajudaram a escrever este livro, dando-me inspiração, informações e correções. Eles incluem, na ordem em que aparecem nestas páginas: Renzo Piano, Volker Hassemer, Manfred Gentz, Inka Bach, Wilhelm von Boddien, Wolfgang Thierse, Danka e Anatol Gotfryd, Hans Stimmann, Christoph Klenzendorf, Claus Jürgen Pfeiffer, Roland Jahn, Anetta Kahane, Necla Kelek, Heinz Buschkowsky, Siegfried Arnz, Carola Wedel, Katharina Kaiser e Cilly Kugelmann.

Sou grato a meus filhos, Lena e Marek, por me darem *insight* sobre a cidade da perspectiva de quem tem vinte e poucos anos. Devo a Christa Schmidt o favor de passar várias noites de diversão até altas horas comigo nas casas noturnas de Berlim. Também devo a Christine Becker por se juntar a mim numa longa caminhada para conquistar a Ilha do Museu – deserta devido ao início do inverno – e a Sabine Damm por enriquecer minhas observações com as suas próprias durante uma visita mútua ao aeroporto de Tempelhof.

Meus agradecimentos a meu agente, Steve Wasserman, e a meu preparador de originais, Jonathan Galassi, por me estimularem a escrever este livro, e a Ike Williams por dar seguimento aos esforços de Steve Wasserman. Sou grato a Miranda Popkey por suas críticas incansáveis, pedidos amavelmente detalhados de esclarecimento e revisão meticulosa dos originais, e a Will Hammond por suas valiosas sugestões estilísticas. Minha maior gratidão a Sophie Schlondorff, que não só transpôs o texto com sagacidade e rigor, como também o aprimorou com sugestões e pesquisa.

Por fim, gostaria de agradecer aos moradores de Berlim por sempre estarem presentes e por serem quem são. Eles serviram como meus modelos, atualizando minha visão, meus preconceitos e amor pela cidade sem ser solicitados e sem me dizer uma palavra que fosse.

Este livro foi impresso na Intergraf Ind. Gráfica Eireli.
Rua André Rosa Coppini, 90 - São Bernardo do Campo - SP,
para a Editora Rocco Ltda.